El-asaria ∾ Ra Isa

Logbuch der Seele

AF150339

Die Autorinnen

El-asaria – Stephanie Kollwitz – ist am 24.10.1966 in Hamburg geboren und lebt heute mit ihren drei Kindern in Bad Bramstedt. Ursprünglich ausgebildet zur Fachwirtin für Grundstücks- und Wohnungswirtschaft, entdeckte sie 2005 durch Fortbildungen bei Frank Alper ihren Zugang zur Spiritualität wieder und arbeitet seit Jahren als zertifizierter Coach und freie Dozentin in der Jugendbildung. Ihr Lebensmotto: »Lebe, was du sagst, sage, was du fühlst, fühle, was du bist.«

Ra Isa – Maren Falkenstein – ist am 21.10.1961 in Enkendorf geboren und lebt heute in Boostedt. Sie arbeitete viele Jahre als Kosmetikerin. Durch eine Erkrankung erinnerte sie sich wieder daran, dass es außer der materiellen Welt auch noch die unsichtbare, spirituelle Welt gibt. Seit 2007 arbeitet sie mit Menschen und Tieren im energetischen Bereich und befindet sich zurzeit in einer Tierheilpraktiker-Ausbildung.

El-asaria ❧ Ra Isa

Logbuch der Seele

Schritte zu Dir selbst

FSC
www.fsc.org
MIX
Papier aus ver-
antwortungsvollen
Quellen
Paper from
responsible sources
FSC® C105338

Die Bibliografische Information der Deutschen Bibliothek

Die Deutsche Bibliothek verzeichnet diese Publikation in der Deutschen Nationalbibliografie; detaillierte bibliografische Daten sind im Internet über www.d-nb.de abrufbar.

Einbandmotiv: *Book* © Petrovich12 – Fotolia
© 2015 Alle Rechte bei den Autorinnen
Herstellung und Verlag: BoD - Books on Demand, Norderstedt
ISBN 978-3-7386-5017-4

Inhalt

Vorwort

Jeder von uns stellt sich immer wieder die folgenden Fragen:

- Woher komme ich?
- Was soll ich hier auf Erden?
- Welche Kraft treibt mein Leben eigentlich voran?
- Wohin gehe ich?

Wir persönlich erheben nicht den Anspruch, einen wissenschaftlich nachweisbaren und gesamtgesellschaftlich akzeptierten Plan des Lebens vorlegen zu können. Unsere Leben und alle daran Beteiligten boten uns bislang ein unglaublich breites Spektrum an Lernvarianten an.

Der Hang zur Tiefe, bis zum Bodensatz Dinge ergründen zu wollen und doch keine allumfassende Lösung finden zu können, bescherte uns so manche überraschende Erkenntnis. Diese Suche zeichnet Engel aus – trotz aller merkwürdigen Begebenheiten nach dem dahinterliegenden Sinn zu suchen und in Geduld zu betrachten, was das Leben einem an Möglichkeiten präsentiert.

Deshalb möchten wir mit Dir unsere Erfahrungen, Überlegungen und auch Verwerfungen teilen – um Dir Mut zu machen, Deine eigene innere Kraft zu entfalten. Solltest Du eine innere Wahrnehmung, ein Zwiegespräch mit Deiner Seele, Deinem höheren Selbst, bereits gewohnt sein, wirst Du sicher schmunzelnd wiedererkennen, wie diffizil verwoben unsere menschlichen Irrungen sein können. Unsere Klarheit wächst mit unserem Bewusstsein im Laufe der Jahre.

Sofern Du in der Arbeit mit Deiner Seelenschwingung, Deinem Engelgewahrsein, ungeübter bist, reichen wir Dir mit diesem Handbuch unser Herz, um mutig voranzugehen auf dem Weg in Dein Herzbewusstsein.

Uns umgibt so viel Unterstützung aus so vielen verschiedenen Ebenen, dass für ausnahmslos jeden auf seinem individuellen Entwicklungsstand etwas dabei ist. Das *Disclosure Project* aus dem Jahr 2001 war Vorbote weiterer Publikationen, im Jahr 2008 gab es bei der UN und dem Vatikan ernsthafte Überlegungen, außerplanetare Lebensformen öffentlich anzuerkennen. Weißt Du, wie viele Planeten beseelt sind? Ahnst Du, wie viel Unterstützung wir bereits erhalten haben auf unserer Lebensreise in dieser »Zivilisation«?

Wir sind auf unseren persönlichen Wegen alle schon sehr weit gekommen und können unsere Kraft schon ganz gut zielgerichtet einsetzen – vom Kleinen zum Großen. Das Kleine bedeutet der persönliche Weg, Hausputz sozusagen. Der planetare Weg ist dann das Große. Setzen wir uns weiterhin gemeinsam ein für Frieden, Fülle, Wohlstand, Liebe, Respekt und Achtung. Dafür solltest Du Deine Kraft annehmen und beleben, um sie in Achtung und Respekt für alles Leben einsetzen zu können.

Dieses Buch ist absolut authentisch, wir geben Privates und Persönliches preis in der Hoffnung, anderen Menschen damit helfen zu können. Wenn die Mauern brechen und jemand so mutig ist, dass er oder sie über Dinge spricht, über die in der Regel nicht gesprochen wird, kann das Türen öffnen und auch Frieden bewirken bei denen, die vielleicht Ähnliches erlebt haben.

Wie Du bereits im Inhaltsverzeichnis gesehen hast, sind in diesem Buch *Channels* aufgenommen. Ein Channel ist eine mediale Durchgabe feinstofflicher Wesen, die ich, El-asaria, als Kanal in Worte fassen darf. Da es sich manchmal um eine Energiegruppe handelt, werden die Durchgaben mal in Wir-Form, mal in Ich-Form formuliert. Dies beeinflusst die Aussagekraft nicht und sollte Dich unbeeindruckt lassen. Es ist meine Art der Wahrnehmung und Übersetzung.

Begleite uns ein Stück durch unsere Erkenntnisse, um gemeinsam Kraft zu schöpfen, bewusst zu sein und zielgerichtet innerhalb der kosmischen Ordnung zu erschaffen. Sei mit uns.

Das wahre Licht ist das Licht, das aus dem Innern der menschlichen Seele hervorbricht, das den Anderen das Geheimnis seiner Seele offenbart und Andere glücklich macht, sodass sie singen im Namen des Geistes.
Khalil Gibran

1. Erste Notsituation – Kindheit

»Wir sind Melchezedek und wir stehen Dir zu Diensten, wenn es um Kraft und Courage geht. Wie häufig wurde Dir erzählt, dass Du allein auf dieser Welt keinen Unterschied bewirken kannst? Wie oft wurde der Glaubenssatz in Dir genährt, Du seist bedeutungslos und Deine Ansichten völlig falsch? Du wurdest kleingemacht und kleingehalten, weil alle Menschen sich so fühlten, mit denen Du zu tun hattest. Auch sie haben von irgendwem zu hören bekommen, sie seien Unikate, die unwirksamer nicht sein könnten.

Geliebte Erdenkinder, ich stehe Euch mit meinem kristallinen Schwert zur Verfügung, welches von Euch aktiviert werden kann, wenn es um die Durchsetzung Eurer Interessen geht. Dabei ist nicht die kämpferische Handlung gemeint, sondern die liebevolle Durchsetzung aufgrund Eurer Seelenpräsenz, die Ihr über Jahre intensiver Arbeit entstaubt und freigelegt habt. Lasst Euch von der Illusion Angst nicht beeindrucken. Nutzt mein Schwert, welches durch seine reine Existenz dafür sorgen wird, dass sich Widerstände auflösen.

In welchem Bereich auch immer Du Unterstützung benötigst, wird Dich die kristalline Struktur meines Schwertes daran erinnern, auf Deinem eingeschlagenen Seelenweg mutig vorwärtszuschreiten. Lasse nur die höchste Wahrheit gelten, deren Ziel eine Lösung zum Wohle aller Beteiligten hervorbringen wird. Auseinandersetzungen, die nur um des Kampfes willen geführt werden, meide. Bei ihnen ist von vornherein kein Lösungswille gegeben, sondern es handelt sich um den Kampf auf Verstandesebene, in der es um verbale Künste geht.

Dem solltest Du entsagen und Herausforderungen auf diesem Niveau grundsätzlich die Stirn bieten, die Auseinandersetzungen ansehen, auf ihren Gehalt prüfen, zur Seite treten und sie weiter ziehen lassen. In einer ellipsenartigen Bewegung wird die ausgesandte Aggression zum Absender zurückkehren und dort ihren Zweck erfüllen.

Ich jedoch stehe an Deiner Seite, wenn es darum geht, Seelenwahrheiten durchzusetzen, die Dir sehr am Herzen liegen. Dann verleihe ich Dir die erforderliche Kraft, um ausreichend Disziplin und Durchhaltevermögen zu mobilisieren, um Deine Ziele erreichen zu können. Dann durchstrahle ich Deinen gesamten physischen Körper mit meinem kristallinen Licht, auf dass Du Deine Dir innewohnenden Kräfte freisetzen kannst.

Was auch immer Du zu erreichen wünschst, wird Dir ermöglicht, solange es mit den kosmischen Gesetzen übereinstimmt. Du hast recht, es geht in Deinem Leben nicht um Spaß, Konsum, Macht, sondern um die Aktivierung Deines hohen Selbstes. Je mehr Dir die Kraft Deiner Essenz bewusst und aus frühkindlichen Anwendungen erhalten geblieben ist, umso präziser kannst Du sie fortlaufend einsetzen. Alles, was Du zu tun hast, ist, meine Unterstützung zu erbitten, und dann ist die Unendlichkeit das Maß Deiner Seelenfähigkeiten. Unseren Gruß an Dich, Kind des Universums, und Respekt für den Erhalt Deiner Fähigkeiten.«

Dass uns der Esel nicht im Galopp verloren hat – obwohl unsere Eltern wohl alle diesen blöden Spruch benutzten –, beweist unsere Geburtsurkunde. Ein Indiz dafür, dass unsere physischen Eltern ihre Zellen zur Verfügung stellten, damit wir daraus erwachsen können.

Irgendwann stellten wir uns die Frage, wieso wir in unserer Wahrnehmung und unserem Empfinden so aus der Art geschlagen waren. Ganz anders als alle anderen Familienmitglieder zu sein, erweist sich erst nach einigen zig Jahren als Prädikat. Wieso sah ich auf körperlicher Ebene so anders aus als jene, die mich während meiner Kindheit immer wieder konsultierten, um nach meinem Befinden zu schauen?

Das Überleben in den Familienstrukturen unserer biologischen Ursprungsfamilien verbrauchte beinahe unsere gesamte Energie, weil die Wahrnehmungen viel umfangreicher gewesen sind als die Anleitungen und Gespräche der Menschen, bei denen wir aufwuchsen.

☞ Ra Isa:

Als Erstes war kennzeichnend, dass es auf der Erde sehr kalt ist. Es ist eine echte Notsituation, hier in diese materielle Ebene hineingeboren zu werden, besonders wenn man nicht erwünscht ist. Von meinem Vater jedenfalls. Er war Soldat und unterbrach seinen Lehrgang wegen meiner Geburt. Als er nach Hause kam, sagte er zu meiner Mutter, dass sie zehn Jahre älter aussehe. Als sie ihn fragte, ob er den Namen ›Maren‹ auch schön finde, sagte er: »Es ist mir egal, wie du sie nennst.« Kein schönes Gefühl.

Ich wurde kleingemacht. Die Möglichkeiten, mich zu entwickeln oder mich zu erinnern, woher ich kam, wurden vom ersten Tag an kleingemacht. Es hat Jahre gedauert, bis ich mich wieder an meine Essenz und meinen Wert zu erinnern begann.

Da schon in den Kindheitstagen Glaubenssätze gebildet werden, ist es sehr schwer, wieder in die Göttlichkeit zu gehen. Ich bin immer weiter in die Dunkelheit, in den Sumpf hineingerauscht und habe Dinge gemacht, die absolut nicht in der Liebe und im Vertrauen waren. Nichtsdestotrotz ging ich weiter durch die Hölle, durch den schweren Morast, weil ich nichts anderes kannte: Ich fühlte mich wertlos, nicht geliebt und alleine gelassen.

Meine Mutter war damals selber noch so jung und so verletzt, dass sie nicht auf mich eingehen konnte. Sie hat ihr Bestes gegeben, das sehe ich heute mit meinen erwachsenen Augen. Früher habe ich sie gehasst, heute ist sie meine allerbeste Freundin. Wir haben immer wieder miteinander gestritten, aber auch viel geredet, was uns letztlich zueinandergebracht hat. Ich liebe sie bedingungslos.

Als ich klein war, hatte ich das Gefühl, ich gehöre hier nicht auf diese Erde, sie ist nicht mein Zuhause. Ich habe sogar gedacht, meine Eltern haben mich adoptiert. Es ist schwierig, mit dieser Andersartigkeit klarzukommen. Ich habe immer wieder gedacht: »Hey, ich bin hier gar nicht richtig. Die anderen sind so anders als ich. Irgendetwas stimmt hier nicht.«

Ich begann an mir selbst zu zweifeln, fühlte mich fremdbestimmt und machte aus Minderwertigkeitsgefühlen heraus Dinge, die ich eigentlich gar nicht machen wollte. Ich selber, meine Essenz, war für mich nicht mehr sicht- und fühlbar, sie war weg. Ich erfüllte die Erwartungen der anderen, der Gesellschaft, der Familie, der Lehrer, der Freunde und Bekannten, der Nachbarn. Ich versuchte mich unsichtbar zu machen und mich zu verbiegen.

Als kleines Mädchen habe ich sehr viel und lebendig geträumt. Ich habe Geistwesen gesehen und das hat mich damals sehr geängstigt. Ich bin schnell in mein Bett gehuscht, habe mir die Decke über den Kopf gezogen, mochte meine Füße nicht rausstrecken, weil ich dachte, ein Geist könnte mich dann anfassen. Das war fürchterlich, weil ich die Verbindung, die ich zu meiner Essenz hatte, tatsächlich vergessen hatte. Ich hatte immer das Gefühl, ich bin fehl am Platz, fühle nicht richtig, bin nicht richtig, gehöre hier nicht dazu.

Wenn ich bei meiner Oma war, war es immer genial. Sie sprach meine Sprache und wir konnten auf Herzensebene miteinander kommunizieren. In ihrer Nähe fühlte ich Frieden und Harmonie, fühlte mich wohl, verstanden und angenommen – eine Wärme, die einfach nur schön war. Ansonsten habe ich in meiner Kindheit viel mit Tieren unternommen, war mit Hunden und Pferden unterwegs, war auf dem Bauernhof in der Nachbarschaft. Da gab es Kälbchen, die versorgt werden mussten, wenn sie krank waren, Hunde, Pferde, Katzen. Ich war schon damals sehr naturverbunden und habe mich als Kind mit den Tieren unterhalten.

Wenn ich in die Schule und zu meinen Eltern zurückmusste, hatte ich das Gefühl, gar nicht zu leben. Dann war ich besessen von Angst, weil ich mich als kleines Mädchen nicht wehren konnte. Alle haben auf mir rumgehackt, weil sie die Andersartigkeit, die Zartheit, die Empfindlichkeit gespürt haben, und ich konnte nicht nachvollziehen, wie man so gemein sein kann. Ich konnte nie so schlecht denken. Ich war, solange ich denken kann, viel zu gutmütig, weil ich so extrem negativ einfach nicht denken kann. Da Kinder sehr, sehr grausam untereinander sein können, habe ich darunter extrem gelitten. Ich wurde gehauen, mir wurde an den Haaren gezogen, ich wurde gehänselt und verfolgt von einem Jungen, wenn ich nach der Schule durch einen großen Park ging, um nach Hause zu kommen. Er hat es sehr lustig gefunden, mir Angst einzujagen.

Damals fühlte sich die Welt, in der ich lebte, absolut falsch an, eigentlich wollte ich hier nicht sein in dieser kalten egozentrischen Welt. Ich wollte Wärme, Verständnis, Leichtigkeit, Vertrauen, Miteinander und kein Gegeneinander, Lachen, Verspieltheit, Liebe, das Gefühl, angenommen zu werden, wie ich bin, Humor, Mut, Zärtlichkeit, Verbundenheit.

Manchmal war ich plötzlich in anderen Welten. Ich lag im Bett und war auf einmal mit Hexen zusammen an einem Lagerfeuer. Mir wurde gesagt, ich hätte eine reiche Fantasie. Ich war in meinen Welten unterwegs und habe mit Wesen gesprochen, aber das ist im Laufe der Jahre leider verloren gegangen. Je älter ich wurde, desto mehr Ängste manifestierten sich in mir, weil ich die Gewalt und Brutalität dieser Erde hautnah erleben musste.

Ich bin als Baby sehr krank gewesen, ich wäre fast gestorben. Da ich in Quarantäne in der Klinik war, durfte ich nicht bei meiner Mama sein. Aus psychologischer Sicht ist es fatal, da es die orale Phase ist, in der man seine Mama braucht. Die Entwicklung bis zur nächsten Phase, der analen Phase (2. bis 3. Lebensjahr) verläuft hauptsächlich in der Mutter-Kind-Beziehung.

Ich war 8 Wochen an mein Bett gefesselt und hatte das Gefühl, körperlich und seelisch misshandelt zu werden, indem mir Medikamente eingeflößt und mein Mund desinfiziert wurden, außerdem musste ich künstlich ernährt werden. Ich hatte damals eine Mundfäule, da ist der ganze Mund entzündet gewesen. Der behandelnde Arzt hat es nicht erkannt und es wurde sehr schlimm. Aufgrund dessen hatte ich jahrelang Albträume, ich wurde in meinen Träumen ständig von jemandem verfolgt und bin schweißgebadet und schreiend aufgewacht.

Durch kinesiologische Arbeit sind wir der Ursache auf die Spur gekommen: Ich habe ständig von der Krankenschwester geträumt, die mich ans Bett fixierte und die medizinischen Notwendigkeiten bei mir durchführte. Das zeigte sich in meinen Träumen in Form von nicht greifbaren Verfolgungen. Ich wollte nur weg.

Die Kinesiologin hat mich auf der Zeitschiene zurückgeführt. Ich war plötzlich mitten im Geschehen der damaligen Zeit, fühlte noch einmal die ganzen Schmerzen und die widrigen Umstände. Ich habe sogar den Geruch vom Desinfektionsmittel und vom Eiter gerochen. Ich musste mich fast übergeben, so präsent war dieses Trauma. Schon sehr erstaunlich. Die Kinesiologin hat das Trauma mit bestimmten Techniken abgelöst und diese Träume sind jetzt vorbei, es ist bearbeitet. Fabelhaft.

Wir können energetisch wirklich viele, viele, viele Traumata bearbeiten, wir müssen nur an den Ursprung herankommen. Das ist ein Segen und ein Geschenk. Heute bin ich dankbar für jedes Trauma, dass ich erleben durfte (sieht man natürlich zuerst nicht ein, wenn man diesen ganzen Mist durchleben muss. Es ist äußerst schmerzhaft – geht bis an die Grenzen). Letztlich haben mich diese Erlebnisse doch wieder zu meinem Ursprung zurückgebracht, in mein ganz tiefes Vertrauen, in die Freude und in die Liebe – meistens jedenfalls. Immer schaffe ich das noch nicht, denn wir sind ja ganz normale Menschen, leben hier auf dieser Erde und haben mit unserem Erdenleben richtig viel zu tun. Das ist ganz normal.

Während meiner Kindheit hatte ich ein Nahtoderlebnis. Ich lag im Bett und auf einmal wollte ich wohl sterben, keine Ahnung. Dann habe ich mir das wieder anders überlegt: Oh nein, ich will doch nicht sterben! Ich setzte mich nur hin, es muss so im Alter von 4 oder 5 Jahren gewesen sein, und habe gerufen: »Ich sterb, ich sterb!«, da ich keine Luft mehr bekam und fürchterliches Herzrasen hatte. Dann sah ich den Tunnel, von dem immer wieder die Rede ist, in weiter Ferne. Ich kannte diesen Tunnel aus Erinnerungen, aber ich wollte doch noch nicht in ihn hinein. Das wundert mich heute. Eigentlich hätte ich sagen müssen: »Ja, ich komme!« Aus der Ferne habe ich mir den Tunnel betrachtet und durfte nicht weiter hingehen. Diese schönen Gefühle, von denen viele Menschen mit ähnlichen Erlebnissen berichten, habe ich leider nicht erleben dürfen.

17

Das Erlebnis war später mit Angst besetzt, weil ich als Kind gar nicht einordnen konnte, was mit mir geschah. Vielleicht hatte ich einen Atemstillstand oder etwas mit dem Herzen? Diese Überlegungen machten mir im Nachhinein Angst, mir ging es gar nicht gut körperlich.

Ich konnte seit diesem Vorfall nicht mehr auf der linken Seite liegen, mochte mein Herz nicht mehr schlagen hören. Und das in diesem Alter! So etwas glaubt einem niemand, insbesondere meine Eltern haben mir diese Geschichte überhaupt nicht abgenommen. Da wurde wieder meine blühende Fantasie als Erklärung herangezogen. Meine Oma hat mich schon getröstet, aber meine Mutter sagte nur: »Stell Dich nicht so an!« Heute weiß ich, dass sie sich hilflos mit so einem Kind fühlte und es so gemacht hat, wie sie es konnte. Sie wusste es zum damaligen Zeitpunkt nicht besser.

Dann kam die Vergewaltigung. Ich war ca. acht Jahre alt. Es war ein siebzehnjähriger Junge aus dem Dorf, in dem meine Oma lebte. Wir Kinder spielten viel miteinander. Eines Abends, als ich nach Hause ging, kam er mir entgegen und sagte: »Du, guck mal, in dem Gebüsch liegt eine Tasse, kannst du sie mir bringen?« Da ich ihn kannte, war ich total arglos und wollte die Tasse holen. Plötzlich war dieser Junge über mir, hielt mir ein Messer vor den Bauch und sagte, wenn ich schreie oder irgendjemandem ein Wort davon erzähle, was er mit mir macht, dann sticht er zu. Was er dann mit mir machte, diese Schilderung möchte ich euch ersparen. Ich war nicht die Einzige aus dem Dorf, die er vergewaltigt hat. Jahre später erfuhr ich, dass er eine Frau umgebracht hat – da habe ich doch wirklich Glück gehabt, oder?

Danach hatte ich ständig Herzrhythmusstörungen. Ich konnte immer noch nicht auf der linken Seite liegen, das machte mir Panik. Ich mochte diesen Puls des Lebens einfach nicht spüren, fühlte mich so unsicher hier auf dieser Erde. Nach diesem Gewalterlebnis mit einem Messer vor dem Bauch, wo es mir wirklich gefühlt ans Leben ging, ist es klar, dass bei einem kleinen Mädchen, das die Welt noch nicht kennen kann, Ängste ausgelöst werden. Und so zog es sich immer weiter durch mein Leben, dass ich mich ständig kleiner machte, die anderen Menschen immer größer wurden, auf mir herumhackten, mich gehauen haben in der Schule, an meinen Haaren gezogen haben – ich habe immer mehr Angst bekommen, habe mich mehr und mehr zurückgezogen. Das war anstrengend und ich möchte diese Zeit nicht noch einmal durchleben müssen. Doch war sie wichtig für mich, um zu erkennen, dass auch ich ein wertvoller Mensch bin.

Als Kind habe ich auch schon so viel gefühlt, wusste, was mit den Menschen los war. Wenn ich das dann angesprochen habe, wurde gesagt: »Das ist doch Quatsch.« »Das bildest du dir bloß ein.« Es wurde zeitlebens versucht, mir mein Fühlen zu nehmen. Das habe ich schlussendlich auch viele Jahre selbst geglaubt und dachte, nee komm, das bilde ich mir ein, meine Emotionen sind nicht richtig. Deswegen bin ich eine so große Zweiflerin geworden und habe mir meinen Weg ins Vertrauen wirklich ganz mühsam zurückerkämpfen müssen. Aber nun habe ich es geschafft und darüber bin ich sehr froh.

Aus diesen Minderwertigkeitsgefühlen heraus machte ich Dinge, wie soll ich es beschreiben, fremdbestimmte Dinge, in der Überzeugung, dass meine Eltern, Freunde, Lehrer, Nachbarn ... es so von mir wollten. Das war nicht ich, die gehandelt hat. Meine Essenz, mein Kern, war vollkommen weg. Ich habe immer versucht, mich unsichtbar zu machen, mich anzupassen und mich zu verbiegen. Das hat noch weiter in die Tiefe, in den Schmerz, ins Leid geführt. Bis ich erkannt habe, wohin dieses Leid führt, hat es viele Jahre gebraucht. Jetzt, kann ich sagen, bin ich zu 90 % erwacht und ich werde von Tag zu Tag bewusster. Vorher war ich einfach nicht ich.

∾ El-asaria:

Spontan fällt mir zu meiner Kindheit ein, dass ich sehr aktiv geträumt, im Schlaf gesprochen und gesungen habe und schlafgewandelt bin. Ich habe Auren gesehen und Wesen, die den Augen meiner Eltern und Großeltern verschlossen blieben. Immer wieder stellte ich mir die Frage, wie um Himmels Willen ich wohl in diese Familie gelangen konnte. Sicherlich war mir klar, dass mein Körper dem eines Kindes entsprach, mein Ausdrucksvermögen meinem Alter entsprach – allerdings hatte das keinen Einfluss auf meine Wahrnehmung und auf meine Gedanken. Meine Mutter äußerte oft, ich hätte eine viel zu blühende Fantasie, wenn ich von Erlebnissen mit dem kleinen Volk erzählte oder dass ein Baum mir gerade gesagt hätte, er sei über die neue Straße zu seinen Füßen sehr unglücklich.

Das Gefühl, ein bedrohlicher Revoluzzer in dem Körper eines kleinen Mädchens zu sein, machte sich sehr schnell breit. Ich gestehe, dass ich damit hin und wieder auch meine Freude hatte. Ein messerscharfer Verstand und eine glasklare Kommunikation kann bei einer Familienfeier anlässlich des Geburtstages einer 80-jährigen Tante sehr unterhaltsam sein, meint ihr nicht? Wenn dann eine 5-Jährige Sätze formuliert wie: »Warum gebt ihr eigentlich nicht offen und ehrlich zu, dass ihr alle jetzt gerade viel lieber etwas ganz anderes machen würdet, aber hier ja der Geburtstag der Erbtante zelebriert wird und jeder gern an dem Erbe beteiligt wäre?«

Die ersten Jahre meines Lebens fühlte ich mich allein, bis ich auf die famose Idee kam, meine geistigen Begleiter offener zu behandeln. Meine Eltern waren sicherlich dem Wahnsinn nah, als ich für den für sie unsichtbaren INCO den Tisch deckte, fröhlich mit ihm Verstecken spielte oder ernsthafte Debatten mit ihm führte. Heute weiß ich, dass es sich um meine Kommunikation auf Seelenebene mit meinem damals noch nicht geborenen Bruder handelte. So hatte ich schon in jungen Jahren einen verantwortungsvollen Posten als Wegbereiterin für ihn – ich habe jahrelang sehr auf diesen feinfühligen Burschen geachtet.

Denke ich an meine ersten Schuljahre, blicke ich auf nebulöse Bruchstücke. Für mein Empfinden war meine Kindheit überlagert von dem Gefühl, zutiefst falsch zu sein. Falsch in der Wahrnehmung, falsch in der Ausdrucksform, falsch in den Fragen und Wünschen. Okay, mit der Zeit kapitulierte ich nach außen hin und kam zu der Überzeugung, dass ich ganz auf mich allein gestellt bin. Es lag an mir, mich einzubringen, anzunehmen und mitzulaufen. Das trifft es wohl am ehesten.

Bis ungefähr zu meinem 10. Lebensjahr hatte ich zu meiner großen Verwunderung in meiner Herkunftsfamilie die Rolle der Ausgleichsmasse, hatte sehr häufig Rückenschmerzen und auch Herzschmerzen, weil mich dieser Auftrag sehr anstrengte. Die hohe Energie meiner Oma hat mich häufig wieder aufgerichtet. Sie war die Einzige, die in meiner Sprache sprach – direkt aus dem Herzen. Ich fühlte mich in der Unterhaltung mit Oma in jeder Faser meines Seins gesehen, geachtet, verstanden.

Da drängt sich uns natürlich die Frage auf: Was bedeutet Familie denn für uns?

Freude
Annahme
Miteinander
Ideen
Liebe
Individuen
Enge Bindungen

Waren wir als Kinder nicht alle ein Stück weit auf uns allein gestellt? Ich habe den Eindruck, wir fühlten uns alle am falschen Platz, auf dem falschen Planeten, in dem falschen Körper, zwischen den falschen Menschen. Unsere Eltern sind häufig in ihre eigenen misslichen Familienkonstrukten oder Partnerschaften so verwickelt gewesen, dass auch ihnen keine Luft zum Atmen, keine Zeit zum Nachdenken, zum Hinterfragen blieb. Es ging in den 60er und 70er Jahren im Westen um Wettbewerb im Job, um Normen, Dogmen, Erwartungen, hohe materielle Ziele, um angestrebtes Einkommen. Es ging immer um etwas, das noch erst erreicht werden musste – im Außen. Der Ist-Zustand war keinesfalls ausreichend, einfach nur sein absolut undenkbar. Der JETZT-Zustand war niemals ausreichend. Das Leben wurde auf künftige, kommende Tage, Wochen, Monate, Jahre verschoben.

Viele Eltern heute fordern eine ganztägige Betreuung für ihre Kinder. Warum ist das so? Sind die Kinder zu jeder Zeit so furchtbar, dass man sie möglichst wenig um sich haben möchte? In der Familie haben Kinder einen statistischen Betreuungsschlüssel von 1 Erwachsenen zu 1,6 Kindern (wenn die durchschnittliche Zahl an Kindern pro Familie noch bei 1,6 liegt). In Betreuungseinrichtungen liegt dieser Betreuungsschlüssel vielleicht bei 1 Erwachsenen zu 10 oder 20 Kindern. Logisch, dass eine herzliche, individuelle Betreuung und Förderung weder möglich noch angestrebt ist, oder?

Schule konnte auch zu keiner Zeit mit den unterschiedlichen Charakteren der Jugendlichen, des Kollegiums, der teils undurchführbaren ministerialen Vorgaben umgehen. Auch hier ist der Fokus auf später gerichtet, auf den zu erreichenden Schulabschluss, den angestrebten Ausbildungsplatz, die hoffentlich zu verwirklichende Karriere.

Wo sind sie, die Räume zum Träumen, zum Fassen von wirklichen Visionen? Wo ist die Bestätigung für Schülerinnen und Schüler, dass es einfach nur wunderbar ist, dass er/sie existiert, dass alle neugierig auf die noch zu entfaltenden, einzigartigen Talente sind? Wozu muss es ein Schulsystem geben, welches für sich den Anspruch erhebt, alle Kinder- und Jugendbedürfnisse abzudecken, um sie fit für das Leben zu machen? Was macht ein Schüler denn in der Schule, wenn die spannende Zeit erst danach beginnt?

Das pädagogische Konzept der Schetinin-Schule, die bereits seit über 20 Jahren erfolgreich besteht, stellt ein interessantes Vorbild zur Weiterentwicklung für unser deutsches Schulsystem dar, und somit kann dieser Vortrag allen Interessierten wertvolle Denkanstöße bieten:

Hier ein Link für eine Doku über die Schetinin-Schule:
https://ww.Youtube.com/watch?v=dpHB8kH3yVg

Uns wundert es da nicht, wenn die Jugend den Ort Schule als Freizeitpark missversteht, in dem es um einen Zeitvertreib geht. Das Leben der Eltern ist heute um die Abwesenheit der schulpflichtigen Kinder gestrickt, eröffnen ein zeitliches Fenster für ihre Berufstätigkeit. Ob es den Kindern als erstrebenswert erscheint, sich das Leben der Eltern als Vorbild anzusehen, wenn Zeit und Geld einen höheren Stellenwert haben als LIEBE?

Die Rahmenbedingungen empfinden wir als sehr interessant: Kinderrechte sollen gesetzlich nicht verankert werden, damit hieraus keine Rechtsansprüche abgeleitet werden können. Da fragen wir uns doch, mit welcher Wertschätzung Evolution und nachwachsende Generationen behandelt werden.

Pflicht ohne Liebe macht verdrießlich!
Verantwortung ohne Liebe macht rücksichtslos

Gerechtigkeit ohne Liebe macht hart!
Wahrheit ohne Liebe macht kritiksüchtig!

Erziehung ohne Liebe macht widerspruchsvoll!

Klugheit ohne Liebe macht gerissen!
Freundlichkeit ohne Liebe macht heuchlerisch!
Ordnung ohne Liebe macht kleinlich!
Sachkenntnis ohne Liebe macht rechthaberisch!
Macht ohne Liebe macht gewalttätig!
Ehre ohne Liebe macht hochmütig!
Besitz ohne Liebe macht geizig!

Ohne die Liebe ist alles in der Welt verkehrt.
Erst die Liebe macht alles gut

Laotse

2. Zweite Notsituation – Jugend

Wir neuen Kinder

Seid gegrüßt aus dem kollektiven Bewusstsein von uns Kindern. Seid 1985 inkarnieren wir in immer größer werdender Zahl auf dem Planeten Erde, um Euch Menschen unsere Hilfe und Heilung zu schenken.

Wir sind in unserem Empfinden, in unserem Lernen, in unserem Fühlen und Wissen anders als vorherige Generationen. Wir würden uns selbst als eine neue Wurzelrasse bezeichnen, die für die Evolution von Euch Menschen ein unglaublich großes Geschenk bedeutet. Wir bringen Euch ein Bewusstsein, welches Euch fordert und führt. Systeme, mit denen Ihr groß geworden seid, beeindrucken uns nicht.

Seht auf Euer materialistisches System. Es liegt bereits am Bo-

den und röchelt noch, mit schmerzverzerrtem Gesicht. »ICH WILL MEHR. ICH NEHME DIR ALLES. HINTERFRAGE MICH NICHT, SONST VERNICHTE ICH DICH.« Wir stehen staunend neben Euch. Mehr als deutlich signalisieren wir schon seit langem, dass wir unsere Aufgabe in anderen Bereichen sehen als in jenen, in die wir durch Euch geschoben werden sollen. Wir haben im Gegensatz zu so vielen von Euch einen direkten Draht zur Quelle und wissen um unsere Verbundenheit. Wir wissen um die weiteren Geschehnisse und sind deswegen absolut unbeeindruckt. Wir wissen, unsere Zeit kommt und unsere Aufgaben bilden sich langsam heraus.

9 verschiedene Grundausrichtungen brachten uns auf Euren Planeten:

Die zartgoldenen Kinder stellen ein Gleichgewicht zwischen der physischen Struktur und der Seele her. Eure Körperzentren erfahren emotionale Heilung durch uns.

Die pastell-pinken Kinder zeichnen sich durch Sanftheit, Liebe und Mitgefühl aus. Ihr gesamtes Wesen zwingt die Umgebung zum Einhalt und zum Hinterfragen der Lebensausrichtung.

Die Regenbogen-Kinder vereinen sämtliche Ausrichtungen und repräsentieren die kreative Liebe. Sie zeichnen sich häufig durch vielfältige Talente aus und wirken verbindend.

Die orange Kinder haben als Ziel, persönliche Freiheit zu leben; Selbstwert, Selbstliebe und Selbstgnade haben Vollständigkeit erreicht.

Die goldenen Kinder zeichnen sich durch einen höheren Intellekt aus, der in der Mathematik und Wissenschaft benötigt wird.

Die rostfarbenen Kinder sind kundig in der magnetischen Energie und arbeiten eng mit dem Ashtar-Kommando zusammen.

Die rosa-grünen Kinder unterstehen Newahjac, einem Erdmeister, und können als Erdenengel bezeichnet werden. Der Hang zu Natur und Tierreich ist bezeichnend.

Die Indigo-Kinder stehen für eine revolutionäre Heilfrequenz, sind sich ihres Auftrages sehr bewusst und sprengen sich die neuen Wege frei. Nie werden sie glauben, was ihnen aufgezwungen werden soll.

Die silberblauen Kinder wollen Liebe auf Euren Planeten bringen. Sie reagieren äußerst empfindlich, wenn Menschen lieblos miteinander umgehen, und übernehmen häufig bereits in sehr jungen Jahren Aufgaben in ihren Familien, um diese Liebesschwingung durchzusetzen.

Wir Kinder haben die Fähigkeit, all diese Grundausrichtungen miteinander zu vernetzen. Je bewusster unsere Eltern in den irdischen Familien mit unseren Fähigkeiten umgehen können, umso besser können wir unsere Inkarnationspläne erfüllen. Dinge, die für Euer Erwachsenen-Leben eine Wichtigkeit haben, sind uns gleichgültig. Wir streben nicht nach Besitz und Macht, denn in unserem Bewusstsein ist die Verbundenheit mit allem, was ist, voll entwickelt. Müssen wir Irrwege der Erwachsenen mit tragen, sei es in Beziehungsfragen oder Fragen zur Bestimmung im Arbeitsleben des eigenes Wertes, sind wir häufig ratlos. Wo sollen wir in unseren Erklärungen beginnen?

Durch Eure erschaffenen Systeme ist unser Geist gefangen in einer Beschulungsanstalt, die von uns kein selbstständiges Denken erwünscht. Wir sollen brav den vorgebeteten Stoff aufnehmen und auf Kommando wieder ausspucken. Ihr könnt Euch vorstellen, dass wir daran keine Freude haben. Jeder von uns kommt in dieses Leben mit ganz speziellen Fähigkeiten. Habt Ihr uns jemals danach gefragt?

Wir benötigen Eure tatkräftige Unterstützung, denn wir haben zwar Zugang zu Wissen, dennoch sind wir jung an Jahren und müssen Teamarbeit angeboten bekommen, damit sich unsere Vorschläge realisieren lassen.

So lieblos, wie Ihr Menschen miteinander umgeht, können wir Kinder an manchen Tagen kaum atmen, so erdrückend ist Eure Schwingung. Euer Humor ist verloren gegangen, im Laufe Eures Lebens, im Kampf um Anerkennung und Lebensgrundlage.

Doch wir sind stark und wir sind inzwischen sehr viele. Wir benötigen Raum und freien mentalen Fluss, um unser Wissen nach außen tragen zu können. Wir benötigen Eure Liebe, Euer bewusstes Sehen und wir wollen Eure Herzfrequenz. Im Austausch bieten wir Euch unseren Blickwinkel, unsere Kommunikationstechniken und unsere Lösungsvorschläge an.

Voraussetzung hierfür ist Eure ehrliche, offene Entscheidung FÜR einen Dialog auf Augenhöhe mit uns. Schenkt uns Eure

Zeit, von der Ihr bald mehr als genug haben werdet, und arbeitet mit uns. Betrachtet Euch im Spiegel: Könnt Ihr sehen, wohin sich Eure Zeit geschlichen hat? Könnt Ihr sehen, was Ihr untereinander angerichtet habt? Seht Ihr, dass Ihr geballte Fäuste habt und auf einer Ebene der Grundbedürfnisse im Hamsterrad rennt? Könnt Ihr fühlen, was dabei verloren ging? Dies war Marcella, eine Große im Rat der Kleinen.

☙ El-asaria:

Natürlich musste auch ich die handelsübliche Schullaufbahn starten, bereits mit 5 Jahren wurde ich eingeschult, da mein häusliches Umfeld meinen Fragen nicht gewachsen war. Durch die Einschulung sollten meine Kräfte gebündelt werden und ich sollte mich sinnvoll beschäftigen. Nach insgesamt 13 Jahren Zugehörigkeit zur »Firma Schule« wurde mir attestiert, ich hätte einen erfrischenden Geist mit Tendenz zu anstrengendem Bohren. Tja, die Dinge, die mich wirklich interessiert hätten, wurden mir in der Schule nicht nahegebracht. Immer wieder ging ich frohen Mutes hin und wollte etwas über das echte Leben erfahren – aber nix!

Das Thema Schule hatte ich mit dem 18. Lebensjahr abgearbeitet. Über das Leben, über Energie, über Wahrheit, über Schöpferkraft, über Machtstrukturen hinter den offensichtlichen Strukturen erfuhr ich rein gar nichts. Mir war schnell klar, dass mein Ursprung nicht irdisch sein kann. Mein Geruchssinn ist nicht vorhanden, so ein Glück. Ich könnte hier vieles nicht riechen! Mein Blick scheint auch ungewöhnlich zu sein, da Menschen ihm oft nicht standhalten können.

Warum war ich bloß so anders? Wozu war ich hier auf dieser Erde? Um das herauszufinden, entschied ich mich für Extreme und hoffte, somit Essenzen des Lebens finden zu können. Ich kannte Kriminelle, jobbte in einer Fabrik und fand dieses Leben sehr zum Missfallen meiner Eltern lustig. Doch dieser Effekt war auch nicht von Dauer. Es war mir unmöglich, eine Zugehörigkeit zu den Menschen meiner Umgebung zu empfinden.

Ich sah den Menschen in die Augen und damit in die Seelen. Das ist so, als würde sich ein Tor öffnen und es tauchen Bilder aus der Chronik der Menschen auf. Damit hatte ich Einblicke in ihre Seelenerfahrungen oder blickte direkt in die Akasha-Chronik. Nur, damals wusste ich es schlicht nicht und konnte damit auch nicht angemessen umgehen. Oft sprach ich Dinge an, die mein Gegenüber direkt ins Herz trafen, und ich wunderte mich oft über den Schrecken, den ich damit anrichtete. Schmückende Konversation, Small Talk, waren mir schon immer ein Graus. Ich hatte Zugriff auf Empfindungen des Bewusstseins meines Gegenübers, die von demjenigen vielleicht noch gar nicht realisiert worden waren. Mir war klar, dass ich über eine Fähigkeit verfüge, die nicht allen Menschen verfügbar ist oder die einfach nicht genutzt wird. So trat ich sicher vielen Menschen ohne Vorwarnung viel zu nah und musste Ablehnung ernten, denn mir hatte niemand gesagt, dass in der 3. Dichte manches hinter einem Schleier versteckt wird.

Damals schon sehnte ich mich nach meiner wahren Familie, denn ich war der festen Überzeugung, man habe mich hier ausgesetzt, vergessen oder erlaube sich einen schlechten Scherz. Verbitterung machte sich breit, denn junge Menschen können nicht ohne Unterstützung Familienkonstrukte reformieren, Ahnenlasten auflösen, wenn die sie umgebenden älteren Menschen überhaupt keine Bereitschaft zur Bearbeitung dieser Themen signalisieren.

Oft fragte ich mich, ob ich für diese Inkarnation einfach den falschen Spielplan dabeihatte? Doch ich musste damit zurechtkommen, eine Alternative war ja nicht in Sicht. In den Augen der erwachsenen Menschen suchte ich weiterhin den Funken des Erkennens, einen Funken der allumfassenden Liebe, einen Funken der tiefen Weisheit, die mich unterstützen wollte. Wie gesagt, ich suchte jahrelang verzweifelt. Alles, was ich in jungen Jahren in den Augen der Menschen sehen konnte, waren Ängste, Sehnsüchte, Sprachlosigkeit, Lieblosigkeit, Egoexzesse.

In ganz jungen Jahren sah ich Farben rund um die Menschen – diese Fähigkeit ging schätzungsweise bis zum 10. Lebensjahr verloren. Bat ich ganz unbefangen meine Eltern um eine Erklärung derartige Phänomene, erntete ich Unverständnis bis hin zu Äußerungen, die meinen Geisteszustand in Frage stellten. Diese Fähigkeiten wurden einer viel zu regen Fantasie zugeordnet und ich blieb auf mich selbst reduziert zurück.

Ich sah Wesenheiten, die ich nicht zuordnen konnte, und wusste damals nicht, dass ich in besonders schlimmen, einsamen Momenten Besucher an meiner Seite hatte. Manche hatten keine menschlichen Körper, hatten andere Kopfformen. Andere sahen den Menschen sehr ähnlich, hatten lange Haare und trugen Kleidung, die ich vorher noch nie gesehen hatte. Wie gesagt, ich war auf mich allein gestellt. Meine Eltern, insbesondere meine Mutter, waren mit meinen Fragen absolut überfordert. »Es gibt da niemanden. Wie sollte wohl jemand, der so aussieht, wie du sagst, ausgerechnet durch unsere geschlossene Haustür kommen können?« »Von so etwas habe ich ja noch nie gehört!« So wenig nützliche Bemerkungen wurden gemacht und sie machten mich noch sicherer, dass ich wohl nicht zu dieser Familie gehören könne.

Unbewusst lief ein Agreement mit meinen Eltern: Sie sorgen für meine physischen Bedürfnisse und den Rest muss ich woanders finden. Ich war sicher, es müsse weit mehr geben, als die Menschen um mich herum sehen und erklären konnten. Für mein Heranwachsen wäre es weit angenehmer gewesen, den spirituellen Funken nicht erst vergessen zu müssen. Im Nachhinein ergibt es wohl doch einen Sinn. In jüngsten Jahren begann ich alles in Frage zu stellen, was mir als dogmatische Erklärung vorkam. Viele Erläuterungen stellten meinen Wissensdrang nicht zufrieden, sondern erzeugten ein Vakuum, welches dafür sorgte, dass ich meine Neugier all die Jahre erhalten habe und lernte, zuerst mein Gefühl zu beachten.

Diese Technik sollte sich als sehr verlässlich erweisen, denn aus der Ebene des Verstandes bekommt man Wortgebilde seines Gegenübers, die dessen Bewusstsein widerspiegeln. Nicht mehr und nicht weniger. Das Gefühl befähigt den Menschen jedoch, alle Dinge, Worte, Taten einem Check-up zu unterziehen. Sei es in Bezug auf die Glaubwürdigkeit oder auf die Wahrhaftigkeit.

Mein Gefühl sagte mir schon in jungen Jahren, es gibt weit mehr als das ausgesprochene Wort. Obwohl ich als wunderliches Kind und sonderbarer Teenie galt, wurde ich in meiner Familie als Ratgeber und Auskunftei genutzt. Für die Lösung von Konflikten zwischen Eltern und Großeltern wurde ich vorgeschickt, für den Schutz meines Bruders entschied ich mich aus freien Stücken. Wie viel Verantwortung dabei auf meinen Schultern ruhte und wie sehr mich diese behinderte, stellte ich erst später fest, als ich aus diesen Strukturen entflohen war.

Als Familienkitt genutzt, aber nicht genährt in den spirituellen Belangen, ging ich durch meine Jugend, als hätte ich Blei an den Füßen. Grenzen konnte ich schlecht anerkennen, Meinungen niemals unbeleuchtet akzeptieren und einfach nur funktionieren schon gar nicht. Im Rückblick wundere ich mich manchmal, dass ich unter diesen Bedingungen überhaupt gedeihen konnte. Strebe ich an, mindestens 400 Jahre alt zu werden, dann ist die Abhängigkeit von den Eltern bis ca. zum 18. Lebensjahr der kleinste Anteil. Also lohnt es sich, die Augen zu schließen, die Sehnsüchte auf einen späteren Zeitpunkt zu vertagen und durchzuhalten in der freudigen Hoffnung, dass die Unterstützung der Seelenfamilie und der Engel mich nicht alleinlässt.

Alles und jeder um mich herum schien fest in ein System eingebunden zu sein, das auch nicht zu sehr in Frage gestellt wurde. Es hatte überhaupt nicht den Anschein für mich, als wären die Menschen glücklich mit den erschaffenen Umständen, doch konnte ich auch keine Ausbruchs- oder Veränderungsversuche erkennen. Häufig fühlte ich mich wie ein undefiniertes Blatt, das auf der Suche war nach dem heimatlichen Baum, um Kraft zu tanken, um eine Basis zu erkennen. Das Eingebundensein in Überzeugungen hätte mich fest verankern können. Hierfür wäre unverzichtbar gewesen, dass irgendjemand aus meiner Umgebung in sich selbst diesen Anker erkannt hätte und dann auch noch die Fähigkeit hätte haben müssen, dieses Wissen angemessen in mein Zellbewusstsein zu transportieren.

Meine Mitmenschen empfand ich damals als Mitläufer, die mir allerdings nicht sagen konnten, warum sie sich so und nicht anders verhielten. Oft wurde mir die Antwort gegeben: »MAN muss eben zur Schule gehen.« »MAN lernt halt nur für sich.« »Man muss sich eben so benehmen, weil ALLE es machen.« Wenn ich dann zaghaft entgegnete, wieso MAN denn die Wesen, die ich wahrnehme, nicht sehe könne, war Ruhe. Oder wenn ich hinterfragte: »Wenn MAN sich so verhalten muss, weil ALLE so leben, warum ist MAN dann nicht glücklich?« Die Antwort, die ihr sicher alle kennt, ist niederschmetternd und lässt keine Kommentare zu: »DAS IST EBEN SO!« Alle folgen Vorgaben und Strukturen, die sie weder verstanden noch im Herzen für gut befunden haben. Das Leben besteht aus viel harter Arbeit und nur derjenige hätte Bestand und Erfolg, der durch Leistungen hervorsticht. Stellt euch nur vor, wie angestrengt meine Eltern schauten, als ich nach deren herausragenden Leistungen fragte. ☺

Dies mag auch ein Kennzeichen von Engeln der älteren Generation sein: Nestflucht. In der Herkunftsfamilie gab es irgendwann nichts mehr zu lernen, zu beobachten, zu analysieren. Also mussten wir raus in die Welt und schau-

en, ob wir irgendwo Wahrheit, Weisheit, Liebe finden können.

☙ Ra Isa:

In meiner Jugendzeit erlebte ich dann diesen fürchterli-
chen, jahrelangen sexuellen Missbrauch. Meine Mutter hat
bei diesem Typ gearbeitet und ich auch. Ich habe dort ne-
benbei gejobbt, ein bisschen geholfen als Taschengeldauf-
besserung. Er fragte dann irgendwann meine Mutter, was
mit mir los sei, weil ich oft gar nicht anwesend war, ich war
mit meinen Gedanken sehr oft woanders. Man könnte es
auch Tagträumerei nennen.

Ich fühlte mich von meiner Mutter absolut verraten, weil
sie diesem Typen erzählt hat, dass ich vergewaltigt worden
war und damit überhaupt nicht klarkam. Deshalb war ich
damals sehr, sehr zurückgezogen und in mich gekehrt. Das
nahm dieser Unmensch als Anlass, mich »in die Sexualität
hineinzuführen«. Er hat nie meinen Körper bekommen,
nur die Hände. Das hat schon gereicht, ich habe jahrelang
– es grenzte schon fast an eine Psychose – Angst gehabt, in
den Spiegel zu schauen, weil ich dachte, dort würde mich
der Teufel angucken. Mein eigener Teufel, der so schmut-
zige Dinge macht.

Er hat es ganz geschickt und vorsichtig angestellt, mich
überhaupt dazu zu bekommen, so etwas zu machen. Zuerst war er eine absolute Vertrauensperson, weil ich mich
von meiner Mutter verraten fühlte und er noch keine Ver-
suche gestartet hatte, mich in sexueller Hinsicht irgendwie zu belästigen. Er hat mich verwöhnt, mich umgarnt,
mir das Gefühl gegeben, wichtig zu sein. Danach sehnte

ich mich so sehr. Meine Eltern haben versucht, an mich heranzukommen, haben sich aber die Zähne an mir ausgebissen, besonders als ich in die Pubertät kam. Sie haben damals auch sehr gelitten, sie machten sich große Sorgen um mich. Sie wussten nicht, was mit mir los war, organisierten einen Termin bei einem Psychologen, doch dieser kam schon gar nicht an mich heran. Er stellte absolut bescheuerte Fragen. Ich sagte ihm nur, dass es mir gut geht. Schade, dass ich mich nicht öffnen konnte, das hätte mir sicherlich vieles erspart.

Außerdem hat dieser Typ meine Eltern und mich immer weiter auseinandergebracht, indem er schlecht über sie geredet hat. Bei mir hatte er da zum damaligen Zeitpunkt einen guten Nährboden gefunden.

Später aber hat er mich ständig betrunken gemacht, damit ich ihn befriedige. Ich habe gelernt, mich wegzubeamen – in den Momenten war ich ganz woanders. Ich habe mir selbst so starke Vorwürfe gemacht, dass ich das mit mir machen ließ. Das ganze Spiel musste ich so lange aufrecht erhalten, weil meine Eltern und mein gesamtes Umfeld ihn kannten. Wenn ich jetzt keinen Kontakt mehr zu ihm hätte haben wollen, dann wäre es aufgeflogen. Ich habe dieses Geheimnis, bis ich Ende 40 war, in mir eingeschlossen. Gut, ich hatte schon mit Therapeuten gesprochen, aber ansonsten war ich diesbezüglich sehr verschlossen. Ich hatte mir vorgenommen, dies meinen Eltern nie, nie zu erzählen, dafür schämte ich mich viel zu sehr. Doch dann, eines Tages, hatte ich das Bedürfnis, es meiner Mutter zu sagen. Nachdem ich mich geoutet hatte, lagen wir uns in den Armen und haben geweint. Meine Mutter hat gesagt: »Meine Güte, jetzt erklären sich viele deiner Verhaltensweisen.«

Doch mit meinem Geständnis begann für mich eine weitere schlimme Phase in meinem Leben, d. h. ich durfte wieder einmal lernen … ☺

Dadurch, dass ich mein Geheimnis gelüftet hatte und ich nichts mehr unterdrücken musste, bekam ich einen Burnout und schwere Depressionen. Wie soll ich es beschreiben, plötzlich bemerkte ich, wie viele Jahre ich schon gekämpft hatte und eigentlich gar keine Kraft mehr besaß. Doch da ich einen sehr starken inneren Antreiber habe, erlaubte ich mir keine Schwächeleien. Mein Motto war: »Zähne zusammenbeißen und durch.«

Und dann bin ich endlich zusammengebrochen, es war ein Segen, ein Befreiungsschlag, ich musste nicht mehr stark sein, musste keine Geheimnisse mehr mit mir herumschleppen. Ich bin stolz auf mich, dass ich den Mut hatte, es zu erzählen, ansonsten weiß ich nicht, wie viele weitere Jahre ich die Zähne zusammengebissen hätte. Unglaublich, so etwas zu sagen, aber diese Erkrankung hat mich sehr viel gelehrt. Ich bin stark und authentisch geworden, weiß, was mir gut tut und was nicht, welche Menschen ich lieber von hinten sehen will und welche von vorne. Die Zeiten des Mich-selbst-klein-Machens sind endgültig vorbei.

Auch wenn es heute immer noch gute und schlechte Zeiten gibt. Ich habe heutzutage auch noch Einbrüche, in denen ich einfach nicht so leistungsfähig sein kann wie andere Menschen. Aber ich habe diese Momente angenommen, bekämpfe mich nicht mehr selber, bin sanft zu mir geworden. Meinen Humor und meinen Optimismus kann mir nichts und niemand auf der Welt nehmen. Deshalb genieße ich die guten Zeiten mit jeder Faser meines Seins. Echte von Herzen kommende Freude und echter Schmerz: Das eine geht nicht ohne das andere, hier in der Dualität existieren zwei Seiten der Medaille.

Warum schreibe ich hier so offen darüber? Ich habe sehr lange hin und her überlegt, ob ich es niederschreibe in diesem Buch. Der Grund für meine Entscheidung lautet: Weil ich weiß, dass es sehr viele Missbrauchsopfer gibt, Frauen aber auch Männer, die sexuell missbraucht wurden, sogar als Säugling schon, im Kleinkindalter oder auch später, und man diese Erfahrungen lieber verschweigen und verdrängen möchte. Es ist aber so, dass diese Erfahrungen wie eine tickende Zeitbombe im Unterbewusstsein gefangen gehalten werden und sie einem alle Kräfte rauben, wenn sie nicht endlich angeschaut und wirklich verarbeitet werden können. Das ist ein schmerzhafter Prozess, aber ein sehr wichtiger.

Ich möchte anderen Menschen Mut machen, sich zu öffnen und die Reise zu sich selbst anzutreten. Es lohnt sich immer und ist ein Schritt in Richtung LEBEN!

Ich war damals, als Jugendliche und junge Erwachsene, sauer auf meine Mutter und sehr enttäuscht, ich habe sie verachtet und gehasst, weil sie auf ihr kleines Mädchen einfach nicht aufgepasst hat. Aber inzwischen haben wir viele, viele Gespräche geführt und das meiste klären können, lange daran ge- und es verarbeitet. Sie hat es damals nicht besser gewusst, sie hat ihr Bestes gegeben, so wie sie es eben konnte. Ihr könnt euch bestimmt vorstellen, dass es mit mir auch nicht immer leicht war. Doch im Nachhinein war auch diese Erfahrung ein Segen. Meine Mutter und ich haben dadurch gelernt, auf Herzensebene zu kommunizieren, und sind uns jetzt sehr nah.

In meiner Jugendzeit hatte ich vermutlich auch schon Depressionen, weil ich oft einfach gar keine Lust mehr hatte zu leben, als mir alles über den Kopf wuchs, das Verheimlichenmüssen, die Trauer über den Tod meiner geliebten Omi (sie war damals neben diesem Unmenschen meine Vertrauensperson, meine Eltern kamen überhaupt nicht mehr an mich ran). Als meine Oma starb, hatte ich das Gefühl, mir wird mein Herz rausgerissen. Ich fühlte eine absolute Leere. Bei der Beerdigung am Grab wäre ich fast hineingefallen auf ihren Sarg, weil ich das Gefühl hatte, dass ich magnetisch angezogen wurde. Schreckliches Gefühl.

Ab diesem Zeitpunkt habe ich mich ganz verschlossen. Zu der Zeit verstanden meine Mutter und ich uns überhaupt nicht mehr, es war das reinste Horrorverhältnis.

Mein heute geliebter, damals nicht ganz ernst genommener Stiefvater glättete sehr oft die Wogen mit seinem großen Herzen. Ich danke dir von ganzem Herzen, dass du uns so wie deine eigenen Kinder angenommen hast, obwohl ich es dir wahrlich nicht leicht gemacht habe. Mit Frank, meinem Bruder, hattest du es einfacher, weil er noch so klein war. Danke für deine Geduld, dein Verständnis und deine Hingabe. Du hast dich so oft zurückgenommen wegen uns. Ich liebe dich bedingungslos.

∽ El-asaria:
Ich kann nicht nur meine eigenen Erlebnisse meiner Jugend beitragen, sondern muss auch unbedingt aus meinem heutigen ICH BIN als dreifache Mutter, als Heilerin, Seherin und Coach etwas zur Jugend beitragen.

Ich arbeite in verschiedenen Projekten, die Jugendliche auf die Spur bringen sollen. Dabei habe ich mich an die Vorgaben der Auftraggeber zu halten und spüre einen starken Widerwillen in mir. Meistens fehlt es den Jugendlichen einfach nur an der Möglichkeit, einen Gesprächspartner außerhalb der Institution Schule treffen zu können. Keinen Elternteil, der Staatsfeind Nr. 1 ist und während der Pubertät uninteressant, weil antiquiert ist. Man kennt sich ja innerhalb der familiären Strukturen bereits 14 oder 15 Jahre und benötigt neuen Input. Es besteht oft ein starkes Bedürfnis, Raum zu erhalten für Träume, Wahrnehmungen, Ängste, Verzagen. Es besteht weiterhin der Wunsch nach Unterstützung für die wirklich wichtigen Dinge im Leben: Wie gehe ich mit unbändiger Wut um? Wie mit Mobbing? Wie kann ich festgefahrene Strukturen durchbrechen? Habe ich überhaupt Werkzeuge in mir, wenn die Lehrer mich frontal vollquatschen? Wie gelange ich an meine Ressourcen? Habe ich wirklich welche? Wer hilft mir, wenn ich Liebeskummer habe? Wieso dürfen wir keine Fehler machen, um Erfahrungen zu sammeln, wenn Manager und Banker Fehler machen, die Verluste in Milliardenhöhe nach sich ziehen?

Jeder Erwachsene sollte sich in solchen Momenten die Frage stellen: Kann ich wirklich authentisch vor jungen Menschen die Wahrheit sprechen? Halte ich Kritik von jungen Leuten überhaupt aus? Kann ich mit dem wilden, ungezügelten Temperament auf eine liebevolle, humorvolle Weise umgehen? Erkenne ich den Wunsch nach Selbsterfahrung dahinter?

Während meiner Tätigkeiten mit 14- bis 25-Jährigen habe ich viele Gespräche geführt, die mich still werden ließen. Mein Herz war offen und bereit, mir deren Wahrheiten anzuhören und mit meiner Wahrheit darauf zu antworten. Ich führte erstaunliche Gespräche. Zutiefst verunsicherte Menschen, die allesamt ein freundschaftliches, liebevolles Geleit vermisst haben. Die einfach vermisst haben, dass Irren und Fehlermachen menschlich ist und nur aus Fehlern Wachstum entstehen kann. Teilweise weinte ich mit ihnen um eine verlorene Kindheit, denn diese weisen, starken, klugen Seelen hatten allesamt die Lage ihrer Familien durchschaut, die Muster und Konflikte erkannt, die aber ja manchmal nur mit Annahme äußerer Hilfe veränderbar sind.

Alle wollen nur gesehen, wahrgenommen werden und benötigen hin und wieder einen Hinweis, auf dem ureigensten Weg zu bleiben, sich selbst zu vertrauen, sich auch mal durchzubeißen, wenn etwas nicht leichtfällt. Kein Meister fällt vom Himmel, das wissen wir doch alle nur zu gut. Ich mag der Jugend nur begegnen, indem ich von meinen eigenen Lernetappen berichte, meine daraus gezogenen Erkenntnisse preisgebe. Ausnahmslos alle meine GesprächspartnerInnen waren sehr erstaunt über meine Offenheit und die Klarheit, mit der ich bekundete, ebenfalls Ängste gehabt zu haben, Sorge, den Ansprüchen anderer nicht zu genügen. Ganz einfache Zeichnungen auf einem DIN-A4-Blatt zeigen Energieströme in Windeseile auf, wer von wem was erwartet. Mini-Aufstellungen erinnern an die eigenen Kräfte, die jederzeit abrufbar sind. Ich habe keine Probleme, mich vor den Jugendlichen auch zum Affen zu machen, wenn ich fühle, dass dies Klarheit und mehr Erkennen zur Folge hat. Glaubt an Eure Außergewöhnlichkeit, auch wenn es Euch niemand gelehrt hat!

Think positive, muss die Botschaft an die Jugend sein, auch wenn der blöde Vokabeltest diesmal nicht so klasse lief. Zensuren sind bloß Zahlen, kein Spiegel Deiner Persönlichkeit.

https://www-de.scoyo.com/dam/schule/das-andere-zeugnis/was-deine-noten-nicht-sagen-zeugnis-scoyo.pdf

Da ich es bei dieser Tätigkeit teilweise mit Minderjährigen zu tun habe, führe ich natürlich auch Gespräche mit den Eltern und staune immer wieder, welche Erleichterung auch die Eltern verspüren, dass eine weitere Ebene des Seins ihres Kindes unterstützt wird. Sie selbst können dann auch Dinge benennen und loswerden, die sonst weiter in ihnen unbeantwortet geblieben wären. Welch systemischer Fehler, Menschen nicht immer ganzheitlich zu betrachten – egal ob Kind, Jugendlicher oder Erwachsener. Und dabei bedarf es gar nicht viel Zeit für die Bereinigung, und Dinge kommen wieder in den Fluss, können in Leichtigkeit be- und erarbeitet werden und sogar für die verhassten »Lernstandskontrollen« wieder abgerufen werden.

3. Dritte Notsituation –
Junge Erwach(s)en(d)e

»Ich bin Lucia und ich grüße Dich. Ich bin die Torwächterin der Engelsdimension und die Sprecherin der Engelsdimension. Und so sage ich Dir, Du hast Dein Karma abgetragen. Bis zum 35. Lebensjahr seid Ihr Menschen in einem Zyklus, in dem alle Leben aufgearbeitet werden. Du hast Dich in eine Familie hineingebären lassen, die Dich überhaupt nicht unterstützt hat, Dich nicht gesehen hat, Dich eher kleingehalten hat.

Du hast Deinen Bruder getragen, dass er darin überlebt hat. Du hast Deine Mutter am Leben erhalten und so vielen anderen Lebensenergie gegeben. Du hast immer noch Lebensenergie. Es reicht! Du darfst und Du sollst in Deiner Kraft sein und Deinen eigenen Weg gehen – frei von Aufopferungen. Du hast keine Schuld mehr! Wir nehmen Dir das Gefühl von Schuld jetzt aus Deinem Brustkorb. Aufgrund dieser Schuldabtragung als Seele stand Dir die ganze Kraft des Universums zur Verfügung. Jetzt bist Du in einem menschlichen Körper und da gibt es einfach Grenzen. Diese körperlichen Grenzen hast Du erlebt bis fast zur eigenen Auflösung. Das war die Grenze, das musst Du nicht. Da ist ein Part von »Ich bin nicht liebenswert«. Und: »Ich darf in diesem Leben nicht sein.« Dem ist absolut nicht so. Ganz viele Leben stehen Dir noch bevor und Du darfst endlich glücklich sein, denn das kennst Du nicht wirklich.

Du kennst Dich ruhelos, herumtreibend und immer innerlich schwer. Wen kann ich jetzt noch retten, damit ich meine eigene Schwere nicht spüren muss. Davon wirst Du getrieben. Du

*rennst vor Deiner eigenen Schwere davon. Wir stehen heute
hier, Dir diese Schwere zu nehmen.«*

Wir Menschen sprechen immer von Problemen. Ich finde
die Formulierung AUFGABEN deutlich passender, denn
wenn unser Bewusstsein von einer Aufgabe ausgeht, liegt
das erfolgreiche Lösen dieser Herausforderung bereits in
der Luft.

Denke ich an meine Jahre zwischen dem 20. und 30. Lebensjahr zurück, dann weiß ich heute, dass meine Intuition noch in den Kinderschuhen steckte. In diesen Lebens-
jahren war ich mit meiner Ausbildung beschäftigt, war
absolut in die 3. Dichte eingebunden, zwar auf der Suche
nach einem Feld, das mich abgrenzte zu meinen Eltern,
aber doch unbewusst und wie auf Schienen in genau dem
Muster, das ich an meinen Eltern bereits so wunderlich
fand: Wege gehen, weil es eben so sein musste. Grenzen
akzeptieren, weil sie schon immer da waren. Da ich wie
gesagt mit meinen Aus- und Fortbildungen im kaufmännischen Bereich voll ausgelastet war, hat es eine Weile gedauert, bis ich mein inneres Gefühl, das zarte Stimmchen,
wieder vernehmen konnte: »Was machst du da?« »Welches
Ziel verfolgst du da?«

Plötzlich war mir klar, dass ich mich nicht mehr auf meinem Weg befand, und die Urweiblichkeit meldete sich,
böse Zungen würden vielleicht auch sagen, die biologische
Uhr beginne lauter zu werden, und ich war davon überzeugt, alsbald eine Familie gründen zu wollen. Ich war mir
ganz sicher, dass berufliche Anerkennung ja schön und gut
ist, aber ich auf keinen Fall tiefere Erkenntnisse sammeln

könnte, wenn ich diesen Weg weiterverfolgen würde. Ich hatte allerdings schon eine berufsbegleitende mehrjährige Fortbildung begonnen, die mein Ego auch auf jeden Fall erfolgreich beenden wollte. Da blieb also nur eins: meinen Herzenswunsch nach einem Kind parallel zu verwirklichen – was damit endete, dass ich kugelrund nach Feierabend die Schulbank drückte und meine mündliche Prüfung in VWL mit Säugling auf dem Arm antrat.

Jeder Mensch trifft irgendwann in seinem Leben eine Entscheidung: Will ich Liebe oder Lüge leben? Es gibt nichts Halbes, keinen halben Glauben, keine halbe Akzeptanz der kosmischen Ordnung. Entweder der Mensch lebt und akzeptiert Licht & Liebe, oder er verneint seine Existenz. Niemand kann nur dienstags, donnerstags und sonntags an die göttliche Ordnung glauben. Du verkörperst Dein Licht und machst es Dir zunutze bei jeglicher Form von Arbeit.

Früh stand für mich fest: Ich bin so anders, ich lasse mich so extrem nur von meinem inneren Gefühl leiten, dass ich gelenkt werde von einer Kraft, die größer ist als mein Verstand. Belastungen haben für mich eine andere Relevanz als z. B. für meine Mutter, deren Meinung und Einstellung mich in der Altersphase bis ca. 30 Jahre doch noch hin und wieder verunsicherte. Mir war mit damals 27 Jahren und der Geburt meiner entzückenden ersten Tochter nicht klar, welches Abenteuer ich damit eingeleitet hatte. In dem Moment, in dem ich die Verantwortung für dieses Wesen übernahm, war mein innerer Disput wieder da: die außersinnliche Wahrnehmung vs. 3-D-Standards.

Diese innere Stimme, dieser innere Coach hat auch mich

angestrengt – immer wieder. Ausreden, Ausflüchte oder Rechtfertigungen haben selten Bestand. Die Seele betrachtet Leben aus einer völlig anderen Perspektive. Der Verstand beachtet einen winzig kleinen Teil der Wahrnehmung, die Seele erfasst alle Anteile und sucht nach Wahrheit.

Als Beispiel teile ich den Prozess meiner ersten Trennung:

VERSTAND: »Ich kann mich doch jetzt nicht trennen. Mir ist noch völlig unklar, wie sich mein Leben mit einem Baby ändern wird. Die Herausforderungen sind nicht zu unterschätzen – da tue ich mir keinen Gefallen, jetzt eine überstürzte Entscheidung zu treffen.«

SEELE: »Mein Kind, ist die Entscheidung überstürzt? Ist es nicht vielmehr so, dass du schon längst innerlich beschlossen hast, diesen Schritt zu gehen, und einfach nur auf den richtigen Zeitpunkt wartest?«

VERSTAND: »Oh natürlich, aber ich fühle keinen Zeitpunkt. Das macht mich noch verrückt. Was sagen meine Eltern dazu? Wie wird seine Reaktion sein? Ich kann doch nicht Menschen, deren Spiel ich lange mitspielte, plötzlich und unerwartet enttäuschen!«

SEELE: »Da hast du recht. Vergiss nicht, diese Beziehung ist nur für einen gewissen Zeitpunkt eingegangen worden. Die Seele deines Partners weiß genau, dass sich eure Wege trennen werden. Deswegen fühlt er bereits jetzt keine echte Beteiligung, sondern schwimmt im Strom seiner eigenen Erwartungen und gefühlten Verpflichtungen. Aus dem

Herzen heraus ist auch ihm klar, dass seine Entwicklung mit dir abgeschlossen ist und er sich einer anderen Herausforderung zuwenden muss. Auf lange Sicht seid ihr nicht kompatibel, denn ihr habt unterschiedliche Schwingungen.«

VERSTAND: »Na super, dann war von vornherein klar, dass dies eine Sackgasse ist? Das sind ja großartige Bedingungen für meine Tochter …«

SEELE: »Sind es tatsächlich. Du hast ausreichend Stärke, diese Herausforderungen zu meistern. Deine Entscheidung ist bereits getroffen, nun bringe es in die Vollendung. Vergiss dabei nicht, dass auch für dein Kind vorhersehbar war, wie sich eure gemeinsame Zeit entwickelt. Du hattest die Wahl, hast dich entschieden und wirst weitergehen.«

Jeder Mensch ist einer riesigen Menge von Anforderungen von außen ausgesetzt. Zunächst ist jeder Erdling den Vorstellungen seiner Eltern ausgeliefert, die den neuen Erdenbürger nach bestem Wissen und Gewissen formen. Kommt es bereits in der frühkindlichen Phase zu Schwierigkeiten, liegen diese natürlich in dem sonderbaren Kind begründet. Reagiert das neue Erdenkind dann auch noch mit Krankheiten auf die Missstände im Außen, liegt dies selbstverständlich auch am Außen und keinesfalls an den inneren Strukturen. Es dauerte für unser Empfinden von ca. 1960 bis ca. zum Jahr 2000, dass Eltern in der breiten Masse überhaupt die Bereitschaft entwickelten, die Belange des eigenen Fleisches und Blutes genauer, d. h. spiritueller, zu betrachten.

Ich selbst bin 1966 geboren, im chinesischen Horoskop Feuerpferd, sirianischer Herkunft, Eigenschwingung bis zu 1.000.000 mHz, eine geeignete Mutter für hochsensible Kinder. Eines wollte ich für meine Tochter keinesfalls: Eine Mutter sein, wie meine eigene, in einer Verbindung verharren, aus fadenscheinigen Gründen.

Mein Leitsatz seitdem:
Handlungen solltest Du nur dann ausführen, wenn sie Deiner Wahrheit entsprechen. Bist Du nicht 100 % sicher, was Deine Wahrheit ist, solltest Du Deine Handlung aufschieben, bis Du Deine Wahrheit zu 100 % kennst.

Meine Wahrheit kann ich gar nicht unterdrücken. Ich staune heute noch, wenn ich mit Klienten oder Menschen zu tun habe, deren System mir eindeutig Informationen mitteilt, teilweise sogar verzweifelt und laut, die eine Handlung erfordern, die vielleicht als unorthodox bezeichnet, aber für diese Seele großen Sinn ergeben würde. Oft ist unserem Verstand der große Gesamtüberblick in einer festgefahrenen Situation nicht klar; aber lauschen wir unserer Seele, verstehen wir die Melodie des Lebens.

 Ra Isa:
Als junge Erwachsene befand ich mich noch im Tiefschlaf. Erst mit 36 Jahren begann ich langsam bewusster zu werden. Dies geschah durch gesundheitliche Probleme. Die Ärzte konnten mir nicht mehr helfen, weil ich ihre Hilfe nicht annahm. Sie sagten damals schon, dass ich vermutlich Depressionen hätte. Ich ließ es aber in keiner Weise an mich heran. Ich bin doch nicht verrückt. Ich merke doch, dass es meinem Körper nicht gut geht, das bilde ich mir

doch nicht ein. Ich habe doch nichts mit dem Kopf. Ich war der festen Meinung, dass mir körperlich etwas fehlte. Wenn ich mehr Vertrauen in die Ärzte gehabt hätte, wäre mir vieles erspart geblieben. Wahrscheinlich waren die weiteren Jahre des Leids noch wichtig für mich, um noch bewusster zu werden.

Mein Leben war eine Achterbahn. Es ging auf- und abwärts. Bis zu meinem 36. Lebensjahr war alles so einigermaßen schön: beruflich etabliert, verheiratet, kleines Häuschen mit Garten und dann kam der tiefe Fall: Finanzielle und noch mehr gesundheitliche Probleme.

Mein Exmann war Versicherungsfachwirt und ich machte den Fehler, ihm blindlings zu vertrauen. Eine große Warnung an alle Ehefrauen dieser Welt: Bevor ihr etwas unterschreibt bedenkt und prüft genau, ob ihr es auch wirklich wollt und könnt, denn jede Liebe kann versiegen aus den unterschiedlichsten Gründen. Und dann hängt ihr da, besonders wenn ihr keine Gütertrennung vereinbart und euch keine Gedanken über die Konsequenzen gemacht habt, wenn die Verbindlichkeiten nicht gezahlt werden können. Ich war viel zu blauäugig und dachte nicht im Geringsten daran, dass etwas Schlimmes geschehen könnte.

Mein Exmann kam zu mir und fragte mich, ob wir nicht als Altersvorsorge ein Mehrfamilienhaus kaufen wollen. Wir würden dann von den Mieteinnahmen leben im Alter. Für mich hörte es sich gut an, ich unterschrieb. Das war der Anfang vom Ende unserer Ehe. Zuerst lief alles gut – bis eines Tages der Gerichtsvollzieher vor unserer Haustür stand. Ich fiel aus allen Wolken. Er fragte mich, ob mein Mann nicht mit mir gesprochen hätte. Er tat es nicht. Der Verkäufer hat uns betrogen, er hat die Bruttomieten als Nettokaltmieten deklariert, wir bemerkten es nicht. Ich habe mich nicht um diese Dinge gekümmert, da ich meinem Ehemann vertraute und ihm schon vor meiner Unterschrift sagte, dass ich mich nicht um die administrativen Angelegenheiten kümmern würde, weil ich davon nichts verstand.

Zu der Zeit war er beruflich sehr eingespannt und unsere persönlichen Dinge standen hintenan. Ein fataler Fehler, denn er hätte es sofort merken müssen, nachdem er die ersten Kontoauszüge kontrolliert hatte, und dann hätten wir sofort dagegen angehen und vom Vertrag zurücktreten können. Wir mussten jeden Monat 3.000,- Euro für die Nebenkosten berappen. Das konnten wir natürlich nicht. Wir gingen in die Insolvenz. Zuvor ließen wir uns noch scheiden, weil wir durch diese Geschichte einfach nicht mehr zueinandergefunden haben.

4. Denkimpulse

»Wir sind Kryon vom magnetischen Dienst und wir stehen mit unserem indigo-blauen Strahl an Eurer Seite, um Euch zu führen und anzuleiten in dieser Zeit des Paradigmenwechsels. Wir ermutigen Euch, Euch immer wieder mit Eurem Zentrum zu vereinen, denn diese Zeit wandelt wahrlich schnell das Oben und das Unten.

Da wir sehr viel weiter entwickelte Seelen sind, haben wir einen Blick auf den Gesamtplan. Die von Menschenhand angestrebte Ordnung wird nicht in die Umsetzung gelangen. Wir haben schon seit langer Zeit Informationen an Euch weitergeleitet und sind glücklich, dass sehr viele Menschen diesen telepathischen Austausch mit uns annehmen. Vor rund 50 Jahren hat es nur vereinzelt erwachte Seelen gegeben, die als Vorreiter Eurer Strahlenkinder vorangehen wollten. Damals sprachen Erwachsene kaum über übersinnliche Wahrnehmung oder Träume. Vorausgeschickte Pioniere wurden ehrfurchtsvoll bestaunt.

Es gibt ein Gesamtbewusstsein der Menschheit, das sich durch die Verbreitung von Wissen bildet. Euch ist unklar, aus welchem Grund an Strukturen festgehalten werden soll, die so offenkundig auf den Abgrund zusteuern. Sehr viele von Euch nutzen inzwischen mehr Gehirnkapazitäten, ohne dies erklären zu können. Sobald Ihr beginnt, Euch über die Funktion Eures Kommunikationszentrums bewusst zu werden, kehrt Ihr zurück zu den großartigen Fähigkeiten der Telepathie. Dadurch werdet Ihr befähigt, Informationen über die Informationen zu erhalten. Das bedeutet, Nachrichten, Aussagen, Vorschriften, Gesetze, Vorgaben können von Euch durchleuchtet werden, damit der tiefer liegende Sinn freigelegt werden kann. Eure Medien brachten Regelverstöße an die Oberfläche, die Euch erschütterten. Jahrelang wurdet Ihr auf Verzicht gedrillt, um dem größeren Ganzen Eurer Wirtschaft den Erhalt zu sichern. Jedes bisschen Mehrarbeit und jedes bisschen Lohnverzicht war ein gezielter Schritt in Richtung Kollaps. Eure Buchwerte wurden hemmungslos überreizt und die von Euch angestrebte Sicherheit im Bereich Eurer Arbeit, und damit auch Eures ganz persönlichen Bereiches von Familie, Freizeitgestaltung; Pläne und Wünsche wurden gnadenlos benutzt, um Euch gefügig zu halten. So freuen wir uns über die Engelfreigeister, die immer noch auf der Suche sind, immer noch glauben und hoffen.

Wofür lohnt sich Leben für Dich ganz persönlich? Woran glaubst Du? Was sind Deine inneren Werte?

Durch gewaltige Dezentralisation wurde gebündelt und outgesourct, damit jeder sich auf einen winzig kleinen Spezialsektor konzentriert. Nur habt Ihr versäumt, die dezentralen Gremien zu überwachen, in kurzen Intervallen Rapport anzufordern, und Ihr habt versäumt zu prüfen, auf welches Ziel eigentlich hin gearbeitet wird.

Der auf den Menschen ausgeübte Druck wurde gesteigert und gesteigert und ihr befindet Euch irgendwann an dem Punkt in Eurem Leben, wo Ihr das Hamsterrad verlassen möchtet. Ihr seid das Volk!

Erwacht Ihr schon oder leidet Ihr noch? Es ist allerhöchste Zeit, dass Ihr Menschen Eure Wirbelsäule wieder aufrichtet, den Blick aufrichtet und realisiert, was mit Euch gemacht wird. Technisch könnt Ihr Euch alle gewünschten und benötigten Informationen beschaffen.

Die Kraft und die Liebe meines Strahls geben Euch Mut, die entglittenen Zügel wieder aufzunehmen und Euren Lebensweg neu auszurichten. Entzieht Euren Machthabern die Macht und jagt sie barfuß in die Steppe. Mit Euren Geldern wurden Dinge erschaffen, die keine guten Dienste für Euch leisten. Ohne einen kleinen Augenblick des Zögerns werden Eure Leben geopfert, Euer Glück. Ihr würdet unverzüglich dem Schafott überlassen, wenn die Elite sich davon einen Vorteil verspricht. Eine Verpflichtung Euch gegenüber existiert nicht.

Bevor Ihr von der kleinsten Gemeinschaft bis in die höchsten

Ebenen formulieren könnt, was Eure Anliegen und Forderungen zum höchsten Wohle aller sind, müsst Ihr klar für Euch selbst sein. Die Belohnung für die Opferung des Egos ist der Seelenweg mit seiner freien Wahl für die grenzenlose Weite des Bewusstseins. Der Weg des Egos hat sich noch nie als einträglich erwiesen.

In nächster Zukunft kommen weitere Naturkatastrophen hinzu, die Eure Geophysiker wieder nicht erklären und erforschen können. Es werden Landstriche verschwinden und neue aus den Weiten der Meere aufsteigen. Handel wird zunächst eingeschränkter und die Verteilung des Vorhandenen wird gerecht erfolgen. All jene, die sich nicht mit der Aufstiegsflamme der Seele befasst haben, müssen dringend Ihre Absichten überdenken.

Euer Planet, Eure Mutter Erde, definiert sich neu, ohne Rücksicht darauf zu nehmen, wie einzelne Egos an Gier und Macht festhalten wollen. Die Nutzung des freien Willens war nie dafür vorgesehen, Mutter Erde zu quälen. Ihr habt verloren, wenn Ihr ernsthaft glaubt, Euch über kosmische Gesetze erheben zu können. Auswüchsen dieser Art wird ein Ende bereitet und dem Wandel kann nichts entgegengesetzt werden.

Seid in gelassener Haltung, was im Jahr der Vollendung noch möglich ist. Drückt für Euch klar aus, inwiefern Ihr soziale Ordnung, biologische Nutzung, kartographisches Miteinander, Nutzung der persönlichen Zeitkontingente, wirtschaftliche Strukturen anpassen würdet, damit das Wohl aller sichergestellt ist.

Auf dem Weg in die galaktische Ordnung wird Euch viel

Hilfe gegeben, um Druck von Euch zu nehmen und Talente leben lassen zu können, unabhängig von Fragen des Entgeltes. Die Konditionierung auf Geld wird zur Belanglosigkeit, denn nur in der Polarität gibt es arm/reich als verschiedene Ausdrucksformen des Zustandes für Fülle. Auf dem Weg aus der Polarität werden Sieg/Verlust vom Zustand des Friedens und Herrscher/Unterdrückter als Ausdrucksform für Freiheit unerheblich. Um dieses intensive Ende zu erfahren und den folgenden lichtvollen Wandel zu erleben – nur dafür seid Ihr hier. Setzt Euch ein für dieses Ziel, diesen Zweck und bringt die neue Welt hervor.

Der magentagoldene Farbstrahl von Aletia unterstützt Euch, den Wandel auf liebevolle Weise zu forcieren. Genügend goldbestäubte Seelen erinnern sich an ihren Daseinszweck in der Körperlichkeit und helfen jenen, die unsicherer sind. Geht mutig voran auf dem Seelenweg. Das war Kryon, meinen Segen an Euch.«

∾ **Ra Isa:**

Da wir alle irdische Wesen sind und in der Dualität leben, lebt natürlich auch die Dualität in uns. Es bleibt gar nicht aus, dass wir auch einmal negative Gefühle oder Gedanken haben, das ist ganz normal. Jedoch haben wir die Entscheidung zu treffen, in welche Richtung wir weiterdenken wollen. Es ist sehr wichtig, Gedankenhygiene zu betreiben, sich energetisch zu reinigen und zu schützen.

Da gibt es verschiedene Möglichkeiten: Zum einen könnt Ihr Euch eine kosmische Lichtdusche vorstellen oder Ihr arbeitet mit der violetten Flamme, die transformiert alles niedrig Schwingende.

Die Gedanken erzeugen Eure Wirklichkeit und werden in

Lichtgeschwindigkeit ausgesendet, deshalb ist Gedanken-hygiene so wichtig. Die meisten Menschen, die ich kenne, sind geneigt, negativ zu denken und sich selber kleinzu-machen. Wenn Ihr Euch lange genug einredet, dieses und jenes nicht zu können, dann könnt Ihr es auch nicht. Ge-danken kommen und gehen, das ist ganz normal, bei dem einen mehr, bei dem anderen weniger. Manche Menschen können besser abschalten als andere. Wenn Ihr bemerkt, dass Ihr wieder in die negative Gedankenspirale hinein-rutscht, habt Ihr die Möglichkeit, die Gedanken in eine positive Richtung zu lenken. Ihr könnt Euch innerlich ein großes STOPP-SCHILD vorstellen, und »löschen, löschen, löschen« sagen und damit den negativen Gedankenfluss stoppen und unwirksam machen.

Danach könnt Ihr mit positiven Affirmationen arbeiten, das sind lebensbejahende, aufbauende Sätze. Z. B. »Ich lie-be mich ganz genauso, wie ich bin« oder »Ich schaffe meine Prüfung mit Leichtigkeit«, »Ich vergebe mir selbst«, »Mein Leben ist harmonisch und friedvoll« …

Die Sätze müssen kurz, prägnant und positiv formuliert werden, sie dürfen keine Verneinungen enthalten wie z. B. »Ich möchte keine Angst mehr haben«, sondern »Ich bin ruhig und gelassen«, nicht »Ich möchte keine Schmerzen mehr haben«, sondern »Ich bin vollkommen schmerzfrei«, »Von Tag zu Tag werde ich gesünder und gesünder«. Um einige Beispiele zu nennen.

Die Affirmationen müssen entweder oft innerlich gedacht oder leise immer wieder gesagt werden. Am besten funk-tioniert es gleich nach dem Aufwachen oder kurz vor dem Einschlafen. Dadurch, dass die Sätze so oft wiederholt wer-den, dringen sie nach und nach in Euer Unterbewusstsein

ein und dadurch kann das weitere Leben positiv beeinflusst werden.

Sinnbildlich ist es so, dass mit den ersten positiven Gedanken ein kleiner Trampfelpfad in Eurem Unterbewusstsein entsteht. Je öfter Ihr die positiven Affirmationen aufsagt, desto breiter wird der Weg, bis daraus eine große, breite Straße wird und Euer Unterbewusstsein dadurch langsam umprogrammiert wird.

Natürlich müssen Euch diese Sätze glaubhaft erscheinen und Ihr müsst Euch vorstellen können, dass die Wirkung dieser Aussage eintreffen kann. Wenn Ihr nicht d'accord mit euren Aussagen seid, können sie keine positiven Veränderungen herbeiführen, weil Ihr sie selber nicht glaubt.

Probiert es aus, früher glaubte ich nicht an so einen »Quatsch«, ich hörte mir die Ratschläge an, wendete sie jedoch nicht an, weil es mir viel zu abgehoben und einfach erschien. Eines Tages versuchte ich es dann doch und ich stellte fest, dass sich irgendetwas anders anfühlte in meinem Energiefeld.

Also zur o. g. Lichtdusche stellt Ihr Euch einfach vor, dass ihr unter Eurer Dusche steht und es kommt gleißend helles Licht aus dem Duschkopf, dieses Licht reinigt Euer gesamtes Energiefeld und Euren physischen Körper.

Die violette Flamme könnt Ihr Euch wie eine Flamme vorstellen, nur eben in Violett. Diese Flamme ist sehr kraftvoll, sie transformiert alle niedrig schwingenden Energien und dient ebenfalls der Reinigung. Ihr könnt euch vorstellen, in diese Flamme hineinzugehen – keine Angst, Ihr verbrennt schon nicht ☺ –, und im Stillen sagen:

Bitte, liebes violette Feuer, brenne, brenne, brenne, und verwandle jede disharmonische Schwingung in Liebe und Licht.

Brenne so lange, bis es der göttlichen Ordnung entspricht.
Danke.

So, jetzt, wo Ihr gereinigt seid, könnt Ihr beginnen, Euch zu schützen.

Schutz ist für hochsensible Menschen ein sehr wichtiges Thema. Dies könnt Ihr auf verschiedenste Arten und Weisen machen. Zum einen könnt Ihr Euch vorstellen, Ihr befindet Euch in der Mitte einer Lichtkugel und durch diese Kugel kann dann nur positive Energie hindurch oder Energie, die für Euch zuträglich ist. Denn bedenkt, dass Ihr alle den göttlichen Kern in Euch tragt, visualisiert dieses Licht und lasst es durch Euren ganzen Körper laufen, lasst es so groß werden, dass es auch bis in Euer Energiefeld hineingeht. Ihr könnt intuitiv eine Farbe aussuchen. Blau ist die Farbe von Erzengel Michael und beschützt euch, Grün ist die Farbe der Heilung, Violett die Farbe der Transformation. Ihr könnt auch »Doppeldeckerfarben« nehmen, also z. B. zuerst Grün und nach außen hin Blau. Folgt einfach Eurer Intuition und dann ist es richtig und gut. Die Anwendung der Farben hat El-asaria in dem Kapitel *Unterstützung der Spirits* ganz genau beschrieben.

Wenn Ihr zum Beispiel Mobbing am Arbeitsplatz habt und Ihr gezwungen seid, trotz allem in die Firma zu gehen, Streitgespräche oder Gerichtsverhandlungen, wenn es abzusehen ist, dass die Energien um Euch herum nicht gut sind, dann hilft eine imaginäre Bleikugel um Euch herum; versucht in Eurer Mitte zu bleiben, positiv zu denken und Euch einfach abzugrenzen mit der Bleikugel. Dadurch seid Ihr abgeschirmt.

Oder Ihr baut, wenn Ihr mit einer Person in einem Büro

sitzt und böse Blicke empfangt, imaginäre Spiegel um Euch herum auf. Dann kommen die Blicke zum Absender zurück und können Euch nichts anhaben.

Ganz wichtig ist es, Euch groß zu machen, innerlich und auch körperlich – denkt an Eure aufrechte Körperhaltung, die Atmung und die Lautstärke Eurer Stimme – und Euer eigenes inneres Licht anzuschalten, Euer Selbstwertgefühl aufrecht zu erhalten, immer wieder daran zu denken, wie wichtig Ihr seid und wie wertvoll und einzigartig Ihr als Lebewesen und Geschöpfe hier auf unserer Erde seid.

Allerdings ist das die »Pissnelke« aus Eurem Büro auch, aber sie hat es wahrscheinlich noch nicht erkannt. ☺

Manchmal quäle ich mich tagelang herum, weil ich unachtsam mit mir selbst bin. Wenn wir schon sehr mit Licht erfüllt sind, dann kommen Tote, verstorbene Seelen, und heften sich an uns, weil sie noch nicht wissen, dass sie verstorben sind. Manchmal wollen diese Seelen durch unsere Energien weiter am Erdenleben teilhaben oder noch Dinge ausagieren, einige wollen auch durch uns ins Licht gebracht werden, weil sie nicht wissen, wie sie dorthin kommen. Dann sieht es fast so aus, als würden die Seelen angeflogen kommen und sich über unser Licht freuen, weil sie wissen, dass wir sie nach Hause bringen können. Wenn ich allerdings unaufmerksam oder im Stress bin, bekomme ich das nicht gleich mit, sondern merke nur, dass es mir irgendwie schlecht geht. Inzwischen ist es eine Aufgabe für mich geworden, jeden Tag zu schauen, wenn ich irgendwo gewesen bin: »Hast du dir wieder jemanden eingefangen?« Das hatte ich gerade wieder, ich war bei Freunden eingeladen. Eine Besucherin hatte eine Lebertransplantation bekommen und die Spenderin war noch nicht im Licht, sondern hat sich bei mir angedockt und fühlte sich ganz wohl bei mir. Sie hatte keine Ambitionen, ins Licht zu gehen. Ich diskutierte tagelang mit ihr darüber, dass ich kein guter Platz für sie bin, aber sie wollte nicht, denn sie hatte das Gefühl, wenn sie aufsteigt, kann sie nicht auf ihre Organe aufpassen, und dachte, dass die Menschen, in denen ihre Organe weiterlebten, auch nicht mehr leben dürften. Dies war ihre große Angst, denn dann hätte sie ihre Organspenden als sinnlos empfunden. Ich bat die Engel, mit der Spenderin zu reden, auch ich habe weiterhin mit ihr gesprochen. Eines Nachts hat sie es eingesehen, nachts um 3.33 Uhr. Erzengel Michael hat ihr geholfen, auf die andere Seite zu gehen. Ich merkte, dass es mir danach sofort viel besser ging, ich fühlte mich viel leichter und konnte endlich wieder durchatmen.

Zur Zeit machen sich viele Lichtarbeiter daran, sich mit der Heilung der Erde zu befassen. Jeden Morgen geht die Sonne auf und abends geht sie wieder unter, das ist ein Wunder. Wir haben verschiedene Jahreszeiten, es gibt so viele Wunder, wir müssen sie bloß wieder wahrnehmen. Wir haben verschiedene Mondphasen, die mit so großen Kräften auf uns wirken und große Wassermassen bewegen. Der Mond hat auch auf unseren Körper einen immens großen Einfluss, da wir zu 70-80 % aus Wasser bestehen. Er reguliert die Rhythmen in unserem Körper, bestimmt den Zyklus der Frau, wenn sie noch sehr naturverbunden ist. Kinder werden bei Ebbe geboren, man soll mit einer körperlichen Entgiftung bei abnehmendem Mond beginnen, weil der Körper dann besser in der Lage ist, die Giftstoffe auszuleiten. Mit einer Gewichtsreduktion beginnt man auch am besten bei abnehmendem Mond. Generell gilt:

Alles, was aus dem Körper heraus soll, macht man bei abnehmendem, und alles, was hinein soll, bei zunehmendem Mond. Allgemein bekannt ist auch die Tatsache, dass die Kriminalitätsrate bei Vollmond steigt. Das bedenkt sogar die Polizei.

Wenn wir unseren Blick auf die einzelnen Blumen werfen – wie groß die Vielfalt ist! Oder der Gedanke, dass eine Spermie auf eine Eizelle trifft und daraus Zellteilung entsteht und neues Leben – wir sind von großen Wundern umgeben. Diese nehmen wir als selbstverständlich hin. Wir können nicht dahinterschauen, wieso plötzlich z. B. Frühling ist, wieso sich die Temperaturen verändern. Gut, das hängt mit der Erdachse zusammen und mit der Entfernung zur Sonne, das ist soweit klar. Warum es so ist, wird nicht hinterfragt, sondern als selbstverständlich hingenommen, auch von den größten Zweiflern. »Das ist halt so!«, lautet der Einheitssatz. Ich finde, wir sollten unserer Mutter Erde immer wieder danken, danken, danken, auch für sie beten, ihr ganz viel Licht und Liebe schicken. Sie ist unsere Göttin, unsere Mutter, ein lebendiges Wesen, sie gibt uns Kraft, sie ernährt uns und ermöglicht es uns, dieses wunderbare »Abenteuer Leben« zu leben. Wir dürfen hier alles erleben, riechen, schmecken, sehen, fühlen, hören etc. Einfach leben, leben, leben.

∾ El-asaria:

Ich möchte noch ein Beispiel für eine Herausforderung beitragen, die Euch das Leben vor die Füße spülen kann. Der Vater meiner beiden jüngeren Kinder verstarb, hinterließ den Kindern Vermögen. Er hatte allerdings viele Möglichkeiten nicht durchdacht, als er sein Testament und die Bezugsberechtigung seiner Lebensversicherungen kryptisch formulierte und ganz sicher nicht damit gerechnet, sich so viel zu früh aus dem Leben auf der Erde verabschieden zu müssen.

Diese Situation brachte mir immense Herausforderungen, weil ich damit konfrontiert wurde, mich mit den Themen der juristischen Matrix und mit Gerechtigkeit insgesamt auseinanderzusetzen. Einzelheiten würden den Rahmen sprengen; wer dazu mehr Ungereimtheiten wissen möchte, kann gern auf die Homepage meiner Kinder schauen: www.Halbwaise-was-nun.jimdo.com
Im Hintergrund dieser Herausforderung ist eher die Chance wichtig, sich mit den Hintergründen dieses Systems zu beschäftigen. Erst durch diese Aufgabe habe ich begonnen, mich mit der Rechtssituation Deutschland/BRD GmbH auseinanderzusetzen, habe Internetseiten »zufällig« gefunden, die mir die Augen öffneten hinsichtlich der Lage unseres Landes nach dem II. Weltkrieg, der Mächte, die im Hintergrund agieren etc. Im Kern fühlte ich, dass meine Freiheit ganz erheblich eingeschränkt werden sollte, weil Fremde sich etwas ausdachten und herargumentierten, was ganz bestimmt nicht meiner inneren Wahrheit entspricht. § 1 des Grundgesetzes kann offenbar beachtet werden, muss es aber nicht, wenn andere Interessen dagegen stehen oder Energien am Werk sind, die nicht am höchsten Wohle aller interessiert sind:

Artikel 1

(1) Die Würde des Menschen ist unantastbar. Sie zu achten und zu schützen ist Verpflichtung aller staatlichen Gewalt.

(2) Das Deutsche Volk bekennt sich darum zu unverletzlichen und unveräußerlichen Menschenrechten als Grundlage jeder menschlichen Gemeinschaft, des Friedens und der Gerechtigkeit in der Welt.

(3) Die nachfolgenden Grundrechte binden Gesetzgebung, vollziehende Gewalt und Rechtsprechung als unmittelbar geltendes Recht.

Ich habe mich lange Zeit damit herumgeärgert, geschrieben, argumentiert, nachgefragt, bis ich verstanden habe, dass es nicht darum geht, dem Gesetz Folge zu leisten und meinen Kindern angemessen gegenüberzustehen. Ich sollte Fähigkeiten und Potenziale freisetzen, von denen ich nicht wusste, dass sie in mir schlummern. Ich habe mich nach Kräften gewehrt, wollte nicht aus meiner Komfortzone herausgeschleudert werden, aber musste gehen, ja fliegen beinahe und alles gleichzeitig machen. Arbeiten, Kinder begleiten, schlummernde Themen bearbeiten, Potenziale entdecken und entfalten. An mein kosmisches schwarzes Brett habe ich offensichtlich viele To-do-Zettel geheftet. Ich habe mich mit der Quelle verbunden und mich realisiert. Es gibt keinen Kampf ums Recht, in mir herrscht tiefe Akzeptanz von dem, was auch immer gerade ist.

Dieses Jahr 2015 sind 10 Jahre vergangen, in denen Kapital meiner Kinder fremd verwaltet wird, ohne dass die Meinung und die Wünsche der Kinder einbezogen wurden. Für mich eine gigantische Entwicklungszeit, auf die ich blicke – es sind kluge, sensitive Kinder mit viel Humor, göttlich beschützt, und ich wünsche mir einen kosmischen Rat, der sich mit gleichartigen Fällen befasst.

Ganz wichtig ist natürlich auch die Ernährung. Dass man seinen Körper mit allen Nährstoffen versorgt und Giftstoffe meidet. Glutamat ist z. B. ein Erregungs- und Nervenbotenstoff. Tritt im Körper eine erhöhte Konzentration von Glutamat und Cortisol auf, dann kann das zum Untergang von Nervenzellen führen. Cortisol wird in der Nebenniere produziert und ist ein Stresshormon, liegt ein erhöhter Wert vor, wird die Körperabwehr geschwächt. Hast Du über einen längeren Zeitraum erhöhte Cortisolwerte, dann können Nervenzellen an entscheidenden Stellen einen Schaden erleiden. Alarmbotenstoffe wie Adrenalin und Noradrenalin können zur Entwicklung von dauerhaftem Bluthochdruck beitragen. Durch Stress kann auch der Cholesterinwert erhöht sein und dies kann zu Herz- und Kreislauferkrankungen führen. Stress hat einen ganz erheblichen Einfluss auf körperliche Heilungsprozesse. Der Körper setzt sich dann mit seiner Selbstheilungskraft nicht mehr für sich selbst ein.

Das Gehirn kann vorzeitig altern aufgrund dieser Stresssymptome, die Funktionstüchtigkeit ist also negativ beeinflusst. Zwischenmenschliche Belastungen, Überforderungen und Stress sorgen dafür, dass die Gene die Produktion von Stresshormonen starten. Jeder empfindet Stress anders. Hier kommt es sehr auf das einzelne Menschsystem an, auf die Unterscheidung von Eustress und Disstress, auf welche Erfahrungen greift Dein System zurück? Wie stufst Du den Stress ein? Hattest Du bereits im Mutterleib eine supergute Vorbereitung, sodass Du eine geniale Kindheit hattest, dann reagierst Du auf stressige Situationen anders als jemand, der bereits in der pränatalen Phase Stress spüren musste.

Mentaler Stress kann das Tau-Protein in Schwung bringen, welches alzheimertypische Veränderungen im Gehirn hervorruft.

Das bewusste Zusammenziehen beider Gehirnhälften ist sehr hilfreich. Die linke Gehirnhälfte wird unserem Verstand zugeordnet, sie ist zuständig für logisches Denken und beeinflusst die rechte Körperseite. Die rechte Gehirnhälfte wird unserem Herzen zugeordnet, sie ist zuständig für Kreativität, räumliches Denken, intuitives und ganzheitliches Wahrnehmen und wirkt auf die linke Körperhälfte. Es gibt um uns herum weit mehr wahrzunehmen, als »nur« die linke Gehirnhälfte allein aufnehmen kann. Vernetzen wir beide Hirnhälften, nehmen wir all die Energien um uns herum wahr, die tatsächlich vorhanden sind. Diese Wahrnehmung kann man trainieren und natürlich benötigt Ihr dafür Disziplin, Zeit und Geduld – aber niemand hat Euch vor Antritt Eurer Erdenmission versprochen, dass diese Inkarnation ohne Arbeit verlaufen wird. ☺

Erstmal solltest Du Dir selbst der wichtigste Mensch sein und Dir für die persönliche Meisterschaft ausreichend Raum geben. Denn erst dann kannst Du erkennen, was den anderen Menschen fehlt. Niemand kann den Wagen des Nachbarn reparieren, wenn der eigene schon seit Jahren kaputt in der Garage steht. Der eigene Wagen wird dadurch nur noch mehr in Mitleidenschaft geraten. Ihr könnt beide um Eure Autos trauern und Euch dadurch gegenseitig ein wenig Halt geben. Aber irgendwann solltet Ihr den eigenen Wagen eventuell wieder fahrbar machen. Kein Mensch, der zu sich gefunden hat, wird Dich verurteilen, wenn Du Dich erst mal um dich kümmerst.

Es werden dennoch viele Menschen versuchen, Dich von Deinem Weg abzubringen. Bleib Deinem Weg treu, wenn Du diesen Weg aus Deiner eigenen Intuition, aus Deinem Herzen gehst. Irgendwann werden auch die Menschen, die Dich egoistisch, seltsam, abgedreht nannten, erkennen, dass auch sie diesen Weg gehen müssen, um bei sich anzukommen. Sie müssen sich nur selbst erstmal trauen, einmal vollkommen bei sich zu bleiben, unbeeinflusst von Anforderungen oder Erwartungen aus dem Außen. Wenn andere denken, dies sei egoistisch, dann ist das ihre Meinung aus ihrer Erwartungshaltung, von Dir etwas zu bekommen, was Du gerade nicht geben kannst oder willst. Dein Weg ist immer da, wo Dein Herz Dich hinführt. Ein Segen für diese Erde kannst Du nur sein, wenn Du selbst der Segen bist – 100 % Du.

Viele Menschen möchten gern den Seelenweg gehen, wollen licht- und liebevoll leben, doch viele wollen dafür nicht ablassen von Verhaltensweisen, die sie jahrelang verinnerlicht haben. Einige besitzen gar nicht die energetischen Voraussetzungen für die Kommunikation mit ihrem hohen Selbst oder der geistigen Welt. In ihrem Wesen befinden sich Ablagerungen, Blockaden, unerlöste Glaubenssätze, Muster und Annahmen, die in ihnen ein Eigenleben führen.

Wenn Du Dich allerdings auf dem Lichtweg befindest, solltest Du stolz auf Dich sein. Wir alle gehen diese Wege seit Jahren im Stillen, die Tränen, die wir vor Schmerz geweint haben, sind die Perlen unseres Bewusstseins. Ehrt Euren Körper und zollt ihm Dankbarkeit. Durch ihn haben wir all die Energien geleitet, transformiert, wahrgenommen.

Durch ihn können wir unsere göttliche Schöpferkraft zum Ausdruck bringen. Du bist außergewöhnlich!

5. Was will ich wirklich?

Die Frage der persönlichen Ausrichtung sollte jeder Mensch sich regelmäßig stellen. Was will ich in meinem Leben wirklich tun und erreichen? Worauf lenke ich meine uneingeschränkte Aufmerksamkeit? Begrenze ich mich in einem Bereich selbst, sei es durch Glaubenssätze, Dogmen, Beziehungen, Verstrickungen?

Gerade bei dem entscheidenden Wechsel von der Dualität hin zur Verbundenheit gibt es viele erstaunliche und herzensgute Menschen, die in Unentschlossenheit, Unsicherheit und Handlungsunfähigkeit festhängen, bedingt durch Phantomängste und die verblassende Illusion einer sterbenden Welt der Dualität. Sie wissen im Grunde ihres Herzens, was sie wirklich wollen, aber sie können sich nicht dazu aufraffen, ihrem eigenen inneren Wissen zu folgen. Das ist so traurig.

»Ich, Maria, grüße Dich und werde die Mutter Gottes von Euch Menschen genannt. Ich bin mit meiner Mütterlichkeit jetzt bei Dir, die ist frei von Anforderungen, und das kennst Du nicht. Mütterlichkeit ohne Anforderungen und Wünsche und Bedürfnisse. Und so bin ich jetzt hier und breite meine Arme aus und packe Dich ein in mein blaues Schutzlicht.

Ich habe niemals meinen Sohn geopfert und mich selbst auch nicht. Ich war in meiner Zeit eine sehr starke Frau. Deswegen bin ich auch heute für Euch Frauen hier, um Euch aus der Aufopferung herauszuholen. Das wurde aus mir gemacht, um Macht zu erlangen. Ich habe meinen Sohn seinen Weg gehen lassen und ich bin meinen Weg gegangen. Und in dieser Liebesfrequenz bin ich hier, Euch Frauen zu unterstützen, und bringe Deinem Kind, das Du einst warst, Deinem inneren Kind, Mütterlichkeit und Liebe und Annahme. Dass diese Sehnsucht des Ankommens erlischt. Dass Du ankommst in Dir, in der Frequenz Deiner Seele und in meinem Schutzlicht.«

Dein Heute stellt das Resultat der Konditionierungen von gestern dar. Hast Du das wirklich so beabsichtigt? Falls nicht, sollten wir uns immer wieder selbst an den Haaren packen und uns konkret die Lebensumstände kreieren, die uns voranbringen. Ein Stückchen näher zu unserem Ziel bringen. Jeder von uns hat eine bewegte, vollgepackte Vita und hat sich Lernfelder erschaffen, die für mehr als ein Leben ausreichen könnten. Offenbar haben wir uns richtig viel für diese Inkarnation vorgenommen, weil es am großen Tisch des höchsten Rates ja so einfach aussieht und wir alle ungeduldig sind, möglichst in kurzer Zeit große Resultate erschaffen wollen.

Manchmal hatte ich den Eindruck, als würde ich aus zwei Teilen bestehen. Zum einen der physische Körper mit dem Verstand, der kommentarlos erledigte, was das Leben mir abverlangte. Zum anderen der Seelenanteil, der wie eine Projektion von mir selbst im Gespräch mit mir war und Fragen stellte, die mich zum Nachdenken brachten. Ich kannte bislang nicht viele Menschen, die mit dieser oder einer ähnlichen Methode ihr Leben beleuchteten – bis ich

Maren und Kathrin traf. Sich selbst mit absolut schonungsloser Ehrlichkeit zu hinterfragen, ist auch heute noch für viele Menschen eine große Herausforderung. Es hat nichts damit zu tun, sich selbst zu beweihräuchern. Ganz im Gegenteil. Unsere Seele hat eher die Funktion eines übergeordneten Schiedsrichters, der uns auf liebevolle Weise daran erinnert, unsere Motivation hinter den Entscheidungen zu beleuchten.

Heute arbeite ich mit Klienten manchmal mit einem Fragenkatalog, der ihre tiefsten Leidenschaften zum Vorschein bringen kann, sofern die Beantwortung absolut ehrlich erfolgt:

- Lebst Du Dein Leben leidenschaftlich und aus dem Herzen heraus?
- Wann hast Du zuletzt Leidenschaft empfunden?
- Hat Deine Herzensweisheit die Regie in Deinem Leben?
- In welchem Bereich Deines Lebens schränkst Du Dich selbst ein?
- Was hindert Dich, nur aus dem Herzen heraus zu leben?
- Was wolltest Du schon immer tun – hast es aber nie getan?
- Was würdest Du tun, wenn Du nicht über Geld nachdenken müsstest?
- Welche einzigartige Gabe hast Du der Welt zu geben?
- Was meinst Du, warum Du Deine Familie, Deine Talente, Dein Geschlecht so ausgewählt hast, wie Du Dich ausgewählt hast?

- Was ist Dein Lebenswerk, womit möchtest Du Fußspuren hinterlassen?
- Was ist Dein Seelenauftrag?

Natürlich begegnen wir in unserem Leben nicht immer nur seichten Lernaufgaben und liebevoll fördernden Menschen, sondern es gibt auch knackige Herausforderungen.

ARSCH-ENGEL
(Ein Begriff, der durch Robert Betz geprägt wurde)

Dieser Kommentar ist für einen ganz besonderen Menschen gedacht.

Der Einfachheit halber wollen wir ihn nur ARSCH-EN-GEL nennen und darauf hinweisen, dass es sich bei ihm um eine verpackte Lernaufgabe handelt. Jeder Mensch lernt durch die Interaktion mit anderen Menschen. Manche sind besonders herausfordernd, weil sie ihr wahres Wesen dermaßen gut verpackt haben, dass sie sich selbst nicht mehr finden.

Jemand, der durch Fehlwahrnehmung vergisst, wo die Grenzen angemessenen menschlichen Verhaltens liegen, könnte als unsozial bezeichnet werden. So jemand könnte seine eigene innere Zerrissenheit gut auf andere projizieren, indem er Dinge, die er sich selbst vorwirft, erst seinem Gegenüber an den Kopf wirft. So hat das Gegenüber auf jeden Fall zunächst zu überlegen, warum und mit welcher Berechtigung solch eine Attacke begonnen wird.

Kommt dann noch Alkohol mit ins Spiel, wird es mit dem

ARSCH-ENGEL erst richtig spannend. Nun verwischen die Grenzen von Realität und Fantasie komplett und jeder, der mit dem ARSCH-ENGEL zu tun hat, wird durch den Fleischwolf gedreht. Wertungen, Vorwürfe, Erwartungen, Ego, Lügen, Verdrehungen sind an der Tagesordnung. Nebelbomben, wann immer der ARSCH-ENGEL spricht.

Das Traurige an der Sache ist, dass nur der ARSCH-ENGEL nicht merkt, dass er mit sich ganz allein Zauberschach spielt. Alle übrigen Menschen wenden sich nach einer Weile ab und schauen der Selbstzerstörung nicht zu.

Die Frage ist, ob der ARSCH-ENGEL in ganz stillen, einsamen Momenten überlegt, wie er aus dem selbst erschaffenen Labyrinth herausfinden kann. Geht er darin verloren, löst sich auf? Alle fragen sich:
»Hatte der ARSCH-ENGEL ein Herz?«
Möge bedingungslose Liebe seinen Weg kreuzen …

Zu dieser Art Begegnungen sagen wir im Kapitel *Beziehungen* noch etwas, denn wenn wir auf derartige Menschen stoßen, die uns emotional treffen, kannst Du sicher sein, dass Du Dich in der nächsten Stufe Deines Lernprozesses befindest. Es geht um Entwicklung und um Deine ganz persönliche Ausrichtung, immer wieder. Du kommst in tieferen Kontakt mit der spirituellen Verbindung zu Dir selbst und entscheidest, ob Du bereit bist, der Welt zu dienen mit Deinen Gaben und Fähigkeiten, oder in der Egoschleife verharren möchtest, im Drama, im Kampf, im Ringen um Deinen Selbstwert.

Steckst Du in solch unschönen Begegnungen, leistet Dein

Kontrahent Dir einen großen Dienst und bietet Dir an, Dich Deiner eigenen Göttlichkeit zu nähern. Das Beste, was Du in solchen Situationen machen kannst ist, Dich voll auf diese Sache zu konzentrieren und festzulegen, hinter die Fassaden, hinter die Masken zu blicken. Dann bist Du im Dienst, vergisst Dich selbst und Deine Emotionen und kannst erkennen und gibst Dir selbst Raum. Durch das Selbstvergessen gelangst Du automatisch in einen inneren Reinigungsprozess, Güte und Freigiebigkeit können sich ausdehnen, Dein hohes Selbst hat Raum zum Agieren. Dein Verstand oder Ego würde Ausschau nach einem Lohn oder persönlichen Vorteil halten, Dein hohes Selbst will nur die Liebe ausdehnen.

So entfaltet sich Deine Seele mehr und mehr, Deine in Dir ruhenden Gaben und Fähigkeiten entfalten sich mehr und mehr. In Dir macht sich eine tiefe Ruhe und Gelassenheit breit, wenn Deine Seele ihren Dienst an und mit anderen Menschen erfüllen kann. Du wirst die Freude entdecken, die diese Art des Dienens mit sich bringt. Du bist in Deinem gottgewollten Ausdruck ohne künstliche Zurückhaltung.

Unserem Wachbewusstsein oder nenne es Alltagsbewusstsein ist oftmals die allumfassende Realität in diesem Universum nicht zugänglich. Hast Du innerlich festgelegt, Deinen Seelenweg unerschütterlich zu beschreiten, egal was Dir begegnet, und im Dienst der Schöpfung zu stehen, gehst Du den Weg des Dienens und der Verbundenheit. Möglicherweise stellst Du dann fest, dass Aspekte Deiner Persönlichkeit sich verändern, hin zu einem liebevolleren Sein, hin zu mehr Kreativität und Effektivität. Das Gefühl der Trennung verschwindet mehr und mehr, Dein Mitgefühl kann sich ausdehnen.

Damit hilfst Du anderen und natürlich auch Dir selbst, erstaunliche und tiefgründige Prozesse beginnen in Dir selbst. Je mehr Du Dich als Dein Seelenausdruck in dieser Welt zeigst und Dein Licht als Beitrag entfaltest, umso mehr Segen, Liebe und Unterstützung fließen zu Dir zurück. Du triffst auf Menschen, die sich auf demselben Weg befinden, und spürst die mächtigen Kräfte der Liebe, die Dir ermöglichen, Leben mit mehr Achtung und Wertschätzung zu betrachten; und Du wirst Dich unweigerlich verbunden fühlen mit Menschen, die dann Deinen Weg kreuzen. Du kannst die Antwort auf das Gebet eines anderen sein und umgekehrt.

Du erinnerst Dich dann leise daran, dass auch Du die Welt zu einem besseren Ort machen wolltest. Täglich hast Du die Chance, anderen durch Dein Sein zu dienen und dadurch mehr Erfüllung und Hingabe für Dich selbst zu erreichen, womit die kosmischen Gesetze aktiviert werden und Dir mehr davon zufließen wird. Du würdigst Dich und andere, wenn Du aufrichtig zuhörst, Anteil nimmst.

Andere Menschen zu ermutigen, nur das zu tun, was ihnen Freude bereitet, wird ihnen helfen, ihre unbewussten Ziele zu erreichen. Deine Integrität, Ehrlichkeit, Demut und Fairness (immer das höchste Wohl aller Beteiligten im Sinn) sind wesentliche Eigenschaften Deiner Seele und dienen Deinem Nächsten. Handlungen aus Eigennutz mit dem Ziel persönlicher Bereicherung können niemals die Befriedigung bieten, die Gemeinschaftsdienste bieten. Ein liebendes Herz kann ohne Schwierigkeiten auf das Wohl anderer ausgerichtet sein und tiefes Glück dabei empfinden.

Sei dankbar, wenn Dir ein ARSCH-ENGEL begegnet, wenn eine Lernaufgabe daherkommt und Dich zunächst herausfordert. Jede dieser Situationen bietet Dir Wachstum an auf eine sehr individuelle Weise, Deine Selbstliebe wächst nochmals, Deine Selbstachtung ebenfalls und Deine Transformation wird grundlegend vorangetrieben. Jede Geste der Dankbarkeit und Freundlichkeit erhöht Dich gleichermaßen wie Dein Gegenüber und Ihr beide tragt dazu bei, den Himmel auf Erden zu manifestieren.

ෆ Ra Isa:
Wir sollten uns in unserem Leben immer wieder die Frage stellen: Was ist gut an mir? Was habe ich schon alles geleistet? Was habe ich schon alles geschafft? Wir verharren oft in den Gedanken, was wir nicht schaffen oder können, schauen auf andere und vergleichen uns. Wenn wir uns einmal aufschreiben und bewusst machen, was wir schon alles geleistet haben, insbesondere in schwierigen Lebenssituationen oder generell, werden wir feststellen, dass wir viel, viel mehr erreicht haben, als wir es uns denken. Früher sagte ich mir immer: »Ich schaffe das alles gar nicht!« Wenn ich dann anderen Menschen von meinem Tagesablauf erzählt habe, dann sagten die meisten anerkennend, dass sie es als eine große Menge empfinden und sich dieses Pensum selbst weder zutrauen noch zumuten würden.
Ich selber habe mich kleingemacht und mich gefragt, wie ich das alles bewerkstelligen soll. »Ich leiste doch gar nichts.« Das war ein Satz von mir. Ich verglich mich und

dachte, andere hätten es so einfach, doch ich habe mir die Tage so voll gepackt, dass von Anfang an klar war, dass ich unter Termindruck stehen würde. Nur erkannte ich es nicht. Das grenzte schon an Wahnsinn und es war klar, dass es zum Burn-out kommen musste.

Es gibt Menschen, die können sich anstrengen, wie sie wollen, sie werden niemals einen Burn-out bekommen, dazu bedarf es einer bestimmten Persönlichkeitsstruktur. Also, wenn Ihr einen Burn-out haben wollt ☺, dann müsst Ihr perfekt sein, Fehler dürft Ihr auf gar keinen Fall machen, Ihr dürft Euch keine Zeit für Euch selbst nehmen und nicht auf Eure eigenen Bedürfnisse achten, immer nur für andere da sein und Euch selber innerlich beschimpfen, wenn Ihr Euer selbst auferlegtes, nicht zu schaffendes Pensum nicht bewältigen könnt. Das ist natürlich sehr überspitzt ausgedrückt und ironisch gemeint.

»Wir sind Mujakee, wir sind die Aborigines. Wir haben uns bewusst aus dem menschlichen Kollektivbewusstsein ausgeklinkt, damit wir unser Volk und unsere Reinheit erhalten und nicht verschmutzt werden durch Eure Gedanken, durch Eure Technik, durch Euer Abgekapseltsein von der Natur. Wir sind verbunden mit allem was ist, für uns ist alles beseelt, jeder Stein, jeder Baum, jede Pflanze. Wir heilen mit Pflanzen und wissen genau, für jede Krankheit gibt es eine Pflanze, die dafür zuständig ist. Wir gehen einfach in Kontakt mit dieser Pflanze und wissen dann, welche für welches Krankheitsbild zuständig ist. Wie im Kleinen, so im Großen, alles ist beseelt. Auch jede einzelne Körperzelle von uns. Wir kommunizieren auch mit jeder einzelnen Körperzelle, wenn etwas im Ungleichgewicht ist. Wenn wir sinnbildlich gesehen eine Wippe

haben und zu lange auf einer Seite dieser Wippe verharren, dann gibt es ein Ungleichgewicht und dann gibt es auch bei uns energetische Störungen. Wir sind stets bemüht, in der Mitte zu bleiben, im Frieden, im Atmen, im Fühlen, im Hören, im Riechen, in der jetzigen Präsenz.«

6. Stufen der Klarheit

»Wir sind Aletia und auch wir arbeiten für den magnetischen Dienst. Unsere Aufgabe war zu jeder Zeit, das magnetische Gitter aufzufüllen mit unserer Liebesschwingung, und so möchten wir Euch heute weitere Informationen für Eure individuellen Prozesse geben.

Nach jeder Schwingungsanhebung folgt eine Phase der Ruhe, damit Eure physischen Körper die Lichtfrequenzen integrieren können und jeder Lichtkörper ausreichend Zeit für seine Anpassung hat. Nachdem Ihr nun durch eine weitere Erhöhung geschoben wurdet, setzen sich die Energien. Das hat für Euch zur Folge, dass der Körper für eine Weile voll Schmerzen sein wird (Kopf-, Rücken- oder auch Herzschmerzen), solange Ihr sehr empfindsam reagiert und Eure Anhebung gut vorangeschritten ist. Jene unter Euch, die sich noch immer mit aufkommenden Ängsten und Zweifeln plagen, benötigen einfach etwas mehr Zeit. Aus unseren Sphären ist Eure irdische Zeit schwer einschätzbar, denn es existieren mehrere Linien zugleich.

Jeder von Euch hat die Möglichkeit, für seinen persönlichen Prozess um Unterstützung zu bitten. Euch steht es ebenfalls frei, um Pausen zu bitten, damit Spirit einschätzen kann, *welches für Euch das richtige Maß ist. Nutzt Ihr diese sehr persönliche Unterstützung nicht, werdet Ihr umgeben von den Frequenzen, die aus Sicht Eurer Seele vertretbar sind. Hier kann und wird es zu üblichen Diskrepanzen führen, da Eure Seele ausschließlich an Entwicklung interessiert ist.*

Bedenkt, dass alles richtig ist, so wie es jetzt für Euch ist. Ihr seid an genau dem richtigen Ort und auf dem richtigen Pfad. Es werden Euch immer weit höhere Varianten angeboten, damit auch jene unter Euch, die weiter fortgeschritten sind, noch einen Aufstieg verspüren können. Ihr allein legt fest, wie viel Hilfe Ihr annehmen könnt.

Als Resultat auf diese vermeintliche Ruhe mögen einige mit Verwirrung reagieren, mit Ratlosigkeit, mit Verunsicherung. Die Aktionen der letzten Wochen brachten alle Themen zum Vorschein, die noch weiterer Begutachtung bedürfen. Schaut auf Eure Leben und drückt aus, was nicht richtig verläuft. Drückt aus, was genau Ihr für ein komfortables Leben benötigt, und bildet daraus Eure Visionen für Euer Leben. Ihr seid frei in den Kreationen, denn Einschränkungen familiärer Vorgaben haben keine Gültigkeit, solange Ihr Euch ein anderes Leben kreiert.

Ihr müsst sehr präzise sein, anderenfalls ruft Ihr Resultate hervor, die in der Form nicht gewünscht waren. Bedenkt, dass eine Manifestation jetzt wesentlich schneller erfolgt als noch vor einem Jahr. Viele von Euch haben bereits verstanden, dass sie Schöpfer Ihres Daseins sind und sich auf höchste Ergebnisse ausrichten können, dürfen und müssen.

Unsere Unterstützung auf rein menschlicher Ebene äußert sich dergestalt, dass Ihr sehr viel schneller eine Verbundenheit zu Euren Mitmenschen herstellen könnt. Ihr spürt sehr genau, dass es absolut keinerlei Unterschiede zwischen Euch gibt. Deren Existenz wurde kreiert, um Euch lenkbar zu halten. Vergesst evolutionäre Bevölkerungskasten, in denen Geburtsrecht einen Status erschafft.

Besinnt Euch darauf, was elementare Sinne sind, was Rechtschaffenheit für Euch bedeutet, und erhebt Euch immer wieder in die Lüfte, um Eure Situation aus erhabener Position zu prüfen. Ihr seid in dieser Zeit, weil Ihr um den Wandel und das Hervorbrechen Eures höchsten Selbst wisst. Wie glücklich wären da Eure Seelen, wenn Ihr den Mut vorweisen würdet, um hier einen unmittelbaren, unverfälschten Austausch zu pflegen. Lauscht auf die Seelenstimme, alles Weise ist leise und wird erst durch Beachtung Stärke gewinnen.

Verwirrung wird Euch nur möglich sein, wenn Ihr spürt, dass Eure Ausrichtung nicht Eurem höheren Selbst entspricht, Ihr in Tätigkeiten verharrt, die Euch nicht länger zufriedenstellen können, in Verbindungen, die bereits vor längerer Zeit abgestorben sind. Eine Belebung ist nur durch eine ganz entschiedene Haltung von Euch möglich. Freiheit ist Euer höchstes Gut, das Ihr in Euch selbst erfahren könnt. Reinigt und klärt Euch innen, damit sich entfalten kann, was auf diesen Moment so lange gewartet hat.

Eure Wahrnehmung, die Euch sowohl Bilder als auch Töne schickt, wird immer, immer feiner. Freut Euch darüber und pflegt diese Saat durch permanente Anwendung. Kreativität, handwerkliches Geschick, Kommunikation – was immer Ihr benötigen werdet, um Euch einen Überblick zu erschaffen, *wie, wo und mit wem Ihr leben möchtet, nutzt Eure Kompetenzen und versteckt Euch nicht länger. Eine Revolution erfolgt immer von innen nach außen. Wollt Ihr also vornanschreiten in der Auslegung Eures Lebens, Eurer Zukunft, Eurer Welt?*

Es verbleibt für diese Klarheit der Ausrichtung und der Absichten wirklich nicht mehr so viel Zeit. Zaudern, Zögern und Zweifeln sind nicht nur alphabetisch ganz hinten, sondern diese Eigenschaften gehören auch nicht zu den mutigen Seelenentscheidungen, durch die Pioniere dieser Zeit erkennbar sein sollten. Die Umwandlungen und Renaturierungen auf Eurem Planeten lassen die alte Energie als unpassend hinter sich. Welcher Anteil überwiegt in Dir? Ist es die Herzqualität, die Dich sicher durch Dein Sein manövriert? Dann lebe sie. Denke und träume nicht davon, sondern setze sie aktiv um. Jeder noch so kleine Einsatz wird benötigt, um dieses Schachmatt der wenig lichtvollen Kräfte zu vollziehen und für immer in Licht und Liebe zu wandeln. Meinen Segen an Euch.«

Selbstliebe, Selbstgnade und Selbstwert hängen ganz entschieden nur von einem selbst ab. Häufig neigen Menschen dazu, selbstaufopfernd im Dienst anderer tätig zu sein in der Hoffnung auf Anerkennung. Die eigene Veränderungsbereitschaft und Lösungsbereitschaft ist ganz elementare Voraussetzung für einen Wandel in das Seelenselbst.

Ganz egal, ob es sich dabei um die berufliche Verwirklichung dreht, die Partnerschaft, die Familie. Tief in jedem Menschen steckt das Wissen der Seele, die immer wieder versucht, einen Kontakt zum Verstand herzustellen, sich Gehör zu verschaffen. Sie wiederholt die eigene Wahrheit unbeirrt, bis man so oft gegen eine Wand gelaufen ist, dass man keine neue Lösung auf Verstandesebene schaffen kann. Wenn dann der Verstand nachgibt, beginnt das Feld der Seele zu agieren.

Unser Unterscheidungsvermögen, also die Fähigkeit zu prüfen, welche Personen und Dinge uns gut tun, trainieren wir jahrelang. Anfangs folgen wir fremden Konzepten und Ideen, besuchen Seminare und Workshops, ohne zu merken, dass wir damit bereits von unserem ganz eigenen Weg abgekommen sind. Sicher hilft es uns allen, uns zu erinnern, Verknüpfungen herzustellen, eigene Wahrheiten auszugraben.

Wir alle sind MeisterInnen und es ist unsere Aufgabe, unsere einzigartigen Fähigkeiten auszudrücken und zu leben. Die hilfreichen feinstofflichen Enitäten, die uns unterstützen können, werden nicht unseren Job übernehmen. Stehen wir ihnen als MeisterInnen gegenüber und nicht als SchülerInnen, können wir Wahrheit und Täuschung besser auseinanderhalten und verkürzen Verwirrungsphasen in unserem Leben. Unsere Gedankenformen erschaffen Materie.

Hast Du Dein Leben auf die höchsten Kräfte ausgerichtet, verfügst Du über eine enorme Visualisierungskraft. Mit diesem Privileg solltest Du behutsam umgehen und an Dein Umfeld weiterreichen, was Dir Gutes zuteil wurde. Versteh uns nicht falsch – der Fluss des Lebens sieht kein Festhalten vor, sondern alles ist in Bewegung. Fließt Dir Gutes zu, gib es weiter und es wird immerfort Gutes nachkommen. Nichts im Leben ist so verlässlich wie die Veränderung.

Ich möchte noch ein einleuchtendes Sinnbild mit Euch teilen. Wenn jemand noch nie energetisch gearbeitet hat, kann sich er oder sie vielleicht schlecht vorstellen, wie Eingaben oder Durchsagen so erfolgen, oder wie es ist, wenn sich eine Energie im eigenen Energiefeld angehaftet hat. Ich bin mit meinem Mountainbike und meinen Hunden durch den Wald gefahren und ich hatte plötzlich einen Zweig zwischen meinen Speichen und der Kette, ich konnte nicht weiter fahren. Ich entfernte den Zweig und fuhr in Ruhe weiter. So ähnlich könnt ihr Euch energetische Anhaftungen vorstellen, die niedrig schwingen, sie versuchen an die hoch schwingenden zu kommen, weil sie die Hoffnung haben, dass es ihnen dadurch besser geht, weil sie nicht wissen, wo sie hinsollen, und unsere Energien ihnen Sicherheit geben. Zum einen wollen sie gern mit einem leben, oder sie wissen, dass wir Lichtarbeiter sie dann ins Licht schicken und nach Hause begleiten können. Wir können sie von der Erdatmosphäre trennen und sie können wieder frei ihrer weiteren Regeneration und Weiterentwicklung entgegensehen.

Für Anfänger ist Hilfe günstig, aber das kann man alles lernen, dafür rufe ich meist Erzengel Michael und Erzengel Raphael, gehe mit der Seele in Kontakt, spreche mit ihr, ob sie noch etwas mitteilen möchte und ob sie dann bereit wäre zu gehen. Wenn man damit noch gar keine Erfahrungen gemacht hat, muss man den Umgang natürlich erst lernen. Seid einfach aufmerksam und spürt, wenn es Euch nicht gut geht, ob es etwas mit Euch selbst zu tun hat oder ob Ihr Energien aufgesammelt habt. Diese Energien können im Energiefeld sein, sie können aber auch direkt in Euren Körper hineingehen und dort Ärger, körperliche

Symptome, Energiearmut, Müdigkeit oder Antriebslosigkeit verursachen und müssen entfernt werden.

Es dauert manchmal viele, viele Jahre, bis wir klar sind. Wie kann man sich das vorstellen? Unser eigener Seelensee ist ein gutes Beispiel. Als ich anfing mit der spirituellen Arbeit, da war mein See richtig schwarz und ich habe innerlich viel gearbeitet, habe Hilfe von außen angenommen, von Heilern, Freunden, Psychologen, habe Familienaufstellungen gemacht und vieles mehr. Lange Zeit dachte ich, der See verändert sich nicht, da passiert überhaupt nichts. Wenn man sich vorstellt, dass dieser See riesengroß ist und die Arbeit, die wir machen, manchmal kleiner und manchmal größer ist, dann bewirkt jede innere Arbeit wohl Gewaltiges, aber es ist nicht unmittelbar sichtbar.

Schütte einen 10-Liter-Eimer gereinigtes Wasser in den Bodensee – den wirst Du in der Masse nicht wahrnehmen können. Wenn Du etwas in Dir aufgelöst und bearbeitet hast, weißt Du vorher nicht, welche Menge Du freisetzt, ob Du 10, 100 oder 10.000 l gereinigtes Wasser in Deinen Seelensee hinzufügst, weil Du eine große Blockade gelöst hast. Dein See wird jedoch immer klarer, je mehr Du an Dir arbeitest.

Ich kenne das Gefühl: »Meine Güte, ich habe schon so oft an bestimmten Themen gearbeitet und es ist immer noch nicht vollständig geheilt.« Seid geduldig, wir sind alle noch auf dem Weg und brauchen immer noch Geduld. Mein See ist schon viel klarer geworden und fast durchsichtig. Das ist ein gutes Gefühl, es gibt mir Frieden, innere Ruhe und Harmonie, auch Güte anderen Menschen gegenüber. *Lebewesen* habe ich bewusst nicht gesagt, denn Tieren und der Natur gegenüber war ich schon immer gütig, die sind so, wie sie sind. Menschen sind ja manchmal speziell, da fällt es mir manchmal schwerer, dann gütig zu bleiben. Es gab Zeiten, da wollte ich mit Menschen gar nichts mehr zu tun haben, weil ich einfach kein Vertrauen mehr hatte, dafür hatte ich schon viel zu viele schlechte Erfahrungen gesammelt. Zum Glück hat sich mein Interesse jedoch wieder Richtung Menschheit gerichtet und ich habe auch wieder viele gute Erfahrungen mit Menschen machen dürfen. Die Tiere sind nach wie vor ein großer Bestandteil meines Lebens. Je weiter ich auf meinem Weg fortschreite, desto gütiger und gelassener kann ich sein. Ich fühle mich deutlich weniger angegriffen von den Aussagen anderer Menschen.

Wir leben multidimensional, wie bereits Albert Einstein feststellte. Wir sind in mehreren Dimensionen gleichzeitig unterwegs, weil es Zeit letztlich gar nicht gibt. Ich gebe Euch ein Beispiel: Es gibt nur ein Jetzt. Stellt Euch eine Kugel vor, wir befinden uns an einem Punkt auf dieser Kugel und können unsere Reise beliebig fortsetzen. Wir können auf diesem Kreis vorwärts gehen oder zurück, das ist dann sinnbildlich die Zeit. Alles existiert im JETZT, weil alles gleichzeitig vorhanden ist. Für mich selbst war der Gedanke, wieso es keine Zeit geben sollte, lange auch nicht greifbar. Das war mir persönlich immer alles zu kryptisch. Ich lebe jetzt, letztes Jahr war letztes Jahr und morgen ist morgen. Wie kann das alles gleich sein? Aber durch dieses Bild der Kugel ist es mir vorstellbar geworden, dass alles im JETZT stattfindet.

Ihr habt bestimmt auch schon oft gehört, wenn Ihr Dinge aus der Vergangenheit bearbeitet habt, habt Ihr gleichzeitig das Jetzt und die Zukunft geheilt. Die meisten Psychologen arbeiten im 3-D und bearbeiten u. a. Traumata aus der Kindheit, die Kineosiologen und andere Energiearbeiter suchen die Ursache von Störungen auch schon in der Schwangerschaft und in vergangenen Leben.

Da kann man sich schon vorstellen, wenn man die Zeitschiene zurückkreist, z. B. stehen wir auf dem Punkt 12 des Kreises, gehen zurück auf 9 in die Vergangenheit. Wenn wir dort bei der 9 in einigen Leben, die wir davor hatten, etwas bearbeiten, haben wir das JETZT verarbeitet. Das, was wir damals verarbeitet haben, hat unmittelbare Auswirkungen auf alles, was ist, auf das JETZT, auf das Damals und auf die Zukunft.

Deswegen können wir durch diese Heilarbeit auch unsere Zukunft verändern, verbessern und beeinflussen. Wenn wir davon ausgehen, dass wir das morphogenetische Feld, wie Rupert Sheldrake es beschreibt, oder das Null-Punkt-Feld nach Lynne McTaggert, dann ist es so, wenn wir an uns arbeiten und unser eigenes Leben friedvoller und liebevoller gestalten, muss es Auswirkungen auf Alles-was-Ist haben, auf das ganze Kollektiv, das ganze Universum. Wenn wir uns vorstellen, dass der Flügelschlag eines Schmetterlings bis in den letzten Winkel des Universums Auswirkungen haben kann, dann hat es auch Auswirkungen auf alle und alles, wenn wir an uns selbst arbeiten.

Das folgende Bild kann hilfreich sein, um sich vorzustellen, wie es aussieht, wenn wir an uns selbst arbeiten: Stellt Euch ein Mobile vor: Wenn ein Teil berührt wird, bewegt sich das Ganze. Wir sind alle eins; bewegst Du Dich in Richtung Licht & Liebe, werden alle animiert, sich ebenfalls dorthin zu bewegen. Alles, was geschieht, hat Auswirkungen auf alle.

Ein anderes schönes Sinnbild im modernen Zeitalter der Technik, um zu zeigen, dass wir alle eins sind, ist *WhatsApp*. Wenn Ihr in einer Gruppe seid, bekommen alle mit, was Ihr geschrieben habt. Ihr selber wisst aber nicht genau, wer es alles gelesen hat.

Rein auf der körperlichen Ebene ist es so, dass die Bakterien im Darm – die Darmflora besteht aus »guten« Bakterien, förderlich und dienlich, und »schlechten« Bakterien, die Fäulnis- und Gärprozesse in Gang setzen – dafür verantwortlich sind, wenn der ganze Mensch und das Immunsystem geschwächt wird. Die Darmflora kann wieder aufgebaut werden, weil Bakterien eine Mitläufereigenschaft haben. Wenn viele positive, dienliche Exemplare arbeiten, dann müssen die weniger dienlichen Bakterien einfach mitgehen, weil es aerobe und anaerobe Bakterien gibt; was die einen ausscheiden, benötigen die anderen wieder zum Leben und umgekehrt. Somit ist klar, wenn man die positiven Bakterien unterstützt, damit sie sich vermehren können, dann müssen die »schlechten« Bakterien folgen. So kann man sich das auch mit unseren Gedanken und unserer Gedankenkraft vorstellen im Kollektiv. Wenn viele, viele Menschen in der Liebe und im Licht leben und es immer mehr Menschen gibt, die bereit sind, ihre Gedanken auch in diese Richtung zu lenken, und nicht im Kommerz und in der Ellenbogenmentalität verbleiben, dann laufen die anderen Menschen mit. Dann sind wir genauso wie die Bakterien. ☺

Probleme gibt es für mich nicht, ich nenne sie ›Aufgaben‹. ›Problem‹ hört sich für mich negativ und schwer an. Eine Aufgabe löst in mir den Reiz aus, sie zu lösen, und mein Erfindergeist wird geweckt.
Wenn wir Aufgaben zu bewältigen haben, wenn Menschen etwas von uns wollen, materieller, emotionaler oder spiri-

tueller Art, müssen wir uns die Frage stellen: »Tut es mir gut?« Wenn Menschen im negativen Sinne etwas von uns wollen, uns angreifen oder wir nicht konform gehen mit deren Meinung, müssen wir uns fragen: »Was hat es mit mir zu tun? Ist es das Problem der anderen oder muss ich noch etwas betrachten?«

Ich habe immer gedacht, dass ich alles verkehrt gemacht habe. Es gehört viel Disziplin dazu, immer wieder zu atmen und zu fragen: »Was tut mir gut?«

Zum Thema innere und äußere Ordnung fällt mir ein, das es im Volksmund einen schönen Satz gibt: »Was du heute kannst besorgen, das verschiebe nicht auf morgen.« Und da ist wirklich viel Wahres dran, nur manchmal ist es schwer umzusetzen. Wenn Du ein fühliger und emotionaler Mensch bist, dann verlierst Du Dich vielleicht manchmal in Deinen Emotionen oder flüchtest dich in die spirituelle Welt. Natürlich verstehe ich, dass es in der spirituellen Welt viel schöner ist und viel einfacher. Aber es ist wichtig, sich mit diesem Erdenleben auseinanderzusetzen, und da gibt es einige Hilfsmittel. Wenn Du Dinge gleich erledigst oder umsetzt, dann braucht es manchmal gar nicht viel Zeitaufwand, dann hast Du Dringendes erledigt und Du bist innerlich frei. Ich glaube, es geht vielen Menschen so, wenn es unordentlich ist oder Dinge aufgeschoben wurden, die man eigentlich gleich hätte machen müssen, aber nicht geschafft hat, weil man geträumt hat oder andere Sachen machen wollte, die viel mehr Spaß machen, dass sich dann eine gewisse Unzufriedenheit einstellt. Wenn Dinge ordentlich und termingerecht erledigt sind, dann bist Du freier für die Spirits. Dann fließen die Informationen aus der geistigen Welt viel besser, ansonsten spürt man den Druck und die Reizbarkeit, die man sich selbst aufbaute.

»Ich werde von Euch als Siraya wahrgenommen, die Komplexität des heiligen Geistes. Heute möchte ich etwas Klarheit in Deine Situation und Aufgabe bringen.

Du wurdest vom Schöpfer aller Dinge mit der Begleitung von 3 Seelen beauftragt und Dir ist immer klar gewesen, dass Du diesen Auftrag willentlich erfüllen wirst – egal, welche Umstände Dir begegnen. Deswegen hat Dein Umfeld IMMER von Deinen Kindern gesprochen und es ist für jedermann spürbar, welche Verbindung Du zu Deinen Kindern hast. Deine Jüngste ist die älteste deiner 3 Seelen.

Auf Gaia befindet Ihr Euch jetzt kurz vor der Auflösung der 3. Dichte. Es ist richtig, wenn Du spürst, dass alles gesagt wurde und von Dir nichts mehr getan oder gesagt werden muss, um die Lage Deines 2. und 3. Kindes zu verbessern. Der Tag der Verantwortungsübernahme kommt in Kürze.

Du hast nun 7 Jahre benötigt, um Dich vollständig dem Schöpfer zu übergeben. Eine lange Zeit Deines Lernens ist damit abgeschlossen. Jetzt ist vollständige Gnade erreicht, Deine Kinder in all ihren Wünschen, Potenzialen und Absichten zu lenken und zu unterstützen, denn Du weißt, der Schöpfer lächelt Dir zu und sieht, zu welcher Leistung Du fähig gewesen bist, auch wenn Du selbst nicht daran geglaubt hast.

Du kannst Gift nicht mit Galle beantworten, Beschränktheit nicht durch klare Worte aufheben, miese Absichten nicht durch Leuchten verändern. Alles, was Du tun kannst, ist zu erkennen, welche Kräfte am Werk sind, und Dich selbst am Gesetz des Schöpfers zu orientieren. Gerechtigkeit wird erreicht, auch wenn nach Deinem Empfinden der Atem der Geduld des Schöpfers sehr, sehr lang ist.

Die Welle der Auflösung der dritten Dichte ist auf dem Weg zu Euch. Damit einher geht die Auflösung des Gitters von Macht vor Recht und Du wirst staunen, was tatsächlich hinter all den Illusionen steht. Gnade, Liebe, Achtung und die Verbundenheit mit allem Sein bleiben die tragenden Qualitäten der letzten Tage. Mach Deinen Kopf komplett leer, denn Du kannst nicht ermessen, welche Strukturen weltweit am Wirken gewesen sind. Du allein kannst sie nicht auflösen – so gern Du es auch erreichen würdest.

Lass ab von allen Gedanken an Deine persönliche Geschichte, wir brauchen Dich pur und zu 100 % in den letzten Stunden der verschleierten Erdengeschichte. Dies ist es, wofür Du hierhergekommen bist: ein Werkzeug des Schöpfers zu sein in diesen letzten Stunden, ein Transmitter der göttlichen Energien auf allen Ebenen und nicht personifiziert in Deinen Verwicklungen. Eine Brücke der liebevollen Erklärungen der Möglichkeiten, die sich aus diesen Ausdehnungen ergeben werden.«

Der menschliche Charakter enthält einige erstaunliche Abwehrmechanismen:

- Verdrängung
- Unterdrückung analoger Vorgänge auf verschiedenen Ebenen
- Identifizierung zum Aufbau der Persönlichkeit
- Behauptung des Gegenteils

- Selbstaggression oder Selbstzerstörung, falls andere geschont werden sollen
- Umleitungen, wenn man jemanden treffen will, der weniger gefährlich scheint
- Sympathisieren mit dem Angreifer
- Leugnen, wenn die Wahrnehmung zu intensiv ist, wird die Bedeutung gedreht
- Projektionen
- Isolierung zur Konfliktvermeidung
- Rationales Argumentieren
- Sublimierung (switche Inakzeptables in Akzeptables)
- Depersonalisierung
- Derealisation

Hat ein Mensch sich von der eigenen inneren Wahrheit bereits so weit entfernt, dass die vorgenannten Mechanismen laufen, kann vielleicht die »Wunderfrage« nach Steve de Shazer für kognitive Entspannung sorgen:

»Angenommen, es wäre Nacht und Sie legen sich schlafen. Während Sie schlafen geschieht ein Wunder und das Problem, das Sie schon seit längerer Zeit belastet, ist gelöst. Da Sie geschlafen haben, wissen Sie nicht, dass dieses Wunder geschehen ist. Was wird Ihrer Meinung nach morgen Früh das erste kleine Anzeichen sein, welches Sie darauf hinweist, dass sich etwas verändert hat?

Die Wunderfrage kann wie folgt präzisiert werden:

- Was genau wäre anders?
- Wie würden Sie sich anders verhalten? Was würden

Sie tun, wenn Sie sich von dem beklagten Zustand befreit fühlen?

- Welche Gedanken / Gefühle sind dann anders?
- Wer in Ihrer Umwelt würde bemerken, dass dieses Wunder geschehen ist?
- Wann war es in der letzten Zeit schon einmal so ein bisschen wie nach dem Wunder?
- Was können Sie jetzt tun, um ein Stück dieses Wunders schon jetzt passieren zu lassen?«

Die Einfälle, die in diesem Zusammenhang entstehen, sind in der Regel positive Zukunftsfantasien. Die Klienten begeben sich (durch Probehandeln in der Fantasie) in einen zukünftigen Moment, in dem die beklagte Situation nicht mehr besteht. Sie werden in der Fantasie dazu angeregt, sich Änderungsmöglichkeiten vorzustellen.

Mit zunehmender Bewusstheit und Konzentrationsfähigkeit können wir die Aktivitäten unseres Gehirns steuern. Durch das bewusste Atmen verlangsamen wir die Herzfrequenz und die Wellen oder Frequenz unseres Gehirns. Dadurch gelingt es uns, höhere Dimensionen wahrzunehmen, Wesenheiten zu sehen und zu hören. Wir können mit unserem Bewusstsein Reisen unternehmen, da wir mehrdimensional sind.

Je nach Entwicklungsstufe gelingt es uns, Mitteilungen anderer Frequenzbereiche zu empfangen. Um anfangs sicherzugehen, dass Du Dich mit lichten Wesen unterhältst, wäre es vielleicht hilfreich, jeden Austausch zu beginnen mit der Frage: »Achtest Du die Kosmische Ordnung?«
Du kannst Deine Wahrnehmung trainieren und damit

trainierst Du Deine Gehirnwellen. Die Beta-Frequenz bezeichne ich als Urfrequenz, denn darin werden unser Überleben und unsere Aktionen, Entscheidungen, Erfahrungen gesteuert, eine sehr individuelle Frequenz also. Die Ratio, unser konsequentes Handeln und die Reizverarbeitung erfolgen in der Beta-Frequenz. Ohne die Ordnung über diese Frequenz wären wir desorientiert.

Die Alpha-Frequenz hilft uns, Vergessenes in unser Bewusstsein zurückzuholen, zum Beispiel unsere Kreativität und unsere Fantasie. In dieser Frequenz haben wir Zugriff auf das Kollektiv, das Bewusstsein aller Menschen. Während der Meditation befinden wir uns im Alpha-Zustand, konzentrieren uns intensiv, verlangsamen die Gehirnwellen. In diesem Zustand haben wir großartigen Einfallsreichtum, sind extrovertiert, können sehr gut zuhören und Lösungen finden. Zeitempfinden verschwindet allerdings.

Die Theta-Frequenz hilft uns, Informationen der 5. Dichte zu beziehen, also außersinnliche, geniale Ideen und Konzepte können wahrgenommen werden, es ist das planetare Bewusstsein. Unsere Verbindung mit der geistigen Welt erfolgt anfangs in der Theta-Frequenz. Bei Kindern wird dies oft die Ebene der Fantasie genannt, bei Erwachsenen ist diese Frequenz nur im Schlafzustand messbar, Lernen und Erinnern, Wissen, mystische Wahrnehmungen, Glaubenssätze erfolgen in dieser Frequenz.

Die Delta-Frequenz stellt unsere Verbindung zur Galaxie her. Aus unserem galaktischen Bewusstsein können wir auf der Zellebene wahrnehmen, können Informationen integrieren und loslassen. Diese Frequenz ist totale Ruhe, absolute Konzentration, Fokus, maximale Kontrolle. Yogis können in diesem Zustand selbst die Herzfrequenz steuern und reduzieren. Heilungen und inneres Wachstum erfolgen in dieser Frequenz. Göttliches Wissen fließt uns in dieser Frequenz zu.

Die Gamma-Frequenz ermöglicht uns, über alle Begrenzungen hinweg wahrzunehmen, Zeit, Raum, Dimensionen lösen sich auf, Informationen fließen aus dem Alles-Was-Ist. Damit haben wir eine kosmische Ausrichtung erreicht – Mehrdimensionalität. Diese Frequenz streben wir an und durch Übung erreichen wir sie eines Tages. Wir sollten uns idealerweise täglich die Zeit nehmen, nur mit unserem höheren Selbst in Kontakt zu stehen. Meisterschaft entsteht im Herzen.

»*Wir sind Aletia und wir grüßen Dich. Auch wir stehen für den magnetischen Dienst auf Eurem Planeten und wir arbeiten wie eine Füllung des magnetischen Gitters. Wir füllen dieses schützende, haltende Gitter aus mit unserer Schwingung von reiner Liebe. Mit unserem magenta-goldenen Strahl stehen wir jedem zu Dienste, der um Unterstützung bittet. Bist Du bereit?*

Wir fließen mit unserem Strahl in Deine linke Brust, die für die Selbstliebe steht, und bitten Dich, eine Weile über Deine Liebe zu Dir nachzudenken. Wie oft bist Du mit all Deinen Facetten im Einklang? Bist Du Dir Deiner Vielfalt bewusst? Halte und genieße diese Schwingung, die Dich darin unterstützt, hier neue Parameter festzulegen. Dann fließen wir hinüber in Deine rechte Brust, in der Anhaltspunkte für Deinen Selbstwert manifestiert sind, und bitten Dich, eine Weile über

Deine Haltung nachzudenken. Wie viel bist Du Dir selbst
wert? Woran bemisst Du diesen Wert? Halte und genieße diese
Schwingung. Dann lassen wir unseren Strahl in Dein Basis-
Chakra einfließen, in Deinen Schoß. Dieses Chakra steht für
Selbstgnade und wir bitten Dich, mit Dir selbst gnädig zu
sein. Wie oft überforderst Du Dich durch Perfektionismus?
Oder selbst auferlegte Aufopferungen? Gib Dich den aufstei-
genden Bildern hin und genieße Deine tatsächliche Größe.
Zuletzt fließt unser Strahl zurück in die linke Brust. Die somit
gestaltete goldene Triade ist für Dich codiert und Du kannst
sie bei Bedarf jederzeit aktivieren. Rufe uns, Aletia, auf Dei-
nen Solarplexus und sei Dir unserer Unterstützung sicher. Wir
ziehen uns nun wieder zurück. Unseren Segen an Dich.«

Wenn wir durch aktives Arbeiten an unserem Bewusstsein
immer höher schwingen, unsere Muster, Glaubenssätze als
das enttarnt haben, was sie sind (Konstrukte des Egos, um
uns in der niedrigen Prägung zu halten), dann passt sich
unser gesamter Körper unserem *Mind* an. Wir beginnen,
bestimmte Lebensmittel nicht mehr zu vertragen, reagieren vielleicht mit Dingen wie Lactoseintoleranz, Neuro-
dermitis, Zuckerunverträglichkeit oder Ähnlichem. Unser
Körper als Tempel unserer Seele folgt der Entwicklung von
unserem *Mind*, unserem höheren Selbst. Ich hatte Phasen,
in denen dachte ich, ich könne meinen Alltag nicht schaffen, weil ich unter Schwindelattacken litt, bis ich begann
zu forschen. Der Vagusnerv ist der längste Nerv im Körper. Er beginnt über den Ohren und verläuft dann hinter
den Ohren hinunter zu beiden Seiten des Halses, um das
Herz herum und in den Bauch, wo er sich mit den Adre-
nalindrüsen verbindet. Durch ihn werden das Herz und
der Geist verbunden und die höheren Drüsen aktiviert für

die telepathische Kommunikation und die Wahrnehmung der höheren Energien. Er wird aktiviert durch doppelte und dreifache Zahlencodes wie 11:11, 12:12, 333 usw. Wenn man solche Zahlenkombinationen sieht, weiß man, dass es eine Aktivierung ist. Wenn der Vagusnerv aktiviert wird und man im Halsbereich Blockaden hat, kann es zu Schwindelgefühlen kommen. Man kann dann den Vagusnerv dehnen, indem man abwechselnd über die rechte und dann die linke Schulter nach hinten schaut und dabei den Kiefer locker lässt.

Mir hätte es zu der Zeit sehr geholfen, ein Nachschlagewerk empfohlen zu bekommen, so in der Art eines Aufstiegshandbuches. Aber nein, wir haben es uns alle auf die Fahnen geschrieben, durch eigenes Erleben Weisheiten zu aktivieren.

Die ersten Jahre, in denen ich mich wieder bewusst zum Hineinhören in mein Innerstes entschied, waren aufregend. Wenn ich mich auf meine viel feinere Seelenschwingung einstimmte, vernahm ich recht schnell Worte wie: »Endlich finde ich Gehör, ich freue mich so!«

Mir wurde erklärt, dass nicht jeder Mensch den Kontakt mit seiner Seele gutheißt, sondern einige Seelen sich solange verzweifelt Dinge oder Kommunikationswege ausdenken, um das Gefährt »menschlicher Körper« aufmerksam zu machen. Viele Krankheitssymptome müssten nicht existieren, wenn Menschen ihre Wahrheit uneingeschränkt leben würden.

Bei der Wahrnehmung der Tatsache einer beseelten Existenz beginnt eine Reise in die Weisheit, die Unendlichkeit erforschen zu können. Herausforderungen, die in dieser Ebene der Existenz nicht erledigt werden, werden in der nächsten Inkarnation erneut versucht. Begegnen wir also den Wünschen unserer Seele und lassen sie so oft es geht zu Wort kommen und Entscheidungen treffen.

Aus meinem Inneren vernahm ich:
»Oh, ich bin sehr glücklich, einen bewussten Austausch mit Dir beginnen zu können. Ich habe mich oft gefragt, warum meine Signale Dich nicht schon früher erreichten, und bin froh, dass Du mir jetzt lauschst. Mir ist klar, dass Du schon einige Entscheidungen getroffen hast, denen Dein Verstand nicht folgen konnte. Aber rückblickend müsstest Du bestätigen können, dass sie zu Deinem Besten waren. Für mich sind die Belastungen der äußeren Wirklichkeit unbedeutend. Ich habe schon so viele Leben gelebt, Körper in beiden Geschlechtsformen angenommen, in unterschiedlichen Kulturkreisen, in verschiedenen Epochen, dass mich die Dinge der physischen jetzigen 3-D-Ebene in ganz anderen Punkten berühren als Dich. Du musst verstehen, dass ich ein Aspekt bin, der in feinstofflichen Ebenen einen Erfahrungsabgleich ablaufen lassen kann. Ich habe Zugriff auf Erfahrungen aller Menschen, die je einen bewussten Verstand hatten. So ist es mir möglich, spezielle Situationen ganz anders zu beurteilen, als Du es kannst. Ich bin verbunden mit meinen Ursprungseltern, die wiederum ursprünglich auf dem Sirius beheimatet waren und jetzt die Erde im Raumschiff Excalibur umkreisen. Besucher, die Du während Deiner frühesten Kindheit wahrgenommen hast, waren Abgesandte von ihnen, die einfach nur nachgesehen haben, ob Du Dich gut entwickelst oder

ob es weiterer Hilfe bedarf. Diese Besuche wurden im Laufe der Jahre weniger, je ausgeprägter Deine Wege meinem Empfinden entsprachen.

Im Jahre 1840 lebte ich schon einmal in einem weiblichen Körper. Es war eine raue Zeit für das weibliche Geschlecht. Ich war damals 20 Jahre alt, als ich schwanger wurde aus einer Liaison mit einem Gutsherrn. Da wir nicht verheiratet waren und aufgrund von Klassenunterschieden auch nicht hätten heiraten können, entschied ich mich, schwanger ins Wasser zu gehen und mir die Schmach eines unehelichen Balges in einem unehrenhaften Leben zu ersparen. Diese Erfahrung ist ursächlich dafür, noch einmal in einem weiblichen Ausdruck Erfahrungen sammeln zu wollen. Die Erlebnisse der Ausweglosigkeit, der Hoffnungslosigkeit, des Ausgeliefertseins habe ich alle durchlaufen. Deswegen kannst Du sicher sein, dass die Tatsache, in diesem Leben Kinder zu gebären, unter ganz bestimmten Voraussetzungen erfolgte. Du hättest zu keiner Zeit erklären können, weswegen Du Dich für diesen Weg entschieden hast, richtig? Ich werde es Dir erklären. Als ich damals im Wasser versank, kamen mir Bilder in den Kopf, nicht die richtige Entscheidung getroffen zu haben. Auch wenn es wenig bekannt ist, gab es bereits damals uneheliche Kinder, die durchaus aufwachsen konnten und ein gutes Leben zu erwarten hatten im Dienst besser Gestellter. Wenn der physische Körper stirbt und die Seele die Verbindung löst, begutachtet sie auf dem Weg durch den Lichtkanal auf die andere Seite noch einmal dieses Leben. Was gut und was weniger gut gelaufen ist, beurteilt die Seele für sich ganz allein. So kam ich zu dem Entschluss, noch eine Inkarnation als Mutter durchlaufen zu wollen. Und dieses Mal als wirkliche Mutter, mit Zeit, Liebe, Humor, Witz, Schalk. Damit ich nicht auf die Idee komme, vorzeitig diese übernommene Mutterschaft aufzugeben, schloss ich einen Vertrag mit der Elementarwelt. Feen und Gnome willigten ein, mich durch ihre ganz eigene Art immer daran zu erinnern, dass nichts so ist, wie es scheint, und ich ein Licht auf dem Weg durch diese Erdenerfahrung bin.

Nun betrachte Dein Leben. Ist es so, dass ein besonderer Humor eine Charaktereigenschaft von Dir ist und Du, solange nicht Leib und Leben in Gefahr sind, nichts so ernst nimmst, wie es scheint? Die Verantwortung als Mutter hast Du voll und ganz ausgefüllt, die Kinder sind kraftvoll aus ihrem eigenen *Space* heraus. Dir war immer klar, dass Dein irdisches Alter 40 eine besondere Bedeutung für Dich haben wird, richtig? Und hättest nicht erklären können, weshalb Du diese Zeit als besonders beachtest. Du hast lange Zeit vermutet, dass die Aufgabe des Mutterseins dann bereits abflacht, bis Du weitere Kinder geschenkt bekommen hast. Für mich bestand der Kontrakt darin, erst einmal meine eigenen Kräfte zu testen. Um herauszufinden, wie ich den Aufgaben mit Kind gewachsen bin, musste natürlich eine Lebenssituation geschaffen werden, die nur für die Seele der Erstgeborenen passend war. Wir drei sind gewachsen und haben alles genau so erledigt, wie wir es uns vorgenommen haben. Das bedeutet, den ersten Abschnitt meiner Evolutionsspirale hatten wir gemeistert.

Nun konnten neue Herausforderungen kommen. Wie Du weißt, kam eine neue Verabredung hinzu. Dessen Seele hatte eingewilligt, uns eine Weile zu begleiten. Meine und seine Fähigkeiten passten perfekt zusammen, so kam es zu dem Seelenvertrag. Doch im Laufe der Zeit stellte sich heraus, dass er mit seinem Seelenausdruck große Schwierigkeiten hatte, und ich hatte zu gewährleisten, dass wenigstens wir vier unseren Seelenweg weiter beschreiten können.

Du hast meine Impulse gut aufgenommen und in Deine Überlegungen integriert. Du wurdest sicherer in der Planung und hast den Absprung geschafft. Vielen Dank, denn damit haben wir auf Seelenebene bis zum 35. Lebensjahr unser aufgeladenes Karma reichlich abgedient. Wir hatten jederzeit großartige Unterstützung. Es dauerte etwas, bis auch Du die Gegenwart Deines Schutzengels wahrnehmen konntest bzw. zugelassen hast, bewusst hinzuschauen. Durch deine Offenheit und Bereitschaft, bedingungslos Deinem Herzen zu folgen, ist es mir möglich gewesen, die Führung zu übernehmen. Durch die Anerkennung der erhaltenen Unterstützung wachsen auf der feinstofflichen Ebene alle Engelwesenheiten, und auch die aufgestiegenen Meister benötigen für ihr eigenes Wachstum Dank und Anerkennung.

Auch wenn Du auf der rein materiellen Ebene dem jetzigen Zeitalter des 21. Jahrhunderts entsprechend leben möchtest, bitte ich Dich, genauer hinzuschauen. Woran mangelt es Dir? Ich habe mich für eine Inkarnation in dieser Zeit entschieden, weil ich es als wichtig erachte, voranzugehen in der Entwicklung, der letztlich alle Menschen folgen müssen. Es stehen Wandlungen an, die nichts und niemand aufhalten kann. Mein Ausdruck kann weder zensiert noch negiert werden. Auf dem gesamten Planeten erwachen die Menschen, werden sich ihres spirituellen Ursprungs bewusst, entdecken ihre Hellsichtigkeit und die

Fähigkeit, sich mit allem und jedem zu verbinden und wollen dieses Gefühl auch leben. Du und ich sind in Verbindung mit der Quelle allen Seins. Wie kann es Dir an etwas mangeln, was von tragender Wichtigkeit wäre?

Für Dich wird immer gesorgt sein. Alles, was Du brauchst, wird Dir zur Verfügung stehen. Ständige Veränderungen bedeuten Wachstum, der einzige Grund für diese Inkarnation. Ich bin hierhergekommen, um die heilerischen Fähigkeiten zu leben und um Unterstützung für die Menschen anzubieten, die fähig sind, ihrer ganz persönlichen uneingeschränkten Wahrheit zu begegnen. Diejenigen, die bereit sind, unter und hinter sämtliche Masken zu blicken, und ihrem eigenen Wesenskern gegenüberstehen wollen, um staunend festzustellen, welch großartige Wesen sie sind. Ich werde nicht aufhören, immer wieder zu betonen, dass die Vergangenheit einen Abschluss erhält, indem man die Erinnerungen an einen würdevollen Platz im Herzen stellt, um sich dann mit ganzer Kraft dem Jetzt zuzuwenden.

Du hast schon vielfach enormen Mut bewiesen. Wie vielen Menschen bist Du bislang begegnet, die so mild und fröhlich ihren Weg annehmen? Viele habe ihre Aufgaben genau vor ihren Füßen liegen und suchen in der Ferne. Sind beschäftigt mit der Jagd nach Anerkennung, die sie nur in sich selbst finden können. Wir haben noch einige Herausforderungen vor uns. Doch die bisher erfüllten haben wir in Kooperation ganz gut hinbekommen. Du bist stark, viel stärker, als Du glaubst. Deine Kinder werden durch eine große Energie geschützt und werden ihren eigenen Weg finden und gehen. Du selbst hast Zugang zu vielen Bereichen der Lichtebenen und arbeitest mit Frequenzen, die wahrlich hilfreich sind, schaffst neue neuronale Verknüpfungen für Hilfesuchende. Deine Lichtcodierung wird aktiviert und optimiert, um anderen Menschen zu helfen.

Wenn Dein Körper und Dein Verstand schlafen, dann beginnt meine Mission, Neues von den Astralebenen zu beschaffen und kompatibel mit Deinem Verstand zu machen. Wissen, Techniken, und Legemethoden der Kristalle werden Dir übermittelt. Auch Deine Heilung und Klärung ist weiter fortzuführen, es gibt immer noch tiefere Ebenen, denen Du noch nicht begegnet bist. Alles zu seiner Zeit. Unser lemurischer Freund INCO wird uns eine Weile begleiten, damit all Deine Fragen beantwortet werden können und Deine Sehnsucht nach der Ursprungsfamilie gestillt wird. Schwingungen tiefer Freundschaft werden durch ihn vermittelt und ermöglichen Dir weitere innere Balance. Deine Verwunderung darüber, jeden Morgen zu erwachen, obwohl sich die heimatlichen galaktischen Schwingungen so viel schöner anfühlen, kann ich wohl nachvollziehen. Es dauert nicht mehr lange und diese gefühlte Zwischenwelt ist durchlebt. Ich kann sie von meiner Warte aus schon erblicken und Dir versichern: Das meiste haben wir bereits hinter uns!

Der Übergang von einer in die andere Dimension ist immer mit Unpässlichkeiten verbunden. Der Körper schmerzt, der Kopf ist taub, die Ohren hören seltsame Klänge, das Dritte Auge sieht mögliche Varianten, die noch nicht erreicht sind. Haltet noch etwas durch auf diesem Weg durch den Geburtskanal von der einen Seinsqualität in die nächst höhere. Gemeinsam haben wir schon so viel erreicht. Wenn es Dir hilft, bleibe in dieser Zwischenwelt, schlafe, wenn Du müde bist, bitte von dort um Unterstützung, so Du sie benötigst. Es muss sich für Dich komfortabel anfühlen. Du allein kannst beurteilen, was Du in welcher Phase benötigst. Ich bin in meinem Gefühl frei von diesen Anhaftungen der körperlichen Empfindungen und benötige dann einen Hinweis von Dir, wann Du aus Deinem Gleichgewicht geraten bist.«

»Wir grüßen Dich aus den Sphären des Engelreiches der 11. Dimension und bitten Dich, die erbetene Heilung anzunehmen. Um Dich herum nehmen viele unserer Schwestern Platz und schaffen eine Frequenz, die angenehme heimatliche Emotionen in Dir auslösen werden. Euer Leben in der Polarität ist unglaublich anstrengend für Euch, denn Eure Blaupausen der DNS-Stränge haben Informationen gespeichert, die Euch an die Anwesenheit Eures meisterlichen Lichtes erinnern. Dein ganzes bisheriges Erdenleben war geprägt von der seichten Erinnerung, nach einem Sinn, einer Bestimmung zu forschen, die nur Du in der Einmaligkeit der Summe Deiner Erfahrungen ausüben kannst. Bedenke, dass keine zwei Seelen identisch sind, sondern immer nur Ähnlichkeiten aufweisen.

Sympathien existieren aufgrund von Zugehörigkeiten zu Seelenfamilien. Treffen Familienmitglieder aufeinander, erscheint es Euch so, als würdet Ihr Euch schon Ewigkeiten kennen, da Euer Empfinden, Euer Ausdruck, Eure Wichtigkeiten sich ähneln. Diese empfundene Zugehörigkeiten waren bislang lediglich Lichtblicke während Deiner vergangenen Jahre. Dies musste so sein, damit der Drang und der Wunsch unterstützt wurde, Gleiches anzuziehen und zu vereinen. Auf den ersten Blick mag es Dir so vorgekommen sein, als wärest Du allein und sehr speziell in deiner Wahrnehmung.

Doch bitte blicke zurück. War es nicht jedes Mal eine krönende Erfahrung, einem anderen Menschen zu begegnen, dem Du Dein Sein nicht erst erläutern musstest? Diese delikaten Momente hatten den Zweck, Dich auf Deinem Weg zu bestärken und zu bestätigen, genau wie Dein Gegenüber in jenen Momenten die glückhafte Fügung genoss.

Mit den Jahren war Eure Suche nach diesen besonderen Menschen von Erfolg gekrönt und Ihr könnt nun alle perfekt unterscheiden, um welche Sorte der menschlichen Begegnung es sich handelt. Gleichwertiger Austausch wurde immer wichtiger für alle Menschen. So hast auch Du Unterschiede gemacht in der Kommunikation und Dich nur selten geöffnet. Ganz wenigen Menschen hast Du Einblicke in Dein Herz und Deine Seele gewährt. Durch die erfahrenen Verletzungen hast Du gelernt, für Dich selbst zu sorgen und Dein Energiefeld zu schützen. Das Äußere kann Dich in Wirklichkeit im Innen nicht erschüttern.

Sicher könntest Du einwenden, diese ganzen Aufgaben und Herausforderungen hätten Dich wieder und wieder geschwächt. Doch wir sagen Dir, das haben sie nicht. Nach jedem Schmerz hast Du Dich zurückgezogen, um zu sortieren und zu betrachten, warum dieses Erlebnis so war, wie es war. Dein Kokon des Selbstschutzes wurde dicker und dicker. Das Ergebnis dieses Prozesses war mit jedem Mal ein geläuterter Neuanfang.

Ständige Veränderungen tragen Dich auf dem Weg der Selbstmeisterschaft voran. Deine Absicht war immer das Ergründen der Zusammenhänge, das Klären Deines eigenen Anteils. Deswegen hattest Du immer große Unterstützung und bist schadlos weiter aufgestiegen in der Selbstverwirklichung. Deswegen sagen einige Leute, Du seist wie ein Schwamm, denn Du hast für Dich einen Status der Durchlässigkeit erreicht. Dein Ego hält Aufgaben nicht mehr mit Emotionen fest, sondern lässt Gegebenheiten sein, wie sie sind, ohne in emotionsbedingte Handlungen zu verfallen.

Jede gelöste Aufgabe lässt eine nächstschwierigere folgen. So funktioniert Evolution.

Ein Leben ohne diese innere Entwicklung wäre wenig erfolgreich. Anfangs erfordert es von Deinem Verstand viel Disziplin, Dein Ego zu beruhigen und nicht in blinden Aktionismus zu verfallen. Hast Du bemerkt, wie wundervoll die kosmischen Synchronizitäten funktionieren? Als Huldigung an Deinen Dienst halten wir Dich in einer Wolke von prickelnder Leichtigkeit und lassen Energien durch Deinen gesamten physischen Körper fließen. Es sieht beinahe aus wie fein pulverisierter Sternenstaub, der auf Dich rieselt. Sacht, leuchtend, vitalisierend. Wir massieren ihn in Deine Aura und verteilen ihn rund um Dich. Dies stärkt jede Zelle Deines Körpers, um weiter Kräfte freizusetzen, um Dein Lebensziel zu verfolgen.

Zweifle nicht. Alles ist richtig so wie es ist. Der tiefere Sinn hat sich Dir oft im Nachhinein erschlossen. Lasse Dich von unserer Frequenz erheitern und tragen. Wir verabschieden uns, berufen die Engelschar zurück und versichern Dir, dass Du im Falle von vermeintlicher Erschöpfung jederzeit um unsere Hilfe bitten kannst. Rufe uns zu einer Heilung und Klärung herbei, wann immer Du unserer bedarfst. Ohne Deine ausdrückliche Bitte stehen wir nur als ewig präsente Abgeordnete schweigend neben Dir. Ein Eingreifen gegen Deinen Willen ist

uns strikt untersagt. Unsere Unterstützung ist immer zugegen,
wenn Du uns rufst.«

7. Freiheit, Frieden, Fülle

»Wir sind Sananda und möchten heute in aller Klarheit Un-
terstützung, Mut und Vertrauen vermitteln. Die Menschheit
empfindet das momentane Zeitfenster als Verharren auf einer
Ebene, die noch nicht bereit ist, zu gehen. Vieles ist zum Grei-
fen nah und Eure Herzen sind zum Zerbersten angefüllt mit
Freude, Ahnung, Leidenschaft. Seid ganz sicher, dass Eure See-
len Euch auch durch diese eine Zeitlinie hindurchnavigieren.

Ihr seid göttliche Wesen, die sich durch Mitgefühl, Geduld,
Umsicht und Weitsicht auszeichnen. Diese Qualitäten habt
Ihr in den Ausdruck gebracht, habt Eure Souveränität wie-
der angenommen und werdet nichts Geringeres als die reine
Wahrheit akzeptieren. Wie der Lehrer seinem Schüler mit Re-
spekt und wohlwollender Geduld begegnet, steht Ihr alle als
ein Transformator dem ewigen lichtvollen Potenzial gegen-
über. Aus Euren Sphären steigt Ihr herab und bemüht Euch
um Verbreitung und Verankerung universeller Gesetze in den
Herzen aller Menschen. Dieser Verbindung zu EINER Kraft
verdankt Ihr das Tempo der Aufdeckung jener Aktionen, die
nur dem Wohl einiger Weniger dienten, verdankt Ihr die zu-
nehmende Energie, die Euch von der Zentralsonne geschickt
wird. Ihr steht unter dauerhaftem Schutz, so zögert nicht, vo-
ranzuschreiten. Bleibt beharrlich und vertraut Eurem Wissen,
dass nur die Liebe Lösungen bringt.

Betrachtet das Leben spielerisch und akzeptiert Aussagen nur nach gründlichem Herz-Check. Resonanz werdet Ihr nur empfinden können, wenn Euer höheres Selbst ein Einverständnis gegeben hat. Ihr spürt doch, dass die gigantische Illusion finanzieller Verflechtungen jeglicher Grundlage entbehrt. Bleibt in Eurer Lehrmission und sendet den Seelenaspekten der noch Schlafenden oder absichtlich lieblos Handelnden Licht und den Drang nach Erkenntnissen. Dadurch wird der Wandlungsprozess beschleunigt. Seelenanteile können sich der Wahrheit nicht entziehen oder verweigern.

Es geht für Euch selbst nicht mehr um die Frage eigener innerer Entwicklung, sondern um das Warten auf die Nachrücker. Schenkt Ihnen Eure Liebe wie Euch selbst, wiederholt gnädig und sicher die Wahrheit. Nehmt jene wundervollen Möglichkeiten, die sich Euch bieten werden, freudig an und potenziert Eure Frequenzen. Wie werdet Ihr Euch wundern, wenn offiziell das Scheitern von einem gesellschaftlichen Geschäftsversuch erklärt wird und Eure kühnsten Träume in Bezug auf ein tragfähiges, dauerhaftes Gesellschaftsfundament emporkommt. Da wäre es vorteilhaft, wenn Ihr in sehr konkrete Aktionen einsteigen könnt, da Eure Haltung über Jahre gewachsen und ausgereift ist.

Mutter Erde gibt Euch Anhaltspunkte genug, wie gnädig mit Gästen umgegangen wird. Aus egoistischer Sicht wäre es hilfreicher, sich zu drehen und abzuschütteln, was lästig ist. Aus kosmischer Sicht ist es klarer, Druck gezielt auftreten zu lassen und dem Gast (Mensch) Impulse zu geben. Nehmt Ihr sie wahr? Miteinander bedeutet, das Wohl aller zu erreichen. Das Barometer hierfür bleibt Euer Herz. Seht Ihr bei dem auslaufenden größtem Massenbetrug aller Zeiten das Wohl von Euch allen geachtet?

Verbindet Euch immer wieder zu EINER Kraft, EINEM Her-
zen und behaltet EIN Ziel vor Augen: Freiheit, Frieden, Fülle.
Meinen Segen und meine Unterstützung für Euch – jeder-
zeit.«

Ab einem gewissen Lebensalter und mit einer voll gepack-
ten Vita kommen wir von ganz allein auf den Gedanken,
uns die Sinnfrage erneut zu stellen. Wir spüren, dass einige Straßen, die wir mit Feuereifer entlanggingen, doch
Sackgassen waren, weil wir eine Leere in uns fühlen. Die
Erfüllung und das Glück, welches wir durch Äußerlichkeiten erlangen, haben innen keine Resonanz. Ich habe auch
zwischendurch den Mut verloren und fand mich in der
Masse meiner kreisenden Gedanken nicht zurecht. Meine
inneren Impulse zeigten mir ganz deutlich: »Du bist auf
dem richtigen Weg, hast Deine Prioritäten entsprechend
Deiner Wahrheit gesetzt.« Fieberhaft überlegte ich immer
wieder, wie der Weg wohl eines Tages enden wird. Sprüche
wie »Der Weg ist das Ziel« machten mich nicht wirklich
froh, denn irgendwann möchte jeder kosmische Reisende
ja mal ankommen.

Die Suche nach innerem Frieden mit verschiedenen, teils
heftigen Lebensereignissen verlief bei mir ohne spürbaren
Übergang. Wenn ich neue Fähigkeiten erlangte, alte Muster, Glaubenssätze, Belastungen losgelassen hatte, war ich
lange Zeit in dem Irrglauben, nun müsse sich Fülle und
Frieden im Außen zeigen. Wir Menschen stehen in dem
Konflikt, unserer inneren Wahrheit zu folgen, auf unser
Seelengeflüster zu hören, die eigene Schwingung stets zu
steigern – oder uns in der niederen Schwingung der materiellen Welt einzurichten, dem Begehren unseres Egos

zu folgen und unsere Selbstsucht zu hegen und zu pflegen. Diesen Konflikt muss man aushalten können, denn er bedeutet, sich aus vielen gängigen Verhaltensweisen zu verabschieden. Erst nach einiger Übung wird der Umgang mit dem Seelenselbst souveräner, die Antworten, direkt aus dem Herzen gegeben, selbstverständlicher und vor allen Dingen auch umfassender. Wenn ich auf mein Leben blicke, würde ich dazu neigen zu sagen, bis zum 35. Lebensjahr befand ich mich in der Phase der Rebellion. Ich suchte Resonanzfelder, suchte Auseinandersetzungen, feierte jede Diskussion und rollte mich wie eine Billiardkugel durch alle gängigen herrschenden Meinungen und Facetten. Forschte praktisch nach Inhalten, stichhaltigen Argumenten und Überzeugungen und fühlte doch immer eine Leere in mir und sah auch die Leere in meinen »Trainingspartnern«, die sich von falschen Dingen leiten und vom Verstand dominieren ließen. Das verzehrt Unmengen an Energie und verändert in unserem Inneren rein gar nichts. Im Gegenteil: Blicke ich zurück, denke ich: Was hätte ich mir an Wutausbrüchen doch sparen können in den Konflikten mit anderen, denn ich allein denke klar und rein, wenn ich mit meiner inneren Quelle verbunden bin. Dann empfinde ich zutiefst Frieden in mir.

Aus Wut heraus wird unter Menschen so furchtbar brutal kommuniziert, das WOLLEN dominiert das SEIN. Erst aus der eigenen inneren totalen Stille heraus zeigt uns der Fluss des Lebens, ob wir uns mit der richtigen Idee und Haltung am richtigen Ort befinden. Verweigern wir uns dem 100%igen Vertrauen in den Fluss des Lebens, in die höchste Ordnung, verhindern wir bewusste Wahrnehmung und nehmen unsere Essenz nicht mehr wahr.

Die Gesellschaft wird geflutet mit aufgezwungenen Bedürfnissen, Medien und Marketing sind permanent im Einsatz, alles ist immer zu jeder Zeit und in jeder Menge käuflich. Nichts davon macht den Menschen glücklich oder steigert das friedliche Miteinander. Entweder herrscht unser Ego dann weiterhin und die äußeren Reize müssen ständig gesteigert werden, oder wir steigen aus diesem Hamsterrad aus und beginnen, das Leben mit dem Herzen zu erfassen.

Dauerhaften inneren Frieden, Gelassenheit, Glück, Freude kannst Du nur in Dir finden. Beginne zu hinterfragen, wozu Du Freude und Leid in Hülle und Fülle erleben musst, warum Du müde bist, diese ewigen Wiederholungen zu durchlaufen. Schau in Dein Innerstes. Wenn Du dort Leere findest, dann hast Du bislang vielleicht gehandelt und gelebt nach den Vorgaben anderer, hast Deine Sinne nicht beachtet, Deinem Bauchgefühl nicht getraut, Deine Herzensbotschaften nicht vernehmen können, bist vielleicht Täuschungen gefolgt.

Diese Leere kann gefüllt werden, wenn Du Deine Gedankenprozesse kontrollierst, Dich mit Deiner Quelle verbindest und Dich ihr zuwendest und ihr zuhörst. Du bist mit einer einzigartigen Fähigkeit und Aufgabe in dieses Leben gekommen. Es wäre nicht nur schade für Deinen eigenen Inkarnationszyklus sondern auch jammerschade für das gesamte Universum, wenn Du diese Einzigartigkeit nicht zum Ausdruck bringst, denn Du bist ein Puzzleteil des Gesamtbildes. Deine Seele ist immer existent und kann durch Äußerlichkeiten nicht beeinflusst werden, es sei denn, Du erklärst Dich mit Beeinflussung einverstanden.

Die Kunst ist es, Deinen inneren Reichtum der äußeren Welt zu schenken, eine Gabe praktisch für das Kollektiv, damit der göttliche Plan sich erfüllen kann, damit das Hologramm des Seins durch wahrhaftiges Sein ersetzt wird. Wirst Du Dir der Tragweite Deines Auftrages bewusst, wirst Du keine Möglichkeit mehr auslassen können, Deinem hohen Selbst zu folgen und Situationen erschaffen, die Deinem Seelenweg dient. Deine Identität ist nicht mehr gebunden an Materie, sondern Du kannst das Richtige tun, integer handeln, Dein Wissen und Dein Strahlen streuen und verteilen, denn Du weißt, Du bist an die höchste Quelle angebunden und mit allem versorgt. Dauerhaft bekommst Du Updates, weil Deine Seele Regie führt und sich laufend mit Wissen aus dem Kollektiv und dem gesamten Kosmos versorgt. Dein Ziel wird Weisheit sein und damit hast Du automatisch Frieden erreicht.

8. Innere Balance

»Geliebte Erdenkinder, seid gegrüßt. Wir sind Newahjac – Hüter und Sprecher von Mutter Erde. Es ist uns eine große Ehre, in dieser bedeutsamen Zeit mit Euch in Kontakt treten zu können. Am Übergang zum Jahr 2015 solltet Ihr Euch nochmals mit folgenden Fragen befassen:

- *Wo stehe ich?*
- *Wer bin ich wirklich?*
- *Was will ich wirklich in diesem Leben ausdrücken?*
- *Was kann ich bewirken?*

Ihr empfindet die momentane Zeit als sehr explosiv. Euch stehen gigantische Veränderungen bevor, die möglicherweise weit jenseits Eures Vorstellungsvermögens liegen. Die angespannte Situation Eurer monetären Strukturen könnt Ihr Euch bildhaft vorstellen wie eine Fabrik, in der es nur einen Gewinner gibt. Ihr seid die Ameisen, die ihren Dienst für diesen einen Gewinner leisten. Sofern sich in Euren physischen Körpern Druck oder gar Schmerzen entlang der Wirbelsäule oder im oberen Bereich Eures Hauptes breitmachen, so seid sicher, dass dies Teil eines Reanimierungsprozesses ist. Vermutlich werdet Ihr in dieser Zeit bis zum Ende des 3. Monates des Jahres 2015 sehr aktiv träumen. Nehmt diese Botschaften Eurer Seelen ernst. Diejenigen unter Euch, die keinen guten Kontakt zu ihrer Seele, ihrem höheren Selbst, ihrer Frequenz oder welchen Namen Du auch immer dafür verwendest haben, können sich ihr hohes Selbst vorstellen wie ein verschrecktes Tier, welches aufgegeben hat, auf Kooperation zu hoffen.

Ihr habt Euch verstricken lassen, von einem ausgetüftelten, bösartigen Plan. Eure gesamte Aufmerksamkeit ist gebündelt auf Unwichtigkeiten. Euch geht so viel wertvolle Zeit verloren, weil Euer Bewusstsein gelenkt wird durch Fokussierung der Dinge im Außen, auf Prestige, gemischt mit Angst.

Angst vor Stillstand oder Rückgang. Angst, den ständig wachsenden Kosten nicht gerecht werden zu können. Dadurch entsteht in Euch eine Starre, die Euch lähmt, die sämtliche Synapsen schockgefriert, die Eure Vielfältigkeit reduziert auf die unwichtigste aller Fragen: Wie gelange ich an Geld?

Selbstverständlich wollen manche von Euch durch ihre Tätigkeiten erinnern an Eure verschütteten Fähigkeiten, zu jeder

Thematik und Problematik eine Lösung finden zu können. Dadurch, dass Ihr in Angst gebadet werdet, verliert Ihr den Blick für das Schöne, für Essenzen, für Humor. Ihr vergesst, dass Ihr mit jedem Schritt, den Ihr unter falschen Voraussetzungen auf Eurem Planeten geht, weitreichende Folgen für das kollektive Bewusstsein in Kauf nehmt. Alles steht in Resonanz zueinander.

Der weise Krieger in Euch ist stumm geworden, weil Ihr das Empfinden zugelassen habt, dass Bedürfnisse in Euch geweckt werden durch strategisch manipulierte Werbekampagnen, die an Eurer Seinsqualität keine Veränderungen bewirken können, die Ihr mit Eurem Gefühl untermauern könntet. Da Ihr spürt, dass im Inneren keine Erfüllung erfolgt, vermutet Ihr, das Maß, die Menge an äußeren Dingen würden darüber entscheiden, wie Ihr Euch innerlich fühlt und füllt. So strengt Ihr Euch mehr an, mehr Besitz, mehr Prestige um Euch zu sammeln und zu horten. Ihr vergesst dabei, dass Ihr nicht einmal Zeit und Liebe in Eure Kinder und Tiere investiert, dass es Euch gleichgültig ist, so wenig Aufmerksamkeit auf Euren Nächsten zu richten, nur weil Ihr in der Welt unterwegs seid, um für das so dringend benötigte Kapital zu sorgen.

Getragen werdet Ihr durch ganz andere Dinge.

Nehmt die Gelegenheit wahr, so oft es Euch möglich ist, im Gespräch miteinander zu sein. Zu hören, was Euer Gegenüber zu sagen hat. Zu prüfen, welche Gefühle dadurch in Euch ausgelöst werden. Die wertvollen Dinge sind mit profanem Geld nicht zu erhalten. Die Dinge, die Dich bereichern, haben eine viel feinere Schwingung. Sie entsteht, wenn Du mit jemandem in Kontakt bist, wenn Du mit der Natur in

Verbindung bist oder mit einem anderen Lebewesen. Dann sprichst Du sämtliche Sinne an. Dann bist Du offen und bereit, zu wachsen.

Hast Du Dich je gefragt, wie es sein kann, dass Du durch Deinen Tag hetzt? Dass Du viele Fronten hast, die Du je nach Dringlichkeit bedienen musst? Der einzige Punkt, dem Du wirklich verpflichtet bist, ist Dein höheres Selbst. Wenn Du mit Deinem höheren Selbst nicht im Einklang bist, wenn Du mit Dir selbst in Auseinandersetzung stehst, Für und Wider einer Aktion abwägst, die Entscheidungen nicht von Deinem Verstand abhängig machst, sondern Dich nur von Deinem Herzempfinden leiten lässt, dann wirst Du immer die richtige Wahl treffen. Je weniger Ihr Menschen in Eurem inneren Zentrum ruht, umso leichter seid Ihr beeinflussbar. Wenn Dein Tag so überladen ist mit Verpflichtungen, bleibt kaum Raum zur Entwicklung neuer Ziele, zum Träumen und für das Erschaffen. Erschaffen kannst Du alles, was Du denken kannst. Die Bilder, die Dir erscheinen, sind eine Erinnerung daran, dass alles erreichbar ist.

Geliebtes Kind, bleibe ganz bei Dir. Wenn Du bislang glaubtest, Dein Leben wäre eine Berg- und Talfahrt gewesen und hätte Dich angestrengt, könntest Du entflammen bei den Dingen, die Euch bevorstehen.

Mutter Erde ist betrübt und sehr traurig, aktiv und wandelbar. Karge Zonen, die Ihr verursacht habt, können wieder hergestellt werden. Anzeichen dafür, Warnungen, habt Ihr in ausreichender Menge erhalten. Viele Entwicklungen wurden gezielt unterdrückt, weil Ihr aus dem Status des leicht beeinflussbaren Schafes herausgetreten wäret, als würdet Ihr ein

Kostüm ablegen. Manche Dinge habt Ihr nicht beeinflussen können. Dinge wie Staatsverträge, republikanische Erklärungen wurden getroffen und unterzeichnet – ohne Euer Wissen und Eure Beteiligung.

Ihr seid dem Würgegriff Eurer Staatsoberhäupter und Menschen in bevorzugten Positionen ein Stück weit ausgeliefert. Das Ausmaß der Willkür wird Euch zutiefst schockieren. Bleibt sicher, dass Mutter Erde die Fruchtfolge gut angelegt hat. Und welcher Zeitpunkt für das Eliminieren dieser wenig dienlichen Kräfte wäre besser geeignet als der Jahreswechsel?

Wir unterstützen Euch mit all unseren Wesenheiten zu jeder Zeit. Leider habt Ihr Eure Wahrnehmungsfähigkeit teilweise stark eingeschränkt, als würdet Ihr Euch in einem Betonwürfel befinden, bei dem es nicht möglich ist, die ganze Bandbreite wahrzunehmen. Ihr fühlt Euch isoliert und ward es doch zu keiner Zeit. Unterstützung kann jedem zu jeder Zeit in jeder Situation gewährt werden – wenn Ihr darum bittet.

Der Heilungsstrahl von Mutter Erde vitalisiert Euch sehr schnell und es ist beinahe so, als hätten Eure Eltern versäumt, Euch auf diese wichtigen Einzelheiten hinzuweisen. Denn auch deren Eltern versäumten oftmals, diesen wunderbaren Hinweis weiterzugeben. Bitte darum, dass der Heilungsstrahl durch Dein rechtes Fuß-Chakra in Deinen Körper eintritt, sich langsam über den Knöchel und die Wade hinaufarbeiten kann, das Knie touchiert, den Oberschenkel hinauffließt, über die Hüfte wechselt zum linken Bein, den Oberschenkel hinabfließt, das Knie touchiert, die Wade hinabfließt und schließlich aus dem linken Fuß-Chakra wieder austritt. Nicht ohne dabei eine Reinigung zu vollbringen von aufgesetzter Zugehö-

rigkeit, von gelähmtem Bauchgefühl, wie Ihr es nennt. Dies solltest Du idealerweise barfuß in der Natur für Dich herbeirufen. Solltest Du das Gefühl haben, Du würdest leicht nach links gedrückt, kann es daher rühren, dass eine Reinigung und Transformation niemals zuvor auf diese Weise stattfand. Verabschiede all die Themen, all die Eigenschaften, all die Bewertungen, all die Vorannahmen, die nicht zu Dir gehören. Besinne Dich auf das, was Du bist. Meinen Segen an Dich.«

Immer wieder wird an uns appelliert, uns auf unseren wahren Wesenskern zu besinnen, uns frei zu machen von all den Bedürfnissen, die real betrachtet gar keine Bedürfnisse sind. Bei genauer Betrachtung ist es doch so:

Wir haben zu viele Konsumgüter – lachen aber zu wenig.
Wir sind oft verärgert oder müde – lesen zu wenig und beten selten.
Viele Familien sind klein, wir leisten uns viele Bequemlichkeiten, haben aber kaum Zeit für Gespräche.
Unsere Werte sind reduziert, viele Menschen reden viel zu viel.
Wir haben vergessen, wie man lebt und den Moment genießt.
Unsere Seelen sind beschmutzt, denn wir haben uns angepasst und lernen nur mühsam, unsere Wahrheiten auszudrücken.

Unsere Kommunikation hat an Qualität verloren und wir haben wenig Geduld. Der Lichtblick dabei ist, dass unsere Gedanken frei sind und nicht fremdgesteuert werden können. Es liegt an uns, Beeinflussungen von uns zu weisen und uns für unsere Wahrheit stark zu machen, für unsere

Visionen. Die eigenen Ziele dürfen nicht aus dem Blick geraten, denn wir entscheiden jeden Tag neu, in welche Richtung wir uns entwickeln wollen. Für unsere Seele sind materielle Dinge nicht von Belang. Die Erfahrungen, die zu Wissen wurden, das Wissen, das zu Weisheit wird, das sind die Dinge, die uns in höhere Dimensionen bringen werden.

Mein Leben würde ich oftmals als chaotisch bezeichnen, als unstet, wie eine Achterbahnfahrt vielleicht. Sicherheit habe ich dabei allerdings nicht vermisst, mir wäre es absolut unmöglich, aus rein finanziellen Überlegungen zum Beispiel in einer Beziehung zu verharren, lieber wäre ich verhungert, als etwas entgegen meiner Herzensüberzeugung zu leben. Denn, ganz ehrlich, was bietet uns denn Sicherheit? Oder andersherum gefragt, wovor sollten wir Angst haben? Angst kreiert die Realität und je mehr schlechte Gedanken wir alle in das Universum senden, umso größer wird das Resultat wenig erfreulicher Geschehnisse.

In unserem persönlichen Bereichen können wir durch Reinigungsprozesse sehr viel Erleichterung erfahren. Entfernen wir die diversen Schichten aus auferlegten Glaubenssätzen oder Verhaltensregeln, aus festgelegten Abläufen, und spüren in uns hinein, dann machen wir Bekanntschaft mit eher unkonventionellen Antworten. Natürlich sind wir hier auf Erden fest eingebunden in die Systeme und benötigen Sicherheit, um den Bedarf des täglichen Lebens decken zu können. Manchmal frage ich mich, was passieren würde, wenn alle Menschen aufhören zu arbeiten, weil ihre Arbeit in der jetzigen Form nicht mehr passend ist, sich alle eine Auszeit nehmen, in den »Leistungsbezug« fallen lassen, sich mit ihren Gaben und Fähigkeiten beschäftigen und nach vielleicht einem halben Jahr alle wie der Phönix aus der Asche aufsteigen. Das wäre sicher ein tolles Bild!

Was bliebe von uns, wenn sämtliche materiellen Dinge wegfallen, von uns gehen, abfallen? Das herauszufinden ist unsere Erdenmission, das ist dann Deine Essenz.

∞ **Ra Isa:**

Es ist so elementar wichtig, dass Ihr wirklich gut seid zu Euch selber, Dinge macht, die Euch gut tun. Ich spreche aus Erfahrung – ich habe es jahrelang überhaupt nicht getan und habe mich ständig verbogen. Dadurch haben sich ein immens starker Burn-out und starke Depressionen entwickelt. Ich habe mich so weit hineingetrieben, bemerkte die Warnsignale nicht, ich entfernte mich immer mehr von mir selber, bis eines Tages der große Zusammenbruch kam. In dieser Zeit, ich erwähnte es bereits, neigte ich öfter einmal zu Wutanfällen. Wenn Ihr das lest, seid Ihr sicher erschrocken und denkt: »Oh mein Gott, das muss ja eine Cholerikerin sein!« Würdet Ihr mich dann live sehen, dann würdet Ihr lachen, weil vor Euch eine sanfte Person steht, die nur manchmal wütend werden kann. Ich habe meine Wut viele Jahre überhaupt nicht leben können. Das hat mich in diese Erkrankung gebracht. Wut löste bei mir Angst aus und passte keinesfalls in mein Weltbild. Man muss sich schließlich zusammenreißen können, man darf sich nicht so gehen lassen. Dann wurde ich wütend, weil ich absolut überfordert war mit allem, mit mir, mit der Umwelt, ich hatte überhaupt keine Kraft mehr, ich konnte nicht mehr. Dann kamen die Wechseljahre hinzu, begleitet von Reizbarkeit. In dieser Zeit habe ich ein wut-

115

schnaubendes Monster in mir gesehen, obwohl ich nicht so schlimm war, wie ich mich selber gesehen habe. Das lateinische Wort für *Aggression* lautet *aggredi* und bedeutet *sich nähern, heranschreiten*. Wut ist eine ausgesprochen klare Energie, wenn sie richtig ausgedrückt wird, sie hat die Kraft, Veränderungen herbeizuführen und Ressourcen zu gewinnen. Darin liegt der Ausdruck von Grenzen setzen, bis hierhin und keinen Zentimeter weiter. Wut bedeutet Selbstschutz. Damit spreche ich zu all jenen, die genauso sanftmütig sind wie ich: »Haut einfach mal mit der Faust auf den Tisch!« Das darf man und es ist sehr befreiend, und für all jene, die an Depressionen leiden, ist es ein Zeichen, auf dem Weg der Gesundheit zu sein. Dann bist du nämlich in der Lage, überhaupt wieder etwas zu fühlen.

Mir wird beim Schreiben dieses Buches bewusst, dass ich schon sehr viele Dinge verarbeitet habe, aber dieses Thema Wut hatte ich noch nicht in der Tiefe verstanden. Jetzt habe ich Momente, in denen ich einfach wieder nicht auf mich aufpasse, das Chaos überhandnimmt und ich total gestresst bin, weil ich z. B. meine Buchführung erst wieder am letzten Tag mache und dann wieder meine Strukturen verliere. Dann neige ich auch immer noch zu Reizbarkeit und deute es als Zeichen von meiner Seele: »Hey, du wirst wieder wütend! Was brauchst du? Pass auf dich auf.« Also muss ich mich wieder strukturieren und hören, was meine Seele zu mir sagt. Wir müssen wieder lernen, die eigene Seelensprache und ihre Signale zu verstehen, was manchmal sehr schwer ist.

Morgens 5:19 Uhr in Deutschland, ich wurde gerade geweckt, um Folgendes zu schreiben: Es ist schwierig für so hochsensitive Menschen wie mich, mit meinem Körper klarzukommen. Ich habe es oft erlebt, dass es mir einfach schlecht ging, wenn ich in Menschenmassen war. Ich bekam dann entweder Platzangst, Panik, Herzdruck oder Atemnot, mir war schlecht, ich bekam Durchfall oder Kälteanfälle … Das bekommt mir heutzutage immer noch nicht gut, wenn ich mich nicht schütze. Es ist immens wichtig, sich energetisch zu schützen! Wie das funktioniert, haben wir Euch im Kapitel *Denkimpulse* genau beschrieben.

Oftmals denke ich: Meine Güte, wieso geht es mir jetzt schon wieder so schlecht. Ich merke, wenn irgendetwas nicht stimmt mit meinen Mitmenschen oder wenn etwas in der Atmosphäre liegt – dann spüre ich es sehr stark körperlich. Das ist manchmal ganz schön anstrengend, immer wieder zu erforschen und zu erkennen, woher jetzt diese oder jene körperliche Befindlichkeit wieder kommen könnte. Hat es wirklich etwas mit mir zu tun, habe ich etwas Falsches gegessen, habe ich mich so verhalten, dass es meinem Körper schlecht gehen muss, oder kommt es wieder von außerhalb? Da ist es sehr wichtig, sensibel zu sein, zu schauen und zu differenzieren.

Gerade wenn man hochsensibel ist, ist es elementar wichtig, sich gesund zu ernähren, damit der Körper mit genügend Vitaminen, Mineralstoffen und Spurenelementen versorgt ist. Wenn dem Motor Öl fehlt, und man trotzdem weiterfährt, dann geht selbstverständlich die Maschine kaputt. Man kann natürlich ein Pflaster auf die Kontrollleuchte kleben, dann sieht man nicht, dass Öl fehlt. Der Wagen läuft dann zwar noch eine gewisse Zeit, aber irgendwann sagt es Krawumm, und es geht gar nichts mehr. Das ist unsere heutige Modeerkrankung: Burn-out.

Und das sinnbildliche Pflaster ist für uns Menschen, dass wir einfach nicht auf uns hören. Unser Fokus ist immer auf das Außen gerichtet. Wir kommen von der Arbeit nach Hause, schauen fern. In vielen Familien wird nicht mehr gesprochen. Wenn man müde ist, kann man sich nicht hinlegen oder man macht es nicht, obwohl man es könnte, man funktioniert nur noch und erfüllt Pflichten. Wir sind nicht gerade gesundheitsförderlich erzogen worden: Wir müssen funktionieren und meinen, keine andere Wahl zu haben. Das ist aber ein Trugschluss.

Denk daran: Jedes NEIN ist ein JA zu Dir selbst!!!

Es ist sehr hilfreich, eine Liste zu erstellen mit allen Dingen, die Dir gut tun, und sie zu lesen, wenn es Dir nicht gut geht. Denn dann fällt einem meistens nicht so viel ein, weil man blockiert ist. Wenn man dann einen Blick auf die Liste wirft, kann man sich etwas aussuchen, was einem gut tut.

Eine wichtige Frage in solchen Momenten ist: »Was kann ich machen, damit es mir JETZT besser geht?«

Es gibt immer etwas, um sein eigenes Wohlbefinden zu steigern.

Weiterhin müssen wir viel Wasser trinken (wir bestehen zu 75 bis 80 % aus Wasser und Wasser ist ein Informationsträger, wodurch es uns leichter fällt, Informationen aus der feinstofflichen Welt zu empfangen, wenn genügend in unserem Körper vorhanden ist), außerdem müssen wir tief in den Bauch und auch in den oberen Lungenbereich hineinatmen, unsere ganzen Kapazitäten nutzen, uns viel an der frischen Luft aufhalten und uns bewegen. Wir sollten meditieren, autogenes Training, progressive Muskelentspannung nach Jacobsen und Aufmerksamkeitsübungen machen, um im Hier und Jetzt zu sein, oder Yoga machen, gute Gespräche mit Freunden führen, in die Natur gehen und Giftstoffe meiden. Nur Dinge wählen, die unser Vegetativum nicht unnötig strapazieren und die uns gut tun. Mach einfach das, was sich für dich gut anfühlt.

Wir sollten wieder anfangen zu fühlen, in unser Herz zu fühlen, in den Solarplexus, in alle unsere Schichten unseres Seins, bis ins rechte Ohrläppchen, den linken Zeh.

Es gibt viele Anwendungen, für Anfänger ebenso wie für Fortgeschrittene. Man geht genauso in die spirituelle Schule wie in die Regelschule. Man fängt ganz langsam an und baut sein Wissen und seine Fähigkeiten allmählich auf. Wie beim Autofahren, da gibt man irgendwann auch Gas, ohne an die Worte des Fahrlehrers von damals zu denken. Irgendwann hat man seinen Werkzeugkoffer beisammen und überlegt nicht mehr, sondern die Impulse kommen von ganz allein aus dem Inneren.

Weiterhin ist die sogenannte Schlafhygiene wichtig. Viele Menschen leiden unter Schlafstörungen und dadurch an Tagesmüdigkeit, Konzentrationsmangel, Reizbarkeit, Unaufmerksamkeit, Nervosität, mangelnder Leistungsfähigkeit usw.

Was bedeutet Schlafhygiene? In erster Linie ist das Bett zum Schlafen und zum Liebemachen da und nicht um dort fernzusehen, zu lesen, zu lernen usw. Wenn man nicht mehr schlafen kann, sollte man aufstehen und z. B. im Sessel lesen.

Außerdem darf man sich nicht stressen, wenn es z. B. zwei Uhr nachts ist, man liegt wach und denkt: Oh Gott, oh Gott, ich muss in vier Stunden aufstehen. Die bessere Idee ist, sich vorzustellen, wie lange es dauern würde, vier Stunden auf den Bus zu warten. Das ist eine wirklich lange Zeit.

Schlaffördernde Faktoren sind:
- das Einhalten regelmäßiger Schlafenszeiten
- optimale Schlaftemperaturen von 15 bis 17 Grad
- ein ausreichend abgedunkelter Raum, denn die Epiphyse reagiert auf jeden Lichtreiz. Sie schüttet Melatonin aus, welches uns einschlafen lässt.
- Evtl. ist es ratsam, sich eine Schlafbrille anzuschaffen, wenn der Raum nicht genügend abgedunkelt werden kann.
- warme Füße (Socken, Wärmflasche, Fußbad)
- ausreichende Bewegung am Tag
- Ein Glas Wein oder Bier, größere Mengen wirken sich allerdings negativ auf den Schlaf aus.

Schlafhindernde Faktoren sind:
- Lärm (evtl. mit Ohrstöpseln schlafen gehen)
- stimulierende Substanzen wie Kaffee, schwarzer Tee, Nikotin, späte Nahrungsaufnahme
- aufregende Tätigkeiten wie z. B. Streitereien, Gruselfilme ansehen, abends Sport treiben.

Bei vielen hochsensiblen Menschen ist es oft so, dass sie nicht mit niedrigen Schwingungen klarkommen können, weil sie von Haus aus so wahnsinnig hoch schwingen und es einfach nicht ertragen können, in Menschenansammlungen zu sein, vor allem wenn die Menschen boshaft und unausgewogen sind. Sie sind sehr, sehr empathisch und fühlen die kleinsten Emotionen ihrer Mitmenschen, auch wenn sie spirituell noch gar nicht erwacht sind. Das ist für diese Menschen schwer zu ertragen und sie gehen oftmals in den Fluchtmodus, in den Suchtmodus, um sich in Drogen zu flüchten, sei es Alkohol, Heroin, Marihuana, Sexsucht, Kaufsucht, Spielsucht … Sie gehen in diesen Fluchtmodus, um einen kurzfristigen Rausch, Erleichterung und Gelassenheit zu haben. Diese Gefühle verfliegen natürlich, und dann ist alles wieder genauso wie vorher.

Es ist gleichermaßen wichtig, dass wir das Erdenleben wie auch das spirituelle Leben leben. Wir sollten uns auf gar keinen Fall in die spirituellen Welten flüchten und darüber vergessen, dass wir hier auf dieser Erde leben. Wie wir schon mehrfach erwähnt haben, ist es wichtig, die Engel zu bitten. Sie dürfen nicht eingreifen ohne Eure Bitte. Was meint Ihr wohl, wie oft ich am Tag bete? Wirklich ganz häufig! Ich bitte einfach um die Hilfe, auch bei scheinbar ganz profanen Dingen. Heute zum Beispiel musste ich in die Stadt, da bin ich nicht so gern, musste aber einkaufen. Ich habe darum gebeten, direkt vor dem Laden einen Parkplatz zu bekommen, und war mir ganz sicher, da wird ein freier Platz sein. So war es, ich kam an und parkte direkt vor dem Laden. Es ist für mich so selbstverständlich geworden zu bitten und wir erhalten immer. Wichtig ist es, den Fokus im Hier und Jetzt zu behalten. Wir sollen dieses Leben hier meistern, mit der Hilfe der geistigen Welt, den Engeln, den aufgestiegenen Meistern, den Krafttieren etc. Auch die regelmäßige Erdung dürfen wir nicht vernachlässigen.

Es gibt eine gute Verbindungsübung: Stellt Euch vor, Ihr öffnet Eure Fuß-Chakren – Energiezentren direkt auf der Unterseite eurer Füße – und daraus wachsen rote Wurzeln, bis tief ins Erdinnere hinein. Spürt dieses Pulsieren und die Wärme, die dann kommt. Lasst diese Erdenergie mit jedem Atemzug höher in Euren Körper steigen, in die Füße, in die Waden, die Knie, die Oberschenkel, das Gesäß, die Genitalien, den Bauch, den Brustkorb, den Hals, den Kopf, die Arme. Spürt einfach und füllt Euch richtig mit dieser Erdenergie auf. Dann atmet sie wieder aus und verbindet Euch danach mit dem Schöpfer. Bildet eine Lichtsäule, die aus Eurem Kronen-Chakra – Energiezentrum direkt mittig auf eurer Kopfoberseite – aufsteigt und atmet das weiß-goldene Licht von oben herein und füllt Euch damit auf. Lasst diese Energie durch Euren ganzen Körper fließen und spürt, wie die himmlische Energie sich anfühlt. Dann fühlt, wie sich diese beiden Energien in der Mitte Eures Körpers, im Herz-Chakra – Energiezentrum direkt auf der Höhe eures Herzens – treffen.

Weitere gute Erdungsübungen sind auch ganz simples Kartoffelschälen oder Gartenarbeit, der Umgang mit Tieren oder in die Natur zu gehen. Also vergesst nicht, dieses Erdenleben will im Hier und Jetzt gemeistert werden. Wir sind aus der reinen Bewusstseinsebene alle hierher gekommen, damit wir dieses wunderbare Leben spüren können.

Genießt Euer Erdendasein! Als Seelen wollten wir alle genau diese Erfahrungen machen. Es ist so wichtig, die geistigen Helfer um Unterstützung zu bitten. Sie sind immer, immer für uns da. Das ist das Schöne, hier leben zu können in Verbundenheit mit unseren geistigen Helfern, unserer Essenz. Das ist doch toll, danke dafür.

Die Balance können wir erschaffen, indem wir uns dem Chaos in unserem Leben stellen. Ich bin eine Meisterin darin, chaotisch zu sein, mit einiger Übung ist aus mir ein einigermaßen strukturierter Mensch geworden. Es ist sinnvoll, sich Strukturen aufzubauen durch einen geregelten Tagesablauf. Früher konnte ich mit Regelmäßigkeiten nicht umgehen, aber manchmal ist es wichtig, gewisse Dinge gleich zu erledigen und über seinen Schatten zu springen, wenn es um unliebsame Tätigkeiten geht. Sinnvoll ist es, mit Timer zu arbeiten und Dinge zu notieren, die erledigt werden müssen, wie z. B. Buchführung. Bei mir gerät so etwas sehr leicht in Vergessenheit und dann rotiere ich irgendwann, wenn Terminversäumnis droht. Es stellt sich bei mir eine tiefe Zufriedenheit ein, wenn ich die unliebsamen Dinge erledigt habe. Dadurch bekomme ich eine innere Balance. Wie gesagt, es handelt sich um einen Lernprozess, sein Leben zu strukturieren und dadurch klarer und bewusster zu werden.

Regelmäßiger Austausch mit den *Spirits*, beten, mich in der Natur aufhalten, Mutter Erde danken, sind ebenfalls Tätigkeiten, die mich innerlich ausgleichen. Ich gehe bewusst in meine Mitte und atme und fühle, was in mir ist und sich jetzt ausdrücken möchte. Was fühlt sich nicht richtig an? Und wenn sich etwas nicht richtig anfühlt, nehme ich mein Pendel oder meinen Tensor und frage ab, woher mein Unwohlsein kommt. Habe ich irgendwelche Anhaftungen?
Das konnte ich vor fünf bis sechs Jahren auch noch nicht, da wusste ich gar nicht, wie ich Ursachenforschung betreiben kann. Durch jahrelange Fortbildungen habe ich auch das Stück für Stück gelernt. Mit jedem Schritt in die Bewusstheit konnte ich besser mit mir selber, mit meiner

Umwelt und der Verarbeitung von äußerlichen Reizen umgehen.

Oftmals bin ich wirklich in meiner Mitte und fühle Frieden und allumfassende Liebe. Aber wenn die Energien, die aus dem All kommen, in Form von Sonneneruptionen oder bestimmten Sternenkonstellationen, zu stark sind, gibt es auch einmal Zeiten der totalen Verwirrung, das Gefühl des absoluten Abgetrenntseins von allem, gerade von den geistigen Helfern. Das Gefühl, allein zu sein und überhaupt keine Verbindung zu den *Spirits* zu haben, fühlt sich nicht gut an. Ich weiß dann, dass ich ins Vertrauen gehen muss, auch wenn ich gerade nichts fühle und keinen Kontakt zu den himmlischen Helfern habe; dann muss sich meinen Verstand einstellen, mein Vertrauen aktivieren und sagen: »Es ist jetzt so, wie es ist, ich weiß aber, dass die himmlischen Helfer auf jeden Fall mit 100%iger Sicherheit da sind.«

Unsere Gesellschaft ist so darauf konditioniert, immer Geld ranzuschaffen, Sicherheit zu erzeugen und viele Menschen gehen einfach über Leichen und vergessen die Wertschätzung unserer Ressourcen. Es werden Wälder gerodet, es werden Tiere sinnlos getötet, weil irgendwelche Menschen irgendwelche Pelze tragen wollen, weil es schick ist. Wir haben heutzutage so viele Möglichkeiten, uns auch anderweitig warm zu halten, und wir sollten nicht auf Kosten unserer Mutter Erde und auf Kosten unserer Mitgeschöpfe sinnlos Raubbau betreiben. So wie es früher war und auch bei den Naturvölkern noch heute üblich ist, dass nachhaltig gewirtschaftet wird, also es gibt ein Schwein und dieses Schwein wird geschlachtet und dann wird alles verwertet, um eine Familie über einen sehr langen Zeitraum zu ernähren. Aber wir mit unserer Massentierhaltung, dieses ganze Leid, das wir beim Essen dieser Tiere mitverzehren, die Hormone, das Adrenalin, die ganzen Ängste, die durch die Transporte kilometerweit durch ganz Europa ausgeschüttet werden, das hat auf jeden Fall Auswirkungen auf uns. Wenn wir riesengroße Urwälder roden, muss es automatisch Auswirkungen auf unser Klima haben und wir wundern uns über Wetterkapriolen. Wir haben es selbst erschaffen. Viele Menschen, die über Leichen gehen, denen es egal ist, wie es den Lebewesen geht, wie es den Pflanzen und Tieren geht, sollten aufwachen und sich Gedanken über unsere Umwelt machen: Wir müssen dankbar für unsere Ressourcen sein und sie sinnvoll zum Wohle aller verwenden.

Erst wenn der letzte Baum gerodet, der letzte Fluss vergiftet, der letzte Fisch gefangen, werdet ihr feststellen, dass man Geld nicht essen kann.

Weisheit der Cherokee-Indianer

℘ El-asaria:

Wir wissen aus eigenen Erfahrungen, dass wir immer wieder durch Transformationsphasen gehen, in denen wir unsere Leben den Vorstellungen unserer Seele anpassen. Hohe Schwingungen inspirieren uns immer wieder, uns zu hinterfragen. Auch Du wirst in solchen Phasen das Gefühl haben, in Chaos und innerer Unordnung zu versinken. Dies muss so sein, damit Deine Strukturen aufweichen und aufbrechen.

Wichtig ist es dann, nicht mit Angst oder gar Panik zu

reagieren, sondern sehr bewusst damit umzugehen. Strukturen oder Denkweisen, die Deinem inneren Kern nicht mehr entsprechen, fallen in sich zusammen, müssen abgelöst und ersetzt werden, sodass Dein Innen und Dein Außen wieder zusammenpassen. Konzentriere Dich nur auf Dich, lass Zerrüttung und Chaos im Außen unbeachtet stehen und reinige Dein energetisches Feld.

Manche Menschen haben auf Seelenebene die Entscheidung getroffen, sich über eine bestimmte Ebene nicht hinaus zu entwickeln, in Materie zu verharren, in Getrenntsein zu stagnieren – es ist ihre freie Wahl. Triffst Du auf jemanden, der sehr stark an seine eigenen Grenzen herangeführt wird, und spürst, dass es das Bewusstsein ist, welches eine Barriere errichtet hat, kannst Du nicht aus Mitgefühl auf diese Ebene gehen, kannst nicht mit so jemandem verbunden sein, denn diese niedrige Schwingung wird Dich anstrengen oder schlimmstenfalls körperliche Symptome bei Dir hervorrufen. Hilfe kann ein Mensch nur dann aus sich selbst aktivieren, wenn er Körper, Geist und Seele bereits in einen ausgewogenen Zustand gebracht hat. Unausgewogenheit ist ein selbst gewählter Zustand, ein Ergebnis der eigenen Taten und Gedanken.

Auch wenn Dir dies missfallen mag, so musst Du anerkennen, dass es Menschen und Situationen gibt, deren Unheil oder Unfrieden Du nicht beeinflussen kannst. Sei Dir darüber im Klaren, dass jeder seine eigene Wahl trifft in jeder Sekunde seines Lebens. So manche zerstörerischen Handlungen und Mechanismen können von Euch nicht beeinflusst werden, wenn sie dem Wachstum und der Ausdehnung eines anderen nur anbieten wollen, eine eigene

Kurskorrektur zu vollziehen, sich neu auszurichten, anders zu handeln und zu leben.

Deine Aufgabe ist es, in Deiner Mitte zu bleiben und das in die Welt zu bringen, wofür Du hierhergekommen bist, die Aufgabe zu erfüllen, die nur Du erfüllen kannst, ganz gleich, wie intensiv die pulsierenden Energien auch um Dich wirbeln. Potenzial und ein Mehr an Bewusstsein, Energie und eigene Ausdehnung waren vermutlich Deine Wahl für dieses Erdenleben. Neue Möglichkeiten schaffen und entdecken, Dich ausprobieren in verschiedenen Handlungsfeldern, so lange, bis Du nur noch das machst, was 100 % stimmig mit Deinem hohen Selbst ist. Jede Erfahrung Deines bisherigen Lebens trägt dazu bei, Dich zu dem Diamanten zu schleifen, der Du sein wolltest.

9. Unterstützung der Spirits

»*Wir sind Ivanor und wir grüßen Dich. Wir sind Hüter und Verbreiter der Schöpferenergie und bringen unsere Energie zu den Meistern und Seelen. Ich selbst habe nie auf Eurem Planeten gelebt, sondern es waren meine Projektionen, die z. B. als Jesus auf Eurer Erde wandelten.*

Ihr Erdenengel gebt vielen Menschen aus Eurem Umfeld Energien und tragt sie ein Stück ihres Weges mit. Eure eigenen Emotionen lassen die Menschen dabei verhungern. Ihr gebt oft all Euer Herz und Eure Weisheit, helft bei der Aufarbeitung von Themen und kämpft für die Selbstliebe Eurer Mitmenschen.

Ihr wollt es immer ganz genau wissen, ob Ihr nicht doch die Herzen erreichen könnt. Natürlich erreicht Ihr immer die Herzen Eurer Mitmenschen, nur sind diese oft in ihren Strukturen so gefangen. In der Angst vor Emotionen, in der Angst vor Zartheit (wenn Ihr mit Männern zu tun habt, die mit ihrer Männlichkeit hadern). Alles, was mit Sensibilität zu tun hat, wird von Menschen oft abgelehnt, so habt Ihr die Erfahrung gemacht, für Eure Sanftheit abgelehnt worden zu sein. Viele Männer waren mal ganz sensible Jungs, die hart gemacht wurden, für das Leben. Diese Weichheit wollt ihr dann wieder hervorholen und in den Fluss bringen. Ihr spürt, wenn in einem Menschen wesentlich mehr steckt, als offensichtlich ist. Euer Leitsatz lautet dann: Wo ist es, ich weiß doch darum.

Seht, das Potenzial, das Ihr im Gegenüber entdecken könnt, muss von jedem selbst entfaltet werden. Wer sein eigenes Sein nicht ausreichend achtet, sich nicht genügend Selbstrespekt entgegenbringt und nicht genügend Achtsamkeit, wird sein volles Potenzial vermutlich nicht in dieser Inkarnation entfalten können. Wer sich nicht liebenswert fühlt und in einem inneren Kampf steckt, der mag es oftmals nicht, wenn Erdenengel sich nähern. Ihr kommt diesen Menschen zu nah und berührt sie im Herzen und in ihrer eigenen Sehnsucht, Zugang zur eigenen Seele zu haben, frei zu sein von sämtlichen Dramen. Manche Menschen haben nicht die Kraft, sich ihr eigenes Dilemma anzuschauen.«

Diese Meisterenergien haben die Fähigkeit, Dich in Deinem tiefsten Herzen zu berühren, da immer wieder Wahrheiten angesprochen werden, die wir alle schon immer in uns gespürt haben. Es gab nur kaum Gelegenheiten, die Dinge so zu benennen. Um uns herum ist so viel geflügelte Unterstützung. Es ist nicht mehr die Zeit der falschen Bescheidenheit, für Sätze wie: »Die *Spirits* sind sicher beschäftigt. DIE haben jetzt sicher keine Zeit, sich mit mir und meinen Problemen zu befassen.«

Falscher Ansatz! Uns wurde der freie Wille zugeordnet und damit haben wir die Fäden in den eigenen Händen. Nur wir selbst, jeder für sich in jeder Minute seines Lebens, kann, darf und soll bestimmen, was sie/er für sich und ihr/sein Wohlbefinden benötigt.

Familienkrise? Finanzkrise? Ehestress? Problemkinder? Wer außer Euch selbst kann wirklich beurteilen, was bei Euch schiefläuft? Erwartet keine Lösungen, die Euch retten, sondern betrachtet das, was in Euren eigenen Händen liegt. Der erste Schritt muss immer auf der irdischen Ebene erfolgen. Erst dann kann die feinstoffliche Welt uns unterstützen, sofern es mit unserem Seelenplan konform geht. Seid ehrlich zu Euch selbst. Es macht keinen Sinn, sich selbst etwas vorzumachen, d. h. in Mustern zu verharren, die sich nicht gut anfühlen, und im Außen auf eine Lösung zu warten. Geht ihn, den ersten entscheidenden Schritt in Richtung Seelenfrequenz, und dankt dann aus ganzem Herzen für die Türen, die sich Euch öffnen.

Unterschätze niemals die Macht Deiner Seele, die Dir ganz genau mitteilt, was wichtig ist, oder ihre ihr innewohnende Intelligenz, etwas zu bewegen und zu entwickeln. Solange Du bereit bist, Widerstände zu vermeiden, und darauf achtest, was Dein inneres Wesen Dir mitteilt, wirst Du feststellen, dass Du immer in genau die Umstände gerätst, die Du brauchst. Vertraue darauf, dass Du Teil eines Systems bist, das göttlich intelligent ist und nahtlos für Dich arbeitet, wenn Du es zulässt.

Du kannst nichts falsch machen! Wenn Du Dich in eine Richtung bewegst, die nicht Deinem höchsten Wohl dient, wirst Du Dich so unwohl fühlen, dass das Verweilen in der Situation einfach keine Option sein wird. Du wirst immer all die Rückmeldungen bekommen, die Du benötigst, Du kannst also aufhören, Dir Sorgen zu machen, und beginnen zu leben, zu erleben und zu lieben.

Wenn ich aus meinen bisherigen Lebensweg schaue, kann ich eines mit Sicherheit sagen: Angst ist keine Emotion, sondern lediglich eine Illusion! Sobald wir uns festhalten, ja schier festklammern wollen an Themen wie Sicherheit, feste Bahnen, Kontrolle, Kalkulierbarkeit, verlieren wir eine ganz grundlegende Fähigkeit. Uns geht unsere Selbstsicherheit verloren, die einzige Eigenschaft, die wir nur ganz allein steuern können. Bei dem allerzartesten Anzeichen von aufkommender Panik verlieren wir den Kontakt zu unserem Kern, unserem höheren Selbst. Nach C. G. Jung ist dieses höhere Selbst etwas, was uns unter überhaupt keinen Umständen jemals verloren gehen kann. Wir entfernen uns lediglich von unserem Kern, unserem Wissen, unserer Balance. Sobald wir im Austausch mit anderen Menschen oder Lebenssituationen sind, übernehmen wir unbewusst Angst erzeugende Schwingungen, die mehr oder weniger absichtlich auf uns abzielen.

Ich gebe Euch ein Beispiel aus meinem – wie böse Zungen behaupten – chaotischen Leben:
Als ich mit meiner damals fast 2-jährigen Tochter meinem Umfeld verkündete, ich wolle mich trennen, verfielen die

meisten in großes Gejammere. Mir war in der Folge ganz mulmig. Diese Reaktion hatte ich nicht erwartet und ich dachte, mir stünde sicher eine unglaubliche Odyssee bevor. Noch einmal ganz deutlich: Ich hatte mir diese Entscheidung nicht leicht gemacht und zog diese Konsequenz aufgrund nachhaltiger Überlegungen. Das Umfeld zeichnete mir ein Schreckensbild von unüberwindbaren Hindernissen – ich reagierte mit Angst und Zweifeln.

Nach dieser Irritation zog ich dennoch in meine eigene, neue Wohnung. Ich ließ mich nicht beeinflussen und das Umfeld reagierte nach und nach mit Neugier und nahm weiterhin an unserem Leben teil. Dieses Beispiel ist auf jede andere nur denkbare Lebenssituation übertragbar und ich möchte Dich ermutigen, die Emotionen zu einem Thema oder einer Sachlage nicht von Deinem Gegenüber beeinflussen zu lassen. Nur Du selbst vermagst zu beurteilen, welche Umstände und Bedingungen Du für Dein Leben benötigst. So kannst auch nur Du allein diese Umstände erschaffen.

Energetisch sieht diese versuchte Beeinflussung Deines Umfeldes dann so aus: Du bist von einem Leuchten umgeben, weil Du Dir ja ein Ziel gesetzt hast. Dein Umfeld versucht Deine Euphorie und Dein Strahlen abzuwehren, es geht automatisch in die polare Haltung zu diesem Thema. Es passiert also nichts Ungewöhnliches, außer dass ein natürliches Gegengewicht geschaffen wird. Nun kommt es allein auf Dich an: Bleibst Du in Deiner Haltung, Deinem Licht? Oder lässt Du Dich beeinflussen?

Ja klar, kannst Du nun einwenden, dieses Beibehalten der

eigenen Überzeugung kostet Kraft. Ja, so könnte man es auch betrachten. Man könnte auch sagen: Du wirst auf Deine Festigkeit geprüft und das polare Gegenstück bietet Dir noch einmal kurz vor Deinem Ziel eine Ausfahrt an, falls Du Dich doch verirrt haben solltest. Deine eigene Meisterschaft führst Du fort, wenn Du fähig bist, mit liebevollen, wahrhaftigen Worten die Einwände Deines Umfeldes anzunehmen und dankend weiter ziehen zu lassen, statt Dich in das Resonanzfeld ziehen zu lassen. Es sind lediglich Chancen, deine Entscheidungen wiederholt zu betrachten.

»Ich bin St. Germain und ich stehe Dir zu Diensten mit der violetten Flamme des Aufstiegs und der Erkenntnis. Ich kenne Euch gut aus vielen gemeinsamen Erlebnissen, und nach Jahren des dumpfen Seins lichteten sich die Schleier Eures Bewusstseins. Die Geschwindigkeit der Auflösung Eurer Muster hat sich enorm gesteigert und Euer heiliges Vertrauen ist unerschütterlich. Ihr stellt Euch gegen alle Strukturen, wenn es sein muss, bietet Halt für Kristallkinder und Suchende, erschafft mit Eurer Kreativität wundervolle Dinge. Die vertrauensvolle Umsetzung telepathischer Anleitungen hat schon viele berührt und geheilt und dieser Energiefluss erzeugt immer wieder einen Wirbel um Euch, der Euch dorthin trägt, wo Ihr zu sein beabsichtigt habt.

Noch immer gibt es Bereiche, die auch Euren Verständnisrahmen sprengen. Ihr seid immerfort gesegnet mit dem violetten Strahl des kollektiven Bewusstseins, Euch wird all das an Wissen bereitgestellt, was Ihr auch umsetzen könnt. Es ergäbe keinen Sinn, Einzelheiten über nächste Entwicklungsschritte oder angestrebte Ausbildungseinheiten vorwegzunehmen, da Euer Fokus auf dem Hier und Jetzt bleiben soll, um eine 100%ige Leistung den Menschen gewähren zu können, die mit Euch in Resonanz stehen.

Nur so viel sei gesagt: Es werden weitere Aufgaben folgen, die auf den vorhandenen Kenntnissen aufbauen, da in dem Ge-samtgesundheitsgefüge weitere Aufklärung zu leisten sein wird. Ihr habt Euch als Trainer und LichtbringerInnen zum Dienst gemeldet, ohne abschätzen zu können, wie riesig dieser ›Job‹ tatsächlich werden würde. Dafür baden wir Euch in violett-goldenem Staub und hoffen, noch sehr viel mehr Menschen werden diese Möglichkeiten annehmen können. Wir kennen Eure kommunikativen Fähigkeiten gut und wünschen eine Verbreitung der universellen Schwingung, um auch der Basis bislang nicht Erwachter eine letzte Brücke zu bauen. Jeder ist seines Erwachens Schöpfer.«

Zur Unterstützung bei meiner energetischen Arbeit nutze ich die Kraft und die Weisheit der 12 Elohim. Sie haben eine machtvolle, hohe Schwingung. Ihr Name wird mit »Die Lichtvollen« oder »Die Gewaltigen« übersetzt, da sie unmittelbar mit dem Schöpfer verbunden sind und die mächtigste Kraft dieses Universums nutzen: LIEBE.

In Atlantis wurde mit den 12 Schöpfungsstrahlen gearbeitet und mit dem Rat der 12. Diese 12 Wesen sind auf-gestiegene Meister, die bewiesen haben, dass sie über eine hohe Weisheit verfügen und fähig sind, bei allen Vorfäl-len einen kühlen Kopf zu wahren und die übergeordneten Zusammenhänge zu sehen. Es waren (sind) immer sechs Männer und sechs Frauen vertreten, der Rat blieb damit immer geschlechtsneutral und die männliche wie die weibliche Flamme waren gleichermaßen präsent. Das Prinzip der 12 findet sich mehrfach in der Schöpfung: 12 Monate, das babylonische Zahlensystem beruhte auf der Zahl 12, die eine religiöse Bedeutung hatte, das Jahr wurde aufgrund der zwölf Lunationen – des vollständigen Ablaufs aller Mondphasen – in zwölf Monate unterteilt und Tag und Nacht wurden in je zwölf Stunden untergliedert. In der Numerologie steht die Zahl 12 für karmische Aufgaben und verkörpert die Hingabe und das Dienen. Aus spiritueller Sicht ist die 12 die Zahl der Expansion und des Wachstums und symbolisiert das Gleichgewicht, Geben und Nehmen in Einklang bringen.

Weißer Strahl:

- Erzengel Gabriel zugeordnet
- Meister Serapis Bey zugeordnet
- unterstützt die Reinigung auf Zellebene
- dient der Klärung und Reinigung
- dient der Reinheit und Disziplin
- erhöht die Erkenntnis und Weitsicht
- zugegen zur Erreichung der nächsten Entwicklungsstufe
- Zusammenarbeit mit den kristallinen Meistern
- perlweißer Strahl, die Schwingung Gottes, dient der Heilung und Regeneration

Violetter Strahl:

- Erzengel Zadkiel zugeordnet
- Meister St. Germain zugeordnet
- hilft der eigenen Transformation
- befreit von Belastungen und Einengungen
- beseitigt Blockaden bis zur Ursache

- dient der Auflösung von Karma

Türkiser Strahl:
- Erzengel Haniel zugeordnet
- Meister Maha Chohan zugeordnet
- atlantische Flamme der Wahrheit
- unterstützt Kreativität und Selbstausdruck
- unterstützt das Unterscheidungsvermögen, Sehen + Erkennen
- dient der Leichtigkeit und dem Humor
- bringt Beweglichkeit ins Fließen
- unterstützt die Verbindung zur eigenen Seele immens

Blauer Strahl:
- Erzengel Michael zugeordnet
- Meister El Morya zugeordnet
- Methadron zugeordnet
- dient dem inneren Frieden und der eigenen Gelassenheit
- unterstützt innere Stärke, göttliches Wissen, Mut + Kraft
- steht für Struktur und Ordnung
- hilft Dinge in Übereinstimmung mit der göttlichen Ordnung zu bringen
- blasses Blau hilft bei der Arbeit mit Kindern und zeigt, warum eine Kinderseele sich z. B. Krankheit als Weg ausgesucht hat

Gelber Strahl:
- Erzengel Jophiel zugeordnet
- Meister Kuthumi zugeordnet

- Meister Konfuzius zugeordnet
- unterstützt die Entwicklung der eigenen Vitalität
- dient einem heiteren Gemüt
- unterstützt den Zugang zu Seelenwissen + Erleuchtung
- verbindet Verstand und Seelenweisheit
- pfirsich-farbener Strahl ist Meister Lord Maitreya zugeordnet und steht für den Lebensplan, Freude und Fröhlichkeit
- zitronenrosa Strahl hilft den Atemwegen
- gelb-oranger Strahl hilft bei Erkrankung der unteren Extremitäten, Durchblutungsstörungen und Muskelproblemen

Goldener Strahl:
- auch Erzengel Jophiel zugeordnet
- Meister Helion zugeordnet
- Meister Kuthumi zugeordnet
- dient der Bewusstheit
- unterstützt Stille, Gelassenheit und Geduld
- unterstützt Heilungsprozesse
- hilft, das männliche Prinzip zu entfalten
- unterstützt die Entfaltung der eigenen Schöpferkraft
- steht für Pracht und Reichtum im Sinne von innerer Vollkommenheit
- schützt vor Negativität und fremden Energien

Grüner Strahl:
- Erzengel Raphael zugeordnet
- Meister Djwal Khul zugeordnet
- steht für umfassende Heilung auf allen Ebenen

- unterstützt inneren Frieden und Ausgeglichenheit
- unterstützt Konzentrationsfähigkeit + Wahrheit
- hilft Deinem inneren Wachstum
- blassgrüner Strahl unterstützt Rückführungen und Betrachtung vergangener Leben
- smaragdgrüner Strahl mit viel Resonanz für Heilungsprozesse (schützt auch vor negativer Energie, z. B. bei Krankenhausbesuchen)

Kristalliner Strahl:
- Erzengel Gabriel zugeordnet
- Kristalline Meister
- Meister Melchizedek zugeordnet, kristallines Schwert der Klarheit
- Meister Serapis Bey zugeordnet
- verbindet Licht & materielle Welt
- vereint Pole und Prinzipien
- unterstützt die Verbindung mit der kosmischen Ordnung
- dient der Vollkommenheit und Ganzheit
- hilft dem allumfassenden Bewusstsein

Magenta-Strahl:
- Erzengel Methadron zugeordnet
- Erzengel Hilarion zugeordnet
- Meister Sanat Kumara zugeordnet
- Meister Sananda zugeordnet
- unterstützt die Verbindung zu allen Ebenen und integriert sie
- hilft Deinem Einklang und der tiefen inneren Ruhe
- unterstützt Heilung und Regeneration
- dient der Bewusstseinserweiterung

- hilft Dir, Deinen Platz im Gesamtplan einzunehmen
- flieder- und lavendel-farbener Strahl hilft, männliche und weibliche Aspekte ins Gleichgewicht zu bringen
- tiefes Violett stärkt die Selbstakzeptanz
- blasses Violett unterstützt den Kontakt zu Sananda, der Schwingung von Sanftheit und LIEBE

Rosa Strahl:
- Erzengel Chamuel zugeordnet
- Meisterin Lady Nada zugeordnet
- Meisterin Lady Rowena zugeordnet
- Meisterin Kwan Yin zugeordnet
- steht für bedingungslose LIEBE + Freiheit
- Du bist geborgen und geschützt
- unterstützt Mitgefühl, Verständnis, Achtsamkeit, Güte und Gnade
- silbriges Rosa bereitet Menschen zum Meditieren und Lernen vor, löst Blockaden und unterstützt den Energiefluss, gleicht Chakren aus
- blassrosa Strahl hilft bei Nervenentzündungen, Hautkrankheiten, Arthritis
- Blassrosa unterstützt die Verbindung zu den Naturgeistern
- Pastellrosa hilft bei Heilungsprozessen im Bereich Schulter und Arme

Roter Strahl:
- Erzengel Uriel zugeordnet
- Meisterin Lady Nada zugeordnet
- eigene Lebenskraft aktivieren

- eigene Energie zentrieren und fokussieren
- Schöpferkraft entfalten und Dienen im Einklang mit dem kosmischen Gesetz
- dient der eigenen Ausdauer, dem selbstlosen Dienen und geistigem Heilen
- rot-oranger Strahl unterstützt die Heilung von Leber, Milz, Niere, Bauchspeicheldrüse
- unterstützt Heilung gebrochener Knochen und nach Operationen

Silberner Strahl:
- Erzengel Methadron zugeordnet
- Meister Sanat Kumara zugeordnet
- Mutter Maria zugeordnet
- Geheimnisse der Schöpfung verstehen
- unterstützt die Intuition und Wahrnehmung
- macht Verborgenes sichtbar
- fördert Gnade und Geduld
- steht für Schutz, Transformation und geistige Wiedergeburt
- Entfaltung des weiblichen Prinzips

Regenbogen-Strahl:
- Summe aller Farben
- erhöht Deine Frequenz, den Klang Gottes in Dir
- unterstützt die Ausdehnung

10. Immer vorhanden

»*Wir sind Salomon und Luzifer, seid gegrüßt. Wir Salomon waren einst König hier auf Eurem Planeten. Die Polarität dazu stellt Luzifer dar, dessen Ausdruck schon längst der Vergangenheit angehören sollte. Doch Ihr Menschen schafft es durch Eure Ausrichtung der Gedankenkraft immer wieder, die Schwingung Luzifers an das Energiegitter der Erde anzubinden.*

Seht, wir stehen hier in unserem strahlendsten Licht vor Euch und reichen Euch die Hände. In einem Moment des Erschreckens, des Gefühls von Minderwertigkeit sorgt Ihr selbst dafür, dass meine wundervolle Frequenz sich dreht und den anderen Ausdruck annimmt.

Wir sind Luzifer und wir grüßen Euch. Ja, wir sind gute Bekannte seit vielen Jahrhunderten. Ihr habt es immer wieder zugelassen, dass in der herrschenden Polarität der negative Ausdruck zum Tragen kommt. In den höheren Sphären existieren wir in diesem Ausdruck nicht. Auf der Erde hingegen werden wir immer wieder eingeladen, an der Ausarbeitung dunkler Machenschaften teilzunehmen. Nur darüber werden wir genährt. Über Eure Ausrichtung und das Zulassen von negativen Gedanken. Die Resultate mögt Ihr nun selbst beurteilen. Wir gehören schon einige Zeit nicht mehr in Eure Ausdrucksform und fühlen, dass eine globale Anhebung des Bewusstseins uns für immer auflösen wird. Solange wir jedoch mental von Euch als eine Variante des Ausdrucks erschaffen werden, stehen wir in Eurem Dienst. So lange, bis Ihr er-

kennen könnt, welches Leid Ihr damit erschaffen habt. Fühlt selbst in den Wandel hinein …

… womit wir wieder in dem Ausdruck von Salomon stehen. Lichtvoll und klar. Wir bitten Euch, die Kraft Eurer Gedanken behutsam einzusetzen. Ihr seid wahrhaftig großartige Meister, die sich bereiterklärt haben, in genau dieser Zeit an genau diesem Ort behilflich zu sein, eine Schwingungsanhebung zu vollbringen. Bittet Eure Mitmenschen immer wieder um milde, gütige Ausdrucksformen. Mit einer Wandlung zu reinen, lichtvollen Wesen wird sich auch Eure Aura farblich anders gestalten. Lasst Euch nicht verunsichern, sondern haltet an Euren Visionen fest. Stellt Euch vor Eurem inneren Auge immer wieder vor, wie Menschen friedlich zusammenleben. Macht Euch Gedanken, wie sich das Zusammenleben von Mann und Frau in den nächsten 20 Jahren entwickeln soll, kreiert Visionen, an denen Ihr unter allen Umständen festhalten solltet.

Die Kraft in Euch selbst sorgt für Euch. Verbindet Euch täglich aufs Neue mit Eurer Seele und bittet um Führung und Geleit der geistigen Welt. Ihr wäret erstaunt, wenn Ihr all die noch hinter dem Schleier agierenden großartigen Helfer wahrnehmen könntet. Und Ihr wäret zutiefst beschämt, wenn Ihr wahrnehmen würdet, dass ausnahmslos jeder Eurer Gedanken gesehen, gehört und gefühlt wird und damit auch Auswirkungen hat.

Ein Gleichgewicht in Dir selbst, also in dem Tempel Deiner Seele, welcher Dein Körper ist, ist nur herstellbar, wenn Du Deiner Seele gestattest, ihre Vorhaben auch umzusetzen. Du selbst magst erstaunt sein, in welchen Situationen Du Dich schon befunden hast. Noch viel erstaunter wärest Du, wenn Du wahrnehmen könntest, welche Situationen noch folgen werden. In recht jungen Jahren habt Ihr Euch als gebrochen, allein, verloren, vergessen empfunden.

Herzlichen Glückwunsch, denn alles verlief genau nach Plan, den Deine Seele sich für dieses Leben vorgenommen hatte. Du hattest die Eltern ausgewählt, bei denen Du genau das lernen konntest, was Deiner Seele als Erfahrung fehlte. Schein und Sein muss nachhaltig verstanden sein, sonst würdest Du auf Deiner eigenen Entwicklungsspirale immer wieder ins Stocken geraten.

Du bist eine alte, erfahrene Seele, die sich nicht aus der Ruhe bringen lässt. Sie kennt den Unterschied zwischen äußerer und innerer Wirklichkeit. Um für Dich eine Art Gleichgewicht erreichen zu können, bleibt Dir nichts mehr und nichts weniger zu tun, als Dich auf den Weg Deiner Seelenmeisterschaft einzulassen. Willst Du diese Verbindung mit der Seele herstellen? Die Namensschwingung Deiner Seele erfrage und sprich ihn mehrfach aus, um Dich darauf einzustimmen.

Sollte die äußere Wirklichkeit Dich mit Dingen konfrontieren, die in Dir eine Panik aufkommen lassen, verbinde Dich mit Deiner Seele und bitte sie um Rat. Finde einen Konsens, wenn Du noch unsicher bist, ob die Seele die besseren Entscheidungen treffen kann als Dein Verstand bzw. Deine Persönlichkeit. Arbeite damit. Erfahrungen hast Du gesammelt und wenn Du Dich richtig erinnerst, dann waren die gefühlten, erlebten Dinge für Dich immer die interessantere Variante als theoretisch erzählte Geschichten anderer.

Was, meinst Du, hat Dich aufrecht erhalten? Äußere Impulse, die Dich gern in bestimmten Rollen gesehen hätten? Oder innere Impulse bzw. Seelenfunken, die Dich in eine bestimmte Richtung gelenkt haben? Ich werde es Dir verraten: Es waren zu jeder Zeit die spirituellen Aspekte Deines Seins, die Dir massive Botschaften übermittelten, die sich für Dich darin zeigten, dass Du zu spontanen Reaktionen – egal in welche Richtung – neigtest. Lange Zeit kannst Du Dich in Phasen befinden, denen Du mit 100%igem Einsatz zur Verfügung stehst bis zur Vollendung der Erfahrung. Wenn Du gelernt hast, was in dieser Konstellation zu lernen war, kannst Du Dich aus diesen Situationen verabschieden und Dich neuen Aufgaben zuwenden. Es ist ein großes Geschenk, Erfahrungen in einem physischen Körper machen zu dürfen.

Die Seele nimmt sich für eine Inkarnation viele Dinge vor, die sie erfahren möchte. Manche nehmen sich wenig vor, andere viel. Manche Seelen kommen nie mit dem Verstand ihres menschlichen Gefährts in Kontakt, andere sehr früh. Es gibt junge Seelen, unsichere Seelen, die 2 Schritte vorwärts und 5 Schritte rückwärts gehen. Ältere Seelen haben eine Zielstrebigkeit und ein Pensum, welches verblüffend ist. Diese Unterschiede sind absolut wertungsfrei.

Es gibt so vieles, was Deine Seele Dir über den Planeten, das Leben, die Bewohner, die Elemente, das Universum, das Engelreich mitteilen wird, dass Du etwas Zeit einplanen solltest. In Zeiten von Nervosität oder aufkeimenden Ängsten verbinde Dich mit Deiner Seele, atme durch den leicht geöffneten Mund ganz ruhig ein und aus, schließe die Tür zu Deinem Verstand und bitte um einen Austausch. Du wirst spüren, wie sich Deine Anspannungen schnell lockern, panisch aufsteigen-

de Bilder sich auflösen und Du in das Reich einer übergeord-
neten Perspektive eintreten darfst. Alles geschieht zu Deinem
Besten, alles Notwendige steht Dir zur Verfügung. Mit diesen
Worten verabschieden wir uns zunächst von Dir, unseren Se-
gen.«

ℰℑ Ra Isa:

Die geistige Welt ist immer vorhanden. Wir bekommen in
jeder Sekunde Hilfe, wenn wir darum bitten. Es ist aber
so, dass wir wirklich reinen Herzens bitten müssen. Die
geistige Welt darf ungefragt nicht eingreifen, weil wir hier
auf diesem Planeten gelandet sind und mit absolut freiem Willen ausgestattet wurden, um zu experimentieren,
wohin unsere Ausrichtung geht. Möchten wir lieber die
Tendenz Liebe und Freude haben oder Hass und Miss-
gunst? Wir sind halt in der Dualität und haben in jeder
Sekunde unseres Lebens die Möglichkeit, uns frei zu entscheiden. Unsere Essenz, unsere Seele, unser Kern ist immer vorhanden, auch wenn er verschüttet ist von tausend
Verpflichtungen, die wir haben, von Gedanken und Ideen
etc. Unser Lebensstil in der zivilisierten Welt ist so, dass wir
uns von unserem Kern entfernt haben, abgekommen sind
von unserem ursprünglichen Weg. Die Aborigines kommunizieren häufig telepathisch, sie sprechen oftmals nicht
laut miteinander. Sie gehen durch den Outback und kein
Mensch denkt, dass da etwas passiert. Eine absolute Stille.
Aber sie unterhalten sich. Um sich telepathisch unterhalten zu können, muss man ein reines Gewissen haben, ein
reines Herz, einen reinen Geist, muss mitfühlend sein, darf
nicht neidisch sein. Man muss wirklich wissen, dass Du
ein Teil von mir bist und ich ein Teil von Dir. Wir sind ein
Teil von allem, von den Bäumen, von der Erde, von allem.

Wenn wir das kapiert haben, dass wir alle eins sind, dann gibt es kein Konkurrenzdenken mehr, keinen Neid, kein gar nichts. Die Aborigines z. B. kennen keine Spiele wie Fußball, Handball o. Ä., wo gegeneinander gespielt wird. Das gibt es bei ihnen nicht, sie spielen nur Spiele, wo alle zusammen Freude haben. Würde zum Beispiel ein Kuchen in der Mitte stehen, da würde es nie darum gehen, dass ein Einzelner hingeht und er allein den Kuchen bekommt. Nein, sie machen es so, dass sie gemeinsam versuchen, an den Kuchen heranzukommen, und gemeinsam Freude daran haben. Das unterscheidet Naturvölker gewaltig von den zivilisierten Kulturen. Dort wird im WIR gedacht und nicht im ICH.

»*Wir Aborigines haben eine ganz andere Denkweise als die zivilisierten Völker. Wir sind die Wilden, aber wir leben in der Einfachheit und in der Klarheit. Wir leben in dem Miteinander, bei uns gibt es nur ein Miteinander. Es gibt kein Gegeneinander. Wir sind alle eins. Wir kommunizieren telepathisch, wir sind verbunden mit allem, was ist, mit den Pflanzen, mit den Steinen, dem Wind, dem Himmel, der Erde. Wir sind miteinander verbunden, auch wenn wir manchmal meilenweit auseinander sind. Wir haben einfach die Verbindung, weil wir das Wissen haben, dass wir alle eins sind. In unserem Volk gibt es keine Zweifel. Zweifel sind uns vollkommen unbekannt. Wir wissen aber, dass gerade in der zivilisierten Welt Zweifel sehr präsent sind, weil Ihr Eure Mitte verloren habt. Ihr seid in einem Strudel gefangen, in einem Chaos. Die Energien um Euch herum flirren, sie sind chaotisch. Die göttliche Ordnung ist oftmals verloren gegangen, weil Ihr nur im Außen lebt und weil Ihr nur in diesem Konkurrenzdenken lebt. Ihr wollt immer besser sein, Ihr wollt mehr Geld verdienen,*

ihr wollt immer mehr von allem haben. Ihr wollt schöner sein,
schlanker sein, dass größere Haus haben, aber macht Euch das
glücklich? Nein, es gibt viele Menschen, die abhängig sind von
irgendwelchen Dingen. Es gibt viele Menschen, die plötzlich
mit ihrem Leben nicht mehr zurecht kommen, sich plötzlich
umbringen, weil sie das Leben nicht mehr wertschätzen. Und
wir Aborigines, wir sind eins, bei uns gibt es keine Trennung,
wir sind eins. Und wir sind in der Lage, körperliche Wunden,
Knochenbrüche innerhalb von Stunden vollkommen auszu-
heilen, auch wenn es offene Brüche sind. Und das machen wir
einfach mit der Kraft unserer Gedanken, das machen wir ein-
fach durch unser Vertrauen. Wir wissen: Wir sind die Schöpfer
unserer Realität.«

Fallbeispiel

Auf jeden Fall möchten wir Euch noch von einer Klientin
berichten, die wir gemeinsam mit Katl behandelt haben.
Es handelt sich um eine junge Frau von 18 Jahren, wir
nennen sie Larissa. Ra Isa hat schon eine längere Zeit mit
der jungen Frau und ihrer gesamten Familie gearbeitet und
kam dann gemeinsam mit der Mutter zu der Überzeugung,
dass Larissa unter einer Anhaftung leidet. Larissa ist ein
Integrationskind mit besonderem Förderbedarf und hat
immer dann, wenn die Anhaftung die Oberhand über ihr
Wesen erlangt hatte, rabenschwarze Augen. Unter normalen Umständen und Bedingungen hat die junge Frau strahlend blaue Augen.

Wir würden die familiäre Situation als sehr belastet beschreiben, denn die Mutter berichtete uns in mehreren Vorgesprächen von Schreianfällen, Verweigerungen,
Schlafattacken und großer Hoffnungslosigkeit, und dieser

Zustand hielt schon seit ca. 3 bis 4 Jahren an. Es hatten sich bereits mehrere Heiler mit Larissa befasst, ohne eine grundlegende und nachhaltige Verbesserung zu erreichen.

Im Vorfeld hatten wir mit der Mutter telefoniert und einige Fakten zur Zeit während Schwangerschaft und Geburt abgefragt, Bilder der jungen Frau analysiert, bis wir einen geeigneten Zeitraum zur Behandlung festlegten und einen Termin vereinbarten. Wir hatten alle drei schon viele verschiedene Herausforderungen von und mit Klienten bearbeitet, Hausclearings gehören natürlich auch dazu, bei denen auch immer Überraschendes und Unvorhergesehenes geschieht. Aber hier stand uns eine Behandlung bevor, von der wir ahnten, es könne sich um unser Meisterstück handeln.

Tage vorher befanden wir uns in Anspannung oder Kontemplation, hatten uns 3 Tage vor dem Termin noch einmal für eine Besprechung und Abstimmung der Einzelschritte getroffen. Ra Isa und ich waren ca. 30 km von Katl entfernt und ob ihr es glaubt oder nicht, wir wurden unterwegs von einem Raumschiff begleitet. Anfangs machte Ra Isa noch Witze: »Hör mal auf zu spinnen. Das ist eindeutig ein Flugzeug!« Als ich entgegnete: »Klar, und das fliegt auch genau diese Kurvenstrecke mit uns, weil es heute eine Zickzack-Route fliegen muss, und macht lustige Lichtsignale.« Kurz vor dem Haus von Katl hielten wir an, weil sich direkt über unserem Auto das Raumschiff senkte und so deutlich über uns schwebte, dass wir aus dem Auto sprangen, hinaufschauten und vernahmen:

»Dies ist ein ganz besonderer Auftrag, den ihr da zu erledigen habt. In der Verbindung eurer Kräfte und Fähigkeiten habt

ihr alles, was ihr zur Beseitigung der Orion-Enität benötigt.
Wir, das Ashtar-Kommando, unterstützen euch.«

Wir trafen also bei der Katl ein, berichteten von dem Erlebnis mit dem Raumschiff, bereiteten den Raum energetisch vor, baten die kristallinen Meister um ihre Schwingung bis auf die kleinste Ebene der Zellstruktur, hatten alle drei das Gefühl, das Ashtar-Kommando hätte eine Saugglocke über dem Raum installiert, und waren äußerst konzentriert. Wir würden sagen, wir waren zu 100 % in Verbindung mit unserem hohen Selbst und gemäß Vorbesprechung hatten wir die Aufgaben verteilt. Als Larissa und ihre Mutter mit etwas Verspätung endlich bereit waren, nahm ich beide Hände der jungen Frau, verband mich mit ihrem System und spürte ihre eigene Anspannung. Sie erzählte: »Ich habe mich auf den Termin mit Euch so gefreut. Heute Mittag bin ich extra mit unserem Hund rausgegangen, damit Mama schnell das Mittag machen konnte und wir rechtzeitig losfahren konnten. Was macht ihr jetzt?«

So erklärten wir ihr, dass wir schauen wollten, ob heute der richtige Zeitpunkt für sie gekommen sei, ihren Körper wieder für sich allein zu beanspruchen, aufrecht stehen zu können, frei atmen zu können, frei von emotionalen Ausbrüchen zu sein, denn wir könnten sehen, warum es ihr immer wieder so ergeht. Darüber war Larissa sehr froh und während ich ihre rechte Hand hielt, Ra Isa zu ihrer Linken saß und die linke Hand hielt, konnten wir goldenes Licht durch ihren Körper senden. Katl stand hinter Larissa, die Hände auf ihrer Schulter, und sandte ebenfalls goldenes Licht. Es sah vom Bild her aus wie eine OP-Vorbereitung. Der Körper wurde von innen golden ausgefüllt, als würde sich ein Serum unter der Haut absetzen. Ra Isa begann zu singen, die Engel ließen Larissa ein spezielles Lied zukommen, das ihr die Angst nehmen sollte, denn ein verkrampfter Körper kann Heilung und Ablösung schlecht annehmen und verarbeiten. Erwähnte ich schon, dass ich Ra Isas Sphärengesang übersetzen kann? Ich liebe diese Töne so sehr, schwinge sofort mit der erhebenden Energie mit, summe mit, und Larissa war dermaßen überrascht und erfreut, dass sie sich nicht verkrampfen konnte. Katl schob die negative schwingende Enität von hinten durch Larissas Solarplexus, ich zog mit aller sirianischen atomaren Kraft von vorn, das Geschöpf wehrte sich und wollte natürlich in dem menschlichen Körper verbleiben, aber wir haben es geschafft und ihn dem Ashtar-Kommando überreicht. Wir hatten noch diverse »Kleinigkeiten« bei Larissa nachzubehandeln, haben noch an dem Lungenvolumen und der Körperspannung gearbeitet und mit ihr geübt, die entstandene Lücke in ihrem System mit ihrem eigenen Licht aufzufüllen.

Das liest sich jetzt ganz leicht, aber Ihr wisst ja, Zeit und Raum verschwinden, wenn man hoch schwingende Aufgaben erledigt. Diese Aufgabe hat insgesamt länger als 2 Stunden gedauert, mit Pausen für Larissa, die testen und fühlen sollte, wie sich ihr Körpergefüge verändert hatte. Die junge Frau hat uns strahlend rückgemeldet: »Zu euch möchte ich wieder kommen, ihr seid wirklich lustig. Keine Ahnung, was ihr gemacht habt, aber es fühlt sich toll an. Schaut, ich kann fast richtig tief Luft holen und bin ein bisschen gerader als vorhin.«

3 Wochen lang wollten wir Kontrollfotos von Larissa be-

kommen, welche uns die Mutter fleißig zusandte. Larissas Seele steht mit meiner in Kontakt – bislang konnte ich sie nicht überreden, selbst wieder zu schreiben. Aber Larissa, ich glaube an Dich. Irgendwann lese ich eine schöne Geschichte von Dir.

Da wir uns ja in der Dualität befinden, gehört die Gegenseite von Licht & Liebe, Dunkelheit & Angst, natürlich zu den ganz normalen Gegebenheiten. Wie weit ich mich mit dieser wenig lichtvollen Seite in meinem Leben befassen würde, ahnte ich natürlich mit 18 Jahren, als die Weltherrschaft quasi direkt vor meinen Füßen lag, noch nicht.

Erst aufgrund von Klientenfragen befasste ich mich mit dem Thema Negativität intensiver und stellte fest, dass es einige unerklärliche Symptome gibt, die auf jeden Fall einer genauen Prüfung bedürfen:

Körperliche Symptome:
- Schwächung des Immunsystems
- stechende Kopfschmerzen
- undefinierte Organschmerzen im Bauchraum
- Wasseransammlung in den Gelenken ohne nachvollziehbare Gründe
- stechende Rückenschmerzen
- Veränderung der Augenfarbe
- Veränderung der Stimme

Veränderung der Gefühlsebene:
- unkontrollierte Impulse
- heftige Stimmungsschwankungen bis hin zur Depression

- Wutausbrüche / Streitlust
- destruktive Gedanken
- diffuse Ängste und unbegründetes Misstrauen
- unlogische Handlungen und Gedanken

Der Beginn meiner Wahrnehmung in diese negative Richtung vollzog sich ebenfalls über Jahre. Ich möchte fast sagen, die geistige Welt schulte zunächst mein Bewusstsein in den lichten Reichen, und als ich dort zu den fortgeschrittenen Schülerinnen zählte, sollte ich mich auch mit der anderen Seite des Lichtes befassen. Oder wie würdest Du es ausdrücken? Wo viel Licht ist, nimmt man auch mehr Schatten wahr?

Anfangs hatte ich eher ein mulmiges Gefühl, wenn sich ein feinstoffliches Wesen in meiner unmittelbaren Nähe befand. Meine Schulung in diesen Energiefeldern verlief gemeinsam mit Katl, einfach deswegen, weil wir sehr viel gemeinsam arbeiten, meditieren, reisen. Sie nahm immer einen muffigen Geruch wahr, erdig oder schwefelig, Ich hatte eine Gänsehaut. Begonnen hat diese Wahrnehmung an Katls vorherigem Wohnort. Dort lebte vorher ein 93-jähriger netter, angesehener Mann, welcher seinen Garten und seine Bäume über alles liebte. Er war bereits verstorben und zeigte sich uns eines Abends, als wir wieder spirituell arbeiteten. Ganz plötzlich hatte ich eine Gänsehaut und wusste intuitiv, jemand steht hinter mir, Katl roch muffigen Staub. Wir konzentrierten uns und so wurde schnell klar, es handelt sich um eine männliche Energie, recht alt. Natürlich fragten wir: »Was können wir heute, am 25.4.2012, für Dich tun?« Das genaue Datum sagen wir immer, damit sich die Seele orientieren und erinnern kann. Der älterer Herr erklärte seine Verwunderung, seine Seele wusste nicht, dass der physische Körper bereits tot war.

Bei den nächsten Begegnungen mit dieser Ebene sahen wir dann bereits Umrisse, dann sogar ein ganz klares Bild, mit farbigen Kleidungsstücken. Es zeigte sich uns eine dreifache Mutter in dem gemieteten Haus einer Freundin, die an einem Herzinfarkt verstarb, deren Eigentum veräußert wurde, deren Kinder in der Verwandtschaft aufgeteilt wurden und die in tiefer Sorge war, weil auch ihre Seele nicht wahrhaben wollte, dass das physische Leben vorbei war. Damals forschten wir sogar nach und erfuhren nachträglich von Nachbarn, dass es sich genau so zugetragen hatte.

Wie es so ist mit der Mundpropaganda, wurden wir zum Einfamilienhaus eines Ehepaares gerufen, weil sich dort im Keller seltsame Dinge ereigneten. Das Licht ging manchmal selbstständig an, ein kalter Windzug war an den Beinen zu spüren, ohne dass tatsächlich Fenster geöffnet waren. Wir nahmen negative Energien wahr, die mit den Bewohnern »spielten«, und so nahmen wir fortan *Clearings* vor. Es kamen Flüche hinzu, die wir wahrnahmen, und wir hörten, wie Formeln gegen eine Fensterscheibe gesprochen wurden und sich dort verteilten. Die Dame des Hauses berichtete auf unsere Fragen, dass eine Nachbarin ihr nicht wohlgesonnen sei. So befassten wir uns mit negativen Programmierungen an Gegenständen und Gebäuden. Wir wurden von der geistigen Welt systematisch geschult, aufgebaut und ausgedehnt.[1]

---

1 Wenn Du Dich mit diesen Phänomenen beschäftigen möchtest, legen wir Dir den Film *The Conjuring* ans Herz.

Aus Stralsund erreichte uns der Anruf einer Frau, die Probleme mit ihrem Radio hatte, welches sich »eigenständig« einschaltete. Sie berichtete außerdem von persönlichen Teletext-Nachrichten, die sich auf Gegebenheiten des Tagesgeschehens ihrer Tochter bezogen. Wir wunderten uns sehr, wie trickreich die andere Seite auf sich aufmerksam machen kann, und hinterfragten die Lebenssituation: kürzlich Verstorbene, Feinde, Belastungen durch Ex-Lebensgefährten und Ähnliches, und ließen uns von dem Haus und den Zimmern Bilder schicken. Als wir die Fotos analysierten, stellten wir fest, dass aus einem der Fenster ein kleines Mädchen schaute, und riefen in Stralsund an, wer die Kleine sei. Ob ihr es glaubt oder nicht, auf dem Originalfoto befand sich KEIN kleines Mädchen.

Wir lassen jetzt die weitere Geschichte weg, wir wollen ja nur aufzeigen, wie sich die Wahrnehmung entwickelt, wenn Ihr Euren Impulsen oder den Rufen der Welt folgt.

Im weiteren Verlauf durften wir uns mit Schlafstörstellen befassen: Wasseradern, elektromagnetische Störungen, Erdspalten, Elektrosmog. Jedes Mal waren wir fasziniert, welche Belastungen von diesen Dingen ausgehen können, und ließen uns führen, um Hintergrundinformation herauszufinden. Sich Zusammenhänge von der geistigen Welt zeigen zu lassen, birgt Erstaunliches, und wir möchten Euch ermuntern, im Vertrauen solchen Impulsen zu folgen.

Hellsehen stellt sich für mich so dar, als würde ich mit meinen tatsächlichen Augen durch einen besonderen Filter sehen können. Interessanter Weise sehe ich deutlich mehr, wenn ich mit Katl zusammenarbeite, und dies beruht auf

Gegenseitigkeit. Als würde mein Auge durch diesen Filter Verbindung zu meinem höheren Selbst aufnehmen, Hirn und Herz und Intuition als Sinne miteinbinden und aktivieren können. Der Verstand ist dann komplett weggeschaltet, ich bin mit der göttlichen Quelle verbunden. Das empfinde ich als ganz leicht und ich kann dann hinter Hologramme schauen.

Wenn Dein Blick geschult wird, schaust Du so:
- 1-dimensional – nur Umrisse sind erkennbar
- 2-dimensional – weitere Schichten sind erkennbar, evtl. die ganze Kleidung
- 3-dimensional – das Bild ist komplett, Gesicht + Körper sind vollständig sichtbar
- 4-dimensional – körperliche Wahrnehmung der Schwingung, evtl. durch Druck in Rücken, Kopf, Bauch, Herz, bei uns durch Rülpsen ☺

Die Fälle häuften sich und Menschen berichteten uns von undefinierbaren Geräuschen, sie empfanden Unbehagen bei bestimmten Möbelstücken oder Regionen in der Wohnung oder im Haus. Manche hatten Streit, finanzielle Verluste, Gegenstände, die in Folge kaputt gingen, wurden krank, litten an Unwohlsein ohne medizinische Ursache, hatten Schlafstörungen, Albträume, Gänsehaut, nahmen kalten Windzug wahr, hörten Flüstern oder rochen Schwefel. Bilder, die uns gezeigt oder geschickt wurden, nahmen an Vielfalt zu.

Waren es anfangs wirklich nur Menschen oder Verstorbene, kamen unglaubliche Sachen hinzu, wie z. B. Banne,

Eide, Flüche, Gelübde oder Vergiftungen. Dann kam Folgendes dazu:

- Boshaftigkeiten
- Egozentrik
- Selbstsucht
- verschmutzte Gefühle
- Schockerlebnisse
- Selbstzerstörungsprogramme
- Energievampire
- mitessende Gefährten
- satanische Wesen
- Doppelgänger-Energien
- Töchter der Dunkelheit
- Statuen und Bilder
- Phantome und schwarze Magie
- Implantate
- Diktator- und Despoten-Energien
- Voodoo
- Symbole

Ich möchte nochmals erwähnen, dass wir bei jeglicher Energiearbeit lediglich als Kanal für Schwingungen oder Informationen zur Verfügung stehen und unser Körper frei bleibt von jeglicher Frequenz; wir leiten nur durch, um Orte und Plätze zu heilen. Dabei wurden im Laufe der Jahre unsere Durchlässigkeit und Hellsichtigkeit so weit geschult, dass wir oft schon Dinge wahrnehmen oder Infos erhalten, wenn uns allein telefonisch ein SOS erreicht; da diese Fähigkeiten und Gaben von unseren Geistführern systematisch aufgebaut wurden, gehen wir davon aus, dass wir immer weiter lernen dürfen. Bis wir das gesamte Spektrum erfassen können, reicht ein Erdenleben vermutlich nicht aus. Immerhin werden die Gesamtzusammenhänge aus mehreren Zeitlinien und Ebenen immer klarer und wir konnten vielfach für Erleichterung und Erlösung der festhängenden Schwingung behilflich sein.

Negativität oder Dunkelheit ist in der Dualität gleichermaßen immer vorhanden als Gegenpart der Liebesfrequenz. Nur dadurch können Menschen Entscheidungen treffen, in welcher Ausrichtung und Haltung sie sein wollen. Negativität könnte als Evolutionshilfe betrachtet werden, Seelen in karmischen Wachstumsmustern lernen ungeheuer schnell und nachhaltig dadurch. Negativität fordert uns auf, eine geänderte Perspektive einzunehmen und hinter den Schleier zu schauen.

Gäbe es immer nur die höchste Liebesfrequenz, gäbe es auf dieser Erdebene kein Wachstum mehr. Die gegensätzlichen Dinge wie Aktion / Reaktion, Gleichgewicht / Ungleichgewicht, hell / dunkel, Ursache / Wirkung stellen Lernfelder dar. Gäbe es ausschließlich Wahrheit und Liebe, würdest Du Deine Wahrheit nicht bestimmen können, denn Du hättest ja keinen Vergleich.

Negativität sollte als ausgleichender Ausdruck angenommen werden und nicht als etwas Erschreckendes. Sie ist bloß die niedrigste Liebesschwingung in diesem Universum, denn außer Liebe existiert nichts. Auch sie ermöglicht also Wachstum, damit Du Deine Überzeugungen stärken kannst. Erkennst Du Negativität, wirst Du sie für Dein positives Wachstum nutzen und nicht nachteilig von ihr beeinflusst werden. Manche Seelen, wie z. B. Kriminelle, Mörder, Söldner, haben sich selbst Negativität auferlegt, werden von ihr aufgesogen und beherrscht und verlieren damit die eigenen Lebensaussicht und Wachstumschance völlig aus den Augen. Diese Seelen werden vermutlich einige weitere Inkarnationen benötigen, um dies auszugleichen.

»*Wir sind Thot, Meister des Mondes und der Wissenschaft, wir grüßen Dich. Wir stehen an Deiner Seite, wenn es darum geht, feinstoffliche Zusammenhänge zu betrachten, die mit Emotionen wenig zu tun haben. Der Zustand eines Verstandes, eines Geistes, der sich selbst aufgegeben hat, ist angreifbar. Eigene alte, karmische Verträge können dann ein Eigenleben führen. Das kannst Du Dir vorstellen wie eine Litfaßsäule hohl, Geist und Seele sind ausgezogen aus dieser Säule, und mitgebrachte karmische Begegnungen, karmische Kämpfe und Gefechte, können sich in dieser Säule ausagieren.*

Das geschieht immer dann, wenn sämtliche Körpersysteme unter 10 % des vorgesehenen Seelenprogramms abgesackt sind. Die Energiestruktur des betroffenen Menschen ändert sich kolossal, Haltung, Schwingung, Aura nehmen eine völlig andere Frequenz ein. Der Zustand, der sich innerhalb dieser Säule abspielt, in dem Hohlraum, der geschaffen wurde, weil Geist und Seele Platz gemacht haben, ist mit einem Kriegsschauplatz vergleichbar. Viele Handlungsstrukturen aus vielen Leben prallen dann aufeinander.

Es herrscht Verwirrung, Leere, Unzurechnungsfähigkeit, unkontrolliertes Handeln und Sprechen, Ausbrüche, das kann so weit gehen, dass Lungen- und Herzfunktion erheblich beeinträchtigt werden, als würden sie zusammenkrampfen. Jede

Auseinandersetzung erzeugt einen Schock im Organsystem. Diese Schocks strahlen nach außen und suchen sich ihren Weg, der sie dorthin führt, wo sie Erlösung vermuten. Die einzige Möglichkeit, mit diesen schwachen Existenzen umzugehen, besteht darin, in einem sehr großen Radius eine mindestens 1 Meter dicke Mauer aus Kristallen, ummantelt von Blei, zu kreieren, damit keine Ausstrahlungen möglich sind.

Deckelt dieses Pulverfass mit der Blume des Lebens. Sucht Euch das Auge des Horus und positioniert es oben drauf, damit nur die Quelle selbst schauen kann, wie weit der Kriegsschauplatz gediehen ist und wann der Zeitpunkt gekommen ist, dem ein Ende zu bereiten, indem die Körpersysteme gegen Null gefahren werden. Was dabei passieren kann, ist, dass die Atmung aussetzt, der Pulsschlag erhöht bis stockend ist, weil Panik aufkommt. Menschen, die mit sich derart achtlos umgehen, sind eine Gefahr für andere. Sie müssen in diesem Zustand verweilen, bis sie gelernt haben, Geist und Seele in Zusammenarbeit über 10 % bringen zu können, sie taumeln und straucheln. Sämtliche Kräfte, die sich emotional ausprobieren wollen, haben die Möglichkeit, an diesem Schauplatz teilzunehmen. Es kommt zu absolut kryptischen Aussagen, Handlungen, Gesten, Bewegungen, und diese Art Anfall endet in 80 % der Fälle mit einem Zusammenbruch. Solange der Mensch sein Einverständnis gegeben hat, weil er schwach oder unentschlossen ist, dass diese Kräfte in ihm toben dürfen, gibt es keine Möglichkeit, diese Szenerie zu beenden. Isoliert solche Menschen, stellt Wächter auf, Mischwesen, im Aussehen der Sphinx gleich, um die Mauer aus Kristall und Blei. Setzt eine Pyramide aus Gold darum und bittet die höchsten Kräfte, sich an der Spitze zu sammeln, damit werden Kraft und Möglichkeiten und Potenzial im Inneren weitere Akteure hinzuziehen, *weitere karmische Akteure sich ausagieren können; und sorgt für ein Ende dieser Aktionen. Die Frequenzwellen, die von solchen Menschen ausgestrahlt werden, erreichen Dich, weil Du beinahe mit jeder Zelle deines System in den Dimensionen 1-11 hin und her springen und solches Chaos orten kannst. Du kannst zur Heilung solcher Situationen nichts mehr tun als das, was ich Dir aufgetragen habe. So lass es wirken und wende Dich ab.«*

Fallbeispiel

Ein Beispiel für ein Hausclearing möchte ich öffentlich machen. Mir ist sehr wohl bekannt, dass es immer noch viele »Verstandes-Menschen« gibt, die sich keinesfalls vorstellen können, welche Energien sich in ihrem Grund und Boden befinden, welche Seelen noch umherirren, den Weg ins Licht noch nicht gefunden haben, meinen, noch eine Aufgabe auf dieser Welt erledigen zu müssen, obwohl der physische Körper längst tot ist. Wir wurden zu einem Pferdehof gerufen, auf dem viele Pferde chronisch erkrankt waren, auf dessen Koppeln die Pferde zum Teil bestimmte Areale mieden, wo in bestimmten Zonen die Menschen über Übelkeit oder plötzlich auftretende Kopfschmerzen klagten.

Katl und ich machen uns in so einem Fall vorher selbst ein Bild, gehen das gesamte Land, nur mit einem Tensor in der Hand, ab und fühlen und schauen über das Dritte Auge, was sich uns offenbart. Wir konnten also bestimmte Paddocks als unbelastet bezeichnen nach der Landbegehung, andere zwangen uns schier in die Knie. Rund um das Stallgebäude nahmen wir an Teilen des Daches und in einer Stallgasse quälende Energien wahr, so als würden wir zur

Seite geschubst, als bekämen wir Dolche in den Rücken oder in die Magengegend. Da es sich in diesem Fall um ein sehr großes Areal handelte, beschlossen wir, unsere Arbeit in Zonen aufzuteilen.

Wir begannen mit den Koppeln und Paddocks, schritten alles ab und konnten mit Hilfe des Tensors die Zonen herausfinden, die besonders »kontaminiert« waren. Auf diese Fläche stellten wir uns und verbanden uns mit dem Erdboden mit der Bitte, uns die Bilder und Informationen zukommen zu lassen, die jetzt in die Heilung gelangen wollten. Zum Beispiel wurde uns auf einer Fläche ein Bild eines Massengrabes gezeigt, eine Fläche von bestimmt 20 x 20 m, grausig, da wir hilfesuchende Hände sahen, verzerrte Gesichter, schreiende Kinder, Verwundete, Verhungerte. In diesem Fall stellten wir uns einander gegenüber; nicht sehr hilfreich, wenn wir uns abstimmen oder Einzelschritte besprechen wollen und wir stehen uns 20 Meter gegenüber, aber so können wir energetisch ein Gebiet leichter einkreisen. Wir riefen unsere Helfer, die Elohim, den Regenbogenstrahl, Erzengel Raphael, Newahjac und Erzengel Gabriel hinzu und baten darum, einen Lichtkanal zu bilden und alle Seelen, die jetzt Erlösung und Heilung erfahren wollten, zu begleiten. Dann hat Katl in dieses Massengrab gerufen: »Wir stehen heute hier an eurer letzten Stätte und haben den 24. Juli 2013. Uns ist nicht bekannt, wie lange ihr schon warten musstet, nun stehen hier die Geistführer jeder einzelnen Seele, Elohim und Erzengel, und wir bitten euch, mit den euch begleitenden Schutzengeln in den Lichtkanal einzutreten, damit ihr den Weg in eure Heilungsgruppe antreten könnt. Das physische Leben ist längst vorbei.« Wir arbeiten häufig mit der goldenen Spirale, die wir nun an die 4 Ecken der Fläche stellten und gemeinsam eine große Spirale rund um die 40 m² Fläche kreisen ließen, um alle dort festhängenden Seelen zu animieren, aufzusteigen und alle manifestierten negativen Energien, Gedanken, Blockaden, Eide, Flüche und Banne, die gedacht oder gesprochen wurden, aus diesem Landstück zu entfernen. Oftmals erleben wir einen aufkommenden Wind, der für uns die Bestätigung der helfenden Geistwesen darstellt. In diesem Fall wussten wir, dass die Energien 7-9 Tage benötigen würden, um alle Anhaftungen und dergleichen aus dem Boden zu entfernen.

Einige Tage später befassten wir uns mit dem Gebäude. Katl hat ein wunderbares Gespür für negative Energien, wie ich es ja bereits beschrieben habe. Sie sieht dunkle Wesen, hört ihr Röcheln, Schnaufen oder Quietschen, beschreibt dann Mischwesen aus Hund/Katze/Fledermaus oder Drachenschlangen, oder Wolfskatzen, die im Gebälk unter Dachvorständen hängen. Wir haben im Laufe der Zeit verschiedene, ich nenne sie einfach mal Werkzeuge, von der geistigen Welt an die Hand bekommen, um auch diese Wesen entfernen zu können bzw. abzulösen und dann der Transformation übergeben zu können.

Die eigenen Kräfte wachsen ja, wenn wir Aufträge der feinstofflichen Dimension ausführen bzw. uns als Kanal zur Verfügung stellen. Wir können etwas wie Druckwellen erzeugen, magnetische Felder wie Fangnetze benutzen, aus den Handflächen Feuerbälle schießen lassen, kreieren einen Lichtstrahl oder Spiralen, streuen kristallinen Staub zum Sichtbarmachen, haben Kristallstäbe oder installieren Kugeln mit Blei, um etwas festzuhalten, stellen Spiegelwände auf, um Zonen besonders zu schützen. Es kommt darauf an, wie unsere Herausforderung ausschaut. Intuitiv setzen wir die uns zur Verfügung gestellten Dinge ein. Katl löste die dortigen Wesen ab, ich beförderte sie Luftlinie 500 m auf das freie Feld und dort wurden sie zersprengt. In dem Moment der Zersprengung zeigte sich ein heller Nebel auf dem Feld. Wir versiegelten das Gebäude mit einem kristallinen Netz und stellten Wächter an 12 Positionen auf.

Nun blieben noch die tagsüber leeren Stallungen, wobei eine Stallgasse besonders heftige Energien beherbergte. Wir gingen die Gasse auf und ab, fühlten praktisch jeden Quadratmeter, stellten uns in jede Box, drehten uns in alle Himmelsrichtungen, um herauszufinden, in welchem Winkel sich Wesenheiten befanden, Statuen, Projektionen, Gedankenfragmente o. Ä., verschafften uns also gemeinsam einen Überblick. Auch dort hatten wir einige Subjekte auf ähnliche Art wie zuvor beschrieben zu beseitigen. Ich ging an zwei Boxen vorbei und Katl sah, wie ich schwarzen Nebel einatmete. Auch wir lernen immer noch und immer wieder dazu – so etwas hatten wir niemals zuvor erlebt. Es kam allerdings noch kurioser, denn diesen Nebel hätte ich mit einer Reinigungszeremonie wieder abgeben können. Als ich die Stallgasse verlassen wollte und mitten im Torbogen stand, wurde ich von einem heftigen Würgereiz gepackt. Ich stemmte mich in den Torbogen, um nicht vornüber zu kippen, und bewegte mich wie ein Schlangenmensch. Luft suchte sich den Weg aus den Tiefen meines Bauchraumes hinauf zur Kehle, ungewollt und plötzlich krampfte, röchelte und spie ich, als würde ich Urzeitnebel erbrechen müssen. Ich wurde zu Boden gedrückt, wand mich wie bei einem Kotzanfall. Katl versuchte mich festzuhalten, war zunächst in großer Sorge, weil ich mich bedenklich benahm und anhörte; sie konnte mich nicht festhalten und murmelte nur: »Alles okay – soll ich irgendetwas machen?« Allein die Tatsache, dass sie meine Schulter festhielt, wir also eine energetische Verbindung der Körper hatten und sie mir so helfen konnte, diesen »Anfall« aus meinem Körper zu schieben, verkürzte den Prozess. Ich übergab den ausgespieenen Nebel den Luftelementen und lag zitternd am Boden, mir war heiß, ich schwitze sehr und war ermattet. Niemals zuvor hatte ich als Körperwandlerin eine derartige Erfahrung gemacht, es war sehr anstrengend. Nach einer kurzen Verschnaufpause hatte ich den Impuls, noch ein besonderes Symbol in den Äther zu zeichnen, mit meinen 12 Elohim die Blume des Lebens zu zeichnen und diesen Schutz noch mit einem Code zu versiegeln.

In der abschließenden Analyse mit Katl stand fest, dass wir so eine heftige Energie nicht kannten, dass es sich um Atemwegsprobleme bei den Pferden handeln musste. Im Abschlussgespräch mit der Auftraggeberin stellte sich heraus, dass ein Pony dämpfig war und ein Mitarbeiter an einer seltenen Lungenkrankheit litt.
Wir hoffen sehr, dass der Zustand der beiden sich extrem verbessert, alle anderen Erscheinungen wie Kopfschmerzen, Übelkeit, Zonen auf dem Hof und den Koppeln, die vorher von Tier und Mensch gemieden wurden, haben sich aufgelöst.

11. Bedingungslose Liebe

»Ich bin Aletia und ich sende Euch meine Liebe und meine Zuversicht für das neue Jahr 2015. Es ist ein Meisterjahr, d. h. Ihr alle vollendet Eure persönliche Meisterschaft. Ihr habt Euch definitiv entschieden, ob Ihr dem universellen Gesetz der All-Liebe folgen wollt oder nicht. Lange Jahre habt Ihr Euch mit der Frage beschäftigt, wie wahre Liebe zu finden wäre, und wart sehr kreativ in der Erschaffung von Umständen, die alle möglichen Erfahrungen für Euch bereithielten – nur nicht wahre Liebe.

Wenn Du wahre Liebe gibst, wirst Du wahre Liebe finden. Hierfür war es erforderlich, den steinigen Weg in die eigenen Katakomben zu gehen, den Schattenseiten gegenüberzustehen, sie anzunehmen, zu achten, zu ehren, einen liebevollen Platz für sie zu erschaffen, um sich dann abwenden zu können. Eure Kristallpartikel lassen Euch erstrahlen im Glanz des gereinigten Herzens und ermöglichen Euch den Zugriff zu Selbstliebe und Selbstgnade. Unbeachtet Eurer materiellen Gewänder glänzen Eure kristallinen Strukturen, Wahrheit und Reinheit wird Euer Ausdruck sein.

So werdet Ihr erkennen können, von Herz zu Herz, und Ablehnung derer erfahren, die diese Reinheit nicht ertragen können, nicht bereit sind, die eigenen Absichten zu überprüfen, und sich niemals werden erheben können in Eure Frequenzen. Bleibt in dieser Liebe, sie ist die Grundlage allen Seins. Fühlt Euch überströmt von meinem magenta-goldenen Strahl der ewigen Liebe.«

Gern teile ich mit Euch ein Erlebnis, dass mich heute noch verwundert schmunzeln lässt. Ich glaube kaum, dass mich jemand aus meinem *Inner Circle* als Fussel im Wind bezeichnen würde; immerhin habe ich drei Kinder von zwei verschiedenen Vätern, absolvierte während der ersten Schwangerschaft meine Fachwirtfortbildung, war während der zweiten und dritten Schwangerschaft Mitgesellschafterin einer GmbH, Verwalterin eines Resthofes mit sechs Wohnungen, Hüterin diverser Tiere, war dann seit Jahren getrennt von diesen irdischen Verlockungen, Fortbildungsjunkie auf der mentalen Ebene, gern gesehener Gast bei den *Spirits* und allein verantwortlich für drei Kids und dachte überhaupt, ich sei irgendwie eine gestandene, gefestigte Person.

Vielleicht hatte sich das Universum überlegt, es wäre an der Zeit für den nächsten Entwicklungsschritt, ein Schritt in Richtung Vervollkommnung; ich überlege – ehrlich gesagt – immer noch.

Mein Lebensweg wurde unvermittelt von einem verheirateten Mann gekreuzt, dem ich die Karten legen sollte. Das allein wäre völlig unspektakulär, wenn ich nicht schon auf dem Weg zum Treffpunkt gedacht hätte: »Wow, das fühlt sich mächtig komisch an. Mein Solarplexus surrt, mein Kronen-Chakra knistert, ich bekomme Herzrasen. Was mag da los sein?« Schon bei der Begrüßung bekam ich Schnappatmung, fühlte mich wie 14 Jahre alt und in einem der beliebten Vampirfilme. Schlagartig beim Blickkontakt der Begrüßung fühlte ich mich geprägt, entrissen aus meinem Jetzt, in vergangene Zeiten geschleudert, Bildfragmente folgten und ich hoffe, ich habe anständig »Hallo« gesagt. Mein Gehirn setzte aus, ich vergaß, weswegen ich da war, und wurde zum Glück von meiner Freundin wieder auf den Boden geholt. »Komm, wir gehen in den Mitarbeiterraum, dann kannst du für meinen Kollegen die Karten legen.« Oh, gut, dass sie mich erinnerte. Verwirrt und verwundert folgte ich den beiden und überlegte fieberhaft, in welch eigenartige Situation ich da geraten war. Meine Anrufung der *Spirits* ergab kein Resultat, vielleicht hörte ich ein leises Kichern, das mir nicht wirklich half.

So legte ich also Karten, erklärte vorab kurz ohne weiteren Blickkontakt meine Art der Legung und bat um eine Fragestellung. Offensichtlich ging es um eine Frage der Liebe, die falsche Frau mit gesundheitlichen Problemen, eine neue Herzensdame genau gegenüber dem Fragesteller. Hm, ich war wieder verwirrt. Der Fragende hatte wohl still und leise seine Frage formuliert, aber mit der Aussage der Karten hatte ich so nicht gerechnet und bat ihn, seine Frage evtl. nochmals deutlicher und präziser zu stellen. Was soll ich sagen, ich meine, ich legte vier Mal ein und dasselbe Kartenbild, bis dieser Mann mich ansah und sagte: »Hast du es jetzt endlich verstanden?« Er strahlte mich an, mir wurde mulmig, ich packte die Karten zusammen und machte mich schleunigst von dannen.

Ein bisschen überlege ich heute noch, was meine Freundin im Vorfeld erzählt haben mag. Ich habe es nicht so gern, wenn ich in Situationen gerate, in denen ich offensichtlich keine Ahnung habe, was vorher besprochen wurde. Ich überlegte fieberhaft, ob ich eine ähnliche Situation schon einmal erlebt hatte, was mir das Gerede sagen sollte, was vor allen Dingen mit meinem Körpersystem los war. Ich bin wirklich nicht auf den Mund gefallen, aber ob ihr es glaubt oder nicht, mein Mund hatte gar keine Ambitionen, was Kluges oder Witziges zu sagen. Stille und Fühlen waren angesagt. Da ich wegfuhr (Hatte ich »tschüs« gesagt?), war ich erst mal gerettet und konnte mich wieder einsammeln.

Ich sollte jedoch keine Zeit für lange Analyseprozesse haben, denn mein Handy klingelte noch während der Autofahrt. »Ich hätte noch mehr Fragen gehabt, wieso bist du so schnell losgefahren? Kommst du morgen wieder? Treffen wir uns dann allein? Ich muss dich unbedingt treffen und Zeit mit dir verbringen! Wir kennen uns, das habe ich sofort gesehen. Wir waren in einem vergangenen Leben schon einmal ein Paar, deswegen komm bitte morgen wieder.« Unter normalen Umständen hätte ich sagen müssen: »Nein, ich bin beschäftigt. Ich kann morgen nicht. Wir können für übernächste Woche noch mal einen Termin vereinbaren.« ABER mein Innerstes antwortete: »Na klar, kann ich machen. Warum hast du nicht gleich alles gefragt, was dich interessiert?« Ganz ehrlich, diese Verhaltensweise war mir an mir selbst fremd, ohne Verstandesbarriere ins Handy zu schnurren, Terminzusagen zu machen, die eigentlich gar nicht haltbar waren. Ich war neugierig, extrem neugierig darauf herauszufinden, was mich da gerade lenkte. Natürlich wollte ich, dass meine Seele das Kommando in meinem Leben übernahm, weil nur unser hohes Selbst unseren Plan, unseren Weg kennt. Dass meine Seele sich gar nicht darum kümmerte, dass meine Werte sagten: »Niemals mit einem verheirateten Mann!« wunderte mich am Rande.

167

Es folgten intensive Wochen, die turbulenter nicht hätten sein können. Nichts, absolut gar nichts, verlief »normal«. Ich fühlte mich überrollt, vereinnahmt, weil er bei uns wohnte, ungefragt übernommen in ein Feld, das irgendwie anders war. Natürlich hatten wir Gespräche, wir meditierten, legten Karten, tauschten telepathisch Gedanken aus, konnten uns mit unseren Körpern und unseren Gedanken auf eine Art verbinden, die ich so noch nicht erlebt hatte. Wir sprühten, und jeder, der das miterlebte, wurde mitgezogen. Es herrschte super Laune, Annahme, Nähe, Liebe, Verbundenheit, Wertschätzung und eine sehr hohe Schwingung.

Nach einigen Wochen war dieser Zauber vorbei, er legte einen undefinierten Krankenhausaufenthalt ein, kehrte zurück in seinen Alltag. Gefolgt war dies von Katzenjammer aller Beteiligten, denn alle wollten diese neue, diese andere Art des Seins aufrecht erhalten. Heute glaube ich, dass ich damit an das Feld der bedingungslosen Liebe noch einmal ganz besonders angeschlossen wurde. Meine Wahrnehmung und auch meine Kraft sind nochmals gewachsen. Loslassen mit bedingungsloser Liebe hat eine andere Qualität, als Loslassen sonst hat. Ich sah den Wesenskern eines Menschen, hatte Anteil an seinen Wünschen, Hoffnungen, Ängsten, sah auch die blockierenden Glaubenssätze, das Leid, die Trauer, die falsche Abhängigkeit und dass die eigene Kraft nicht ausreichte, alles auf einmal zu verändern. Ich liebe Dich bedingungslos, meinen Herzensdank an Dich für diese Erfahrung und Sternenstaub für Deinen Weg.

Seiner Dualseele zu begegnen ist nicht leicht und es gehört

zu den tiefsten Lernaufgaben, die wir uns vorgenommen haben. Es handelt sich um eine galaktische Liebe, die mit nichts Irdischem vergleichbar ist. Dieses Band, das auf Seelenebene geknüpft wurde, ist durch nichts trennbar. Diese Liebe zerplatzt nicht, schwindet nie. Ihr ist es egal, welche mentalen Konstrukte zerfallen oder welche Kartenhäuser einstürzen müssen. Das Einzige, was geschehen kann, ist, dass man sie eine Zeit lang weniger spüren kann, weil ein Lernprozess beginnt.

Oft ist es der männliche Part, der sich aus dieser Begegnung herausbewegt, genauso schnell und unvermittelt, wie es begonnen hat, ist es dann plötzlich vorbei. Er verweigert sich seinen Emotionen, dieser Tiefe, und die Frau geht darin beinahe verloren. Dieser Seelenpakt wird in Bewegung kommen, sobald die Frau ihren Lernprozess startet. Was kann und will mir diese Begegnung zeigen? Unabhängig von Erwartungen oder Vorstellungen an eine Partnerschaft war es bei mir so, dass ich wusste, dass ich an das Feld der bedingungslosen Liebe angeschlossen wurde. Ich fühlte mich von links auf rechts gedreht, aus meiner Komfortzone herausgeschleudert, meine schönen analytischen, gedanklichen Prozesse und Argumente hatten keinen Wert, keine Überzeugungskraft und keinen Sinn mehr. Ich konnte mich dem nicht entziehen – und ich habe mir richtig viel Mühe gegeben, alles wieder an den Platz zu stellen, wo es sich vorher befand. Ich bin Mehrfachmutter und lebe so, wie ich mich eingerichtet habe mit all diesen unermesslichen Herausforderungen.

Doch durch diese Begegnung war mir schlagartig klar: Nichts ist auf ewig festgelegt, und nur, weil ich es mir in meinem Konstrukt gemütlich gemacht habe, bedeutet es nicht, dass ich so ewig verharren möchte. Dabei sind die Gedanken an eine mögliche Partnerschaft irgendwann total irrelevant. In dem Moment, in dem ich mich einer noch höheren Form der Liebe geöffnet hatte, hatte ich noch höheren Zugang, noch klarere Ideen und Eingaben; und letztlich ist dieses Buch entstanden. Meine bisherigen Vorstellungen von Partnerschaft wurden zerstört und durch etwas absolut Neues, Unerforschtes ersetzt. Ohne mein Zutun spüre ich absolute Verbundenheit, die untrennbar ist und durch nichts verloren gehen kann. Energetisch total unkontrollierbar, plötzlich aufsteigende Hitze, Veränderung der Aura, Verbindung der männlichen und weiblichen Energie in ihrer feinsten, reinsten Art: Vollkommenheit!

Natürlich können wir diskutieren, ob die Liebe zu eigenen Kindern vergleichbar mit der Liebe zu allem-was-ist sein kann. Ich bin der Meinung, dass die All-Liebe noch viel größer ist, denn sie ist ein Quantensprung im Bewusstsein und verändert die Lebenseinstellung kolossal. Bist Du bereit dazu, Deine Dualseele zu treffen? Dein Herz ganz weit zu öffnen? Alle Deine Schattenthemen und Vorannahmen noch einmal zu überdenken? Dein Ego für immer zum Schweigen zu bringen? Durch diese wunderbare, wertvolle Verabredung auf Seelenebene wirst Du an Deine wahre Größe erinnert. Den Spiegel Dualseele anzunehmen und diese unermesslich intensive Liebe und Verbundenheit in jeder Faser Deines Seins zu fühlen ist fast schmerzhaft, denn all Deine Glaubensmuster zerbrechen an dieser Begegnung. Nichts funktioniert so, wie Du es bislang kennst, gar nichts. Mir wurden Einblicke in die Einträge der Akasha-Chronik gewährt und ich verstand das Absicherungssystem der Seelenvereinbarung: Treffen in markanter Lebenssituation, Anbindung an die Kernessenz, entwickeln, lernen, Quantensprung. Egal welcher Part zuerst in dieses erweiterte Bewusstsein springt, der andere Part folgt automatisch. Seelenvereinbarungen erfüllen sich mit aller Macht.

Erst wenn Du Dich so wertvoll und liebenswert findest, so wichtig nimmst und alle Signale und Impulse Deines Inneren wahrnimmst, endet der Wunsch nach einer Beziehung mit Deiner Dualseele. Du kannst nicht ewig leiden, wenn Dein verletztes Ego mit den typischen *Ja, aber…*-Sätzen an alten Vorstellungen von Partnerschaft festhalten will. Nach dem trostlosen, traurigen, schier nicht enden wollenden Prozess des Verlustes und Wiederhaben-Wollens gelangst Du auf Neuland. Plötzlich wird Dir klar, dass Du nichts vermisst, denn es ist immer da. Plötzlich fühlst Du, diese Liebe motiviert und trägt Dich auf ganz andere Weise, als Du bislang überhaupt wahrnehmen konntest. Plötzlich brauchst Du keinen Partner – Du hast ihn.

Diese Liebe zu Deiner Dualseele kannst Du vielleicht weder leben noch kannst Du sie beenden. Ich habe wirklich alles versucht, habe alle Engel und Meister um Unterstützung gebeten. Ja, sie haben mir geholfen, dieses Band zu durchtrennen – damit es sofort bunter, fester, stärker wieder entsteht. Göttliches Dekret, so haben wir es uns vorgenommen und so wurde es beschlossen. Und doch lebe ich mein Leben weiter mit der Gewissheit, meine Dualseele immer bei mir zu haben und durch nichts verlieren zu können. Damit beginnt ein weiterer Ausdehnungsprozess in Dir, der durch die Dualseele ausgelöst wurde. Diese vollkommene Liebe sprengt Dich aus dem Festhalten-, Kontrollieren- und Lenkenwollen hinein ins Sein. Du fließt erstmals vollkommen mit dem Strom des Lebens und fühlst sehr viel mehr, da Trennungsgedanken, Schutzmauern, Masken keinen Sinn mehr haben. Ziel ist nicht, ein Happy End zu erreichen. Du wirst zu einer Quelle der Liebe, suchst sie nicht im Außen und beginnst von Synchronizitäten getragen zu werden, die Dir und Deinem Entwicklungs- und Bewusstseinsstand entsprechen.

Damit bist Du im ur-weiblichen Zustand des göttlich-weiblichen Annehmens, ruhst in Dir und ziehst gemäß dem Gesetz der Resonanz den Seelenpartner in Dein Leben, der absolut stimmig ist. Liebe zieht Liebe an.

Es gibt eine Liebe,
die über jede Liebe erhaben ist,
die Leben überdauert.
Zwei Seelen aus einer entstanden.
Vereinigt wie zwei Flammen.
Identisch – und doch getrennt.
Manchmal zusammen, durch Gefühl und Verlangen
verschweißt.
Manchmal getrennt, um zu lernen und zu wachsen.
Aber einander immer wieder findend.
In anderen Zeiten, anderen Orten.
Wieder und wieder …
Überlieferung aus dem 6. Jahrhundert vom japanischen Patriarchen Tatsuya

Offensichtlich fordert der Fluss des Lebens uns heraus, in Offenheit und ohne jegliche Erwartungen an Ereignisse heranzugehen. Was immer Dir begegnet, sei offen für neue Möglichkeiten, Erkenntnisse, d. h. steh sicher und offen in Deinem Lebensfeld, ohne vorgefasste Meinungen, Wertungen, Urteile. Auf unserem spirituellen Entwicklungsweg sollten wir uns keiner Möglichkeit verschließen, sondern für alle Ideen in alle Richtungen offen und bereit sein. Mit Deiner Empathie kannst Du auch mit Menschen umgehen, die sich in ganz anderen Situationen befinden als Du selbst. Nur wenn Du offen bleibst, kannst Du nachvollziehen, welche Gefühle, Ideen, Beweggründe Dein Gegenüber antreibt, und Du erschaffst eine große Akzeptanz und Ausdehnung Deiner eigenen Herzebene und bist auf eine sehr lebendige Art und Weise mit anderen und dem Leben verbunden.

Meine zuvor dargelegte Begegnung mit dem verheirateten Mann hat mich wieder mit einer anderen Ebene der Liebe verbunden, die ich zuvor vernachlässigt hatte. So wurde ich an ein Feld angebunden, das meine göttliche Essenz wieder in meinen Fokus rückte:
Mich interessiert das Feld der bedingungslosen Liebe, die harmonische, göttliche Verbindung zwischen Mann und Frau, das Feuer der Leidenschaft, die unermessliche Kraft und Energie, die freigesetzt wird im kollektiven Feld, wenn zwei Wesen vollständig miteinander verbunden sind, und die Frage, welche Wirkung dies auf andere Menschen hat. Denn dieses Schwingen in absoluter Liebe ermöglicht allen Menschen, die uns dann begegnen, ihre eigenen Verbindungen neu auszurichten, ihre eigenen Masken und Rollen zu hinterfragen und zu überprüfen; sie werden an ihre eige-

ne Sehnsucht nach Liebe, Frieden und Zusammengehörigkeit erinnert. Das ist lebendige Freiheit und Fülle.

Wären alle Menschen so offen, könnten alle erkennen, wie anders ihr Leben sein könnte, würden sie sich durch ihre Seele dauerhaft führen lassen und immer aus dieser Ebene heraus handeln und nicht aus dem Verstand heraus. Mit offenem Herzen zu leben bedeutet für mich, mein Gegenüber ganzheitlich wahrzunehmen, auch die unausgesprochenen Ängste, Erfahrungen, Hoffnungen, Sehnsüchte, als fühlender Feingeist das Herz des anderen wahr- und anzunehmen. Das wird es sein, was Menschen an uns Engeln so fasziniert: Fühlbare Weisheit, ein großes Verständnis, große Bereicherung.

Ein bedingungslos liebender Mensch erfährt ein tiefes Gefühl von Vertrautheit in den Begegnungen und Verbindungen mit anderen Menschen. Du bist dann geradeheraus, willst nichts darstellen, was Du nicht in der Tiefe Deines Seins bist, hast keine Vorurteile, erkundest alles, was Dir begegnet, und gewinnst immer wieder neue Einsichten. Mit dieser Dir innewohnenden Qualität und ursprünglichen Kraft zeigt sich Dir eine völlig neue Art des Denkens und des Seins. Dann bist Du authentisch und furchtlos, veränderst Deine Gefühle und Überzeugungen und erhältst Zugang zu Freude, Abenteuer und Überraschungen.

Das erfordert natürlich von Dir, eine geänderte Haltung Deinem eigenen Sein gegenüber einzunehmen, Freiheit und Harmonie wirklich einzuladen, Dein Herzensfeuer zu pflegen und Dich über Deine begrenzenden Vorstellungen hinaus auszudehnen. Du erlangst eine Art Durchlässigkeit, wenn Deine inneren Widerstände bearbeitet, aufgelöst, betrachtet und geheilt sind, und wirst immer mehr Dinge in Dein Leben ziehen, die Du schätzt und Dir wünschst. Deine innere Führung und die Unterstützung des Kosmos fließen in Dein Leben, Überraschungen und Herausforderungen meisterst Du in Gelassenheit, Güte und Liebe. Auch Du kannst diese Welt zu einem besseren Ort machen. Zapfe Deine innere Weisheit an und bringe sie in die Welt. Sei offen und bereit, Dich von Deinen Eingebungen auch beeinflussen zu lassen. Mach einen Unterschied in Deinem Umfeld, zeige Dich in Deinem ganzen Licht und Deiner ganzen Liebe. Dein Umfeld kann sich dann auf Dich einschwingen und sich ebenfalls erheben und erhöhen; dadurch bist Du an der Erschaffung einer völlig neuen Realität beteiligt.

Ein kosmisches Gesetz lautet: Eine Beziehung zwischen zwei Seelen durch Vermischung und Vereinigung spiritueller Schwingungen ist von der Quelle gesegnet und wird ewig fortbestehen.

12. Weiblichkeit

»Ich, Maria, bin bei Dir und lege Dich in meinen blauen Schutzmantel. Damit bist Du geschützt im Heilungslicht. Ich stehe an der Seite von Euch Frauen, wenn es für Euch darum geht, unkonventionelle Wege zu gehen. Die alten, ausgetretenen Pfade Eurer Ahninnen entsprechen Euren Entwicklungsansprüchen nicht. In der Reihe Eurer Ahninnen hat es häufig einzelne Lichtfunken gegeben, Seelen, die mit ihrer Körperlichkeit auf einer Schwingungsebene existierten und *auf liebevolle Nachkommen geachtet haben. Diese Arbeit auf Lichtfrequenzbasis muss Euch nicht zwingend bekannt sein. Oftmals handelt es sich um verzweigte Tanten, deren schützende Flügel Euch auch unbekannterweise erreicht haben. Diese Seelen haben immer an Euer ursprüngliches Licht und dessen Entfaltung geglaubt und über Jahre und Generationen Wissen gewahrt, welches zu gegebener Zeit auf Euch übertragen werden sollte.*

Frauen dieser Welt, wie werdet Ihr behandelt und warum lasst Ihr Euch von Eurem gleichwertigen Platz verdrängen? Es hat viele Bewegungen gegeben, die unter dem Deckmantel der Freiheit weitere Belastungen für Euch gebracht haben. Fühlt Ihr Euch gut mit Euren Multifunktionen? Ihr könnt und Ihr sollt Euch betätigen in Bereichen, die Euer Interesse wecken, Euren Intellekt kitzeln, Euer Spektrum stimulieren. Doch bei eingehender Betrachtung müsst Ihr gestehen, dass Ihr Euch weit entfernt habt von Eurer Ursprünglichkeit.

Zu keiner Zeit war die zeitliche Auslastung der Menschen so ausgereizt wie heute. Damit Ihr all Eure selbst erschaffenen Belastungen bedienen könnt, lebt Ihr ein überdrehtes Leben im Sinne von Hochleistung. Ihr geht einem Job nach, organisiert Eure Familien, managt Eure Brut, richtet Eure Männer auf, kümmert Euch rührend um Freunde, engagiert Euch überall. Doch zu welchem Preis?

Ein Gefühl der Zerrissenheit begleitet Euch, da kaum Raum für Euch selbst vorhanden ist. Alles muss genau geplant sein, unvorhergesehene Zwischenfälle bringen Eure Routine des maschinellen Lebens zu Fall. Eure naturgegebene Mütterlichkeit, alle damit in Zusammenhang stehenden Instinkte über-

eignet Ihr dem schnellen, zeitgemäßen Leben. Kaum Zeit für Ruhe, Nähe, Tiefe, Träume. Sobald Eure Kinder erwachsen sind, trauert Ihr der Zeit hinterher und bemerkt nicht, wie groß die Distanz zwischen Euch ist, da sie Euch längst entwachsen sind.

Frauen dieser Erde, Eure Mission ist, Liebe in Aktion zu sein. Was ist passiert mit Euch? Ihr stellt 42 % der Weltbevölkerung dar. Seht Ihr die Kraft, die Ihr gebündelt einsetzen könnt, wenn Ihr Euch von Stutenbissigkeit los sagen könntet und geeint für Eure Ziele und Visionen einsetzen würdet? Ihr habt ein unsagbar großes Potenzial, da all die Fehlüberlegungen, Fehlsysteme und Fehlstrukturen bei Euch als Familienkommandantin auflaufen. Ihr wisst genau, was die Euch anvertrauten großen und kleinen Seelen für Bedingungen benötigen, um sich optimal entwickeln und entfalten zu können. Ich richte diese Worte nicht an Euch, damit Ihr Euch in männlicher Arroganz erheben sollt. Nehmt Eure archetypisch weiblichen Fähigkeiten und formuliert Eure Anliegen und Absichten, Bedürfnisse und Wünsche. Sammelt Ideen für Eure Lebensvorstellungen und nutzt Eure Erfahrungen.

Wäre der Welt nicht sehr geholfen, wenn die Arbeitszeit beider Geschlechter reduziert würde, administrative und pädagogische Aufgaben auf Mütter und Väter gleichmäßig verteilt würden? Ich bin sicher, Ihr habt genügend Ideen. In Zeiten großer Umwandlungen sind Eure Gedanken sehr wichtig. Entwickelt Ideen zum Erhalt und zur weiteren Entfaltung Eurer Liebesfrequenz. Betrachtet Euch und findet heraus, in welchem Bereich Ihr wirken könnt. Zu Eurer Unterstützung stehe ich jederzeit bereit und helfe, Eure Visionen und Gedanken zum Wohle aller zu manifestieren. 42 % der Verantwortung liegt

in Euren zarten Händen. Seid Ihr bereit? Meinen Schutz und
meinen Segen an Euch, allezeit.«

∽ Ra Isa:

Die wenigsten Frauen leben ihre volle Weiblichkeit. Wir
sind so erzogen und darauf konditioniert worden, dass
wir alle unseren Mann stehen und taffe Frauen sind. Am
besten ziehen Frauen, die in einem Büro arbeiten oder in
einer leitenden Funktion tätig sind, auch noch einen An-
zug an mit Krawatte oder ein Kostüm, auf jeden Fall etwas
Uniformiertes. Die Frauen sollen den gesellschaftlichen
Ansprüchen entsprechend bitte schlank sein, große Brüste
haben, keinen Schwabbelbauch, wunderschöne lange Beine, einen knackigen Po und eine Wespentaille, lange Haare
und wunderschöne weiße Zahne haben. Frauen werden in
unserer Gesellschaft oft als Sexsymbol klassifiziert.

Das Vollweib ist eher in den orientalischen Welten oder
bei den Naturvölkern vertreten. Da gilt es noch als schön,
wenn eine Frau runde Formen hat. Ich finde es gut, wenn
wir Frauen uns auch erlauben, unsere Rundungen zu haben. Ab einem gewissen Alter muss man sich entscheiden:
Fett oder Falten. Fettdepots ergeben ja auch ihren Sinn,
weil die Hormone sich im Fettgewebe einlagern. Sehr
schlanke Frauen haben oft mehr Probleme mit den Wech-
seljahren.

Wir müssen seit zig Jahren unseren Mann stehen. Uns fällt
es sehr schwer, Liebe anzunehmen und zu empfangen. Wir
sind so darauf konditioniert, zu geben, für alle da zu sein,
Mutter der Nation zu sein. Bei dem Satz: »Oh, dem geht
es schlecht, da muss ich helfen und mitorganisieren!« er-

kennen sich sicher alle Frauen wieder. Uns Frauen fällt es schwer, alle Fünfe gerade sein zu lassen. Lass doch die Wohnung unordentlich aussehen, wenn es Dir nicht gut geht, wenn Du PMS hast oder Kopfschmerzen, oder wenn Du einfach keine Lust hast, weil Du lieber ein schönes Buch lesen möchtest. Auch Zeit, um einfach seinen Gedanken nachzuhängen, ist äußerst wichtig, im Liegestuhl die Sonne zu genießen oder bei schlechtem Wetter auf dem Sofa zu träumen. Viele Frauen genehmigen sich diesen Luxus gar nicht, weil sie glauben, immer funktionieren zu müssen.

Gibt es die Wahrheit eigentlich? Nein, abhängig von unserer Kultur und Erziehung sind unsere Geschlechterbilder auch geprägt.
Natürlich gibt es unsere Essenz die Wahrheit, Liebe & Licht. Viele Wege führen nach Hause zurück, jeder Weg hat seine Berechtigung.
Ob jemand Moslem, Hindu, Christ, Buddhist ist … jeder Mensch muss seine eigene Wahrheit in sich selbst finden.

∽ El-asaria:
Dieses »funktionieren müssen« bedeutet für uns Frauen, mehr männliche Attribute zu leben und uns aus der göttlich, weiblichen Haltung heraus zu entwickeln. Qualitäten wie Zielstrebigkeit, Leistung und Erfolg gehören nach unserem Gefühl nicht zu den urweiblichen Eigenschaften wie Empathie, kreative Fähigkeiten, verbindendes Miteinander, sondern laufen ihnen zuwider. Es kann zu Überlastungen führen, sich aus seiner Kernessenz bewegen zu müssen.

Weibliche Eigenschaften werden auch in der Berufswelt

179

negiert und viele Frauen lehnen die eigene Weiblichkeit ab, lassen sich von gesellschaftlichen Trends beeinflussen und deformieren. Die Fähigkeit, ganz bei sich zu bleiben, ganz im Augenblick zu sein, wird dann *lethargisch* genannt; *Sentimentalität*, wird abwertend gesagt, wenn wir unsere situativen Emotionen ausdrücken. Diese Eigenschaften werden plötzlich als Schattenseiten dargestellt, wobei sie ursprüngliche weibliche Qualitäten sind.

Was bedeutet *feminin* für Dich? Langsame, fließende, sichere Bewegungen, weiche Sprache, Betonung des Körpers sind für uns ganz wichtige Kennzeichen für Weiblichkeit. Wir sehen uns als prozessorientierte Engel des Alltags; wichtig ist der Weg und die Entwicklung, das Ziel ist nachrangig. Natürlich haben wir auch manchmal ein ungezügeltes Temperament, drücken unsere Emotionen klar, wahr, deutlich aus, allerdings in einem kreativen, schöpferischen Sinn, weil wir vorrangig am Miteinander orientiert sind. Wir sind offen und annehmend, leidenschaftlich, sind am Erleben interessiert, am Verbundensein und an Geborgenheit.

Fragst Du Dich manchmal, wie Du Dich mehr leben kannst in Deinem Alltag? Hol sie raus, die ureigene weibliche Kraft, strahle und verstelle Dich nicht, verdecke Deine Emotionen nicht und mache Dir Deine Kraft bewusst. Du allein entscheidest, ob Erlebtes oder übernommene Rollen Dich lenken sollen. Verdränge nicht, was sich ausdrücken möchte – es verbraucht zu viel wertvolle Kraft, Gedanken, Visionen und Wünsche zu unterdrücken. Lass sie alle frei und vertraue darauf, dass sich hier gerade Deine besonderen Fähigkeiten bemerkbar machen. Du bist nicht die

Rolle, die Maske, die Du übernommen hast, sondern Du bist eine einzigartige Frau und es ist wichtig, Deine Besonderheit fließen zu lassen. Lass es geschehen, dass dieser Assoziationsprozess sich einen Weg in die Welt sucht – Du trägst bereits alles in Dir!

In Deinem eigenen Sein hast Du ein kreatives Fundament, das frei ist von Klischees, Bewertungen, Rollenbildern, und es ist Deine alleinige Aufgabe herauszufinden, was Du in Leichtigkeit außerhalb aller Schubladen als Frau leben möchtest.

Die weibliche Kraft ist eine elementare Energie, immer in Aktion, verbunden mit der Erde und den höchsten Kräften im Kosmos, in sich hineinziehend. Sorge tragen für die Liebsten, die Familie, die Kinder und ein gutes Feng-Shui-Zuhause zu erschaffen, helfen, nähren und tragen sind Aufgaben und Tätigkeiten, die fließen und der Weiblichkeit leichtfallen, denn es ist ihre Veranlagung seit Anbeginn der Zeit. Eine strahlende Frau, die sich ihrer göttlichen Kraft voll bewusst ist, verhilft ihrem Umfeld dazu, sich ebenfalls gemäß der Kernessenz zu entwickeln und entfalten. Wir Frauen repräsentieren den Kreislauf von Leben und Tod, Geburt und Wiedergeburt.

Wir sind der Meinung, dass wir Frauen auch den männlichen Pol in uns tragen, d. h. wir können typisch männliche Eigenschaften zum Ausdruck bringen, wenn das Leben uns diese abfordert. Wenn wir beide Anteile in uns vereinigt haben, gleichberechtigt ausgesöhnt, dann endet das Gefühl der Trennung von Mann und Frau, dann enden kraftraubende, verletzende Auseinandersetzungen um

Kartenhäuser, denn beide unterliegen derselben schöpferischen Anziehungskraft: der unkontrollierbaren Macht der Liebe, die beide Geschlechter verbinden will, um beide Potenziale unverfälscht und in den vollkommenen Ausdruck zu verhelfen.

Wir Frauen müssen die eigene Meisterschaft der Hingabe und des Annehmens neu integrieren. Grenzüberschreitungen und Verletzungen der Vergangenheit, auch vergangener Inkarnationen, sind eine große Herausforderung für die eigene Heilarbeit. Bleibst Du nur bei Dir selbst und spürst immer wieder, ob sich karmische Verstrickungen bemerkbar machen, die erlöst werden wollen, kannst Du Dich befreien und erlösen. In Natürlichkeit annehmen und sich hingeben aus freiem Willen haben eine völlig andere Qualität, als aus alten, ungefragt übernommenen Beweggründen eine Verbindung einzugehen.

Wir sind Hüterinnen, verbunden mit dem Leben, unabhängig und geheilt, benötigen keine äußere Anerkennung, wenn wir aus dem inneren Kern agieren, suchen nichts, geben alles, denn tief in uns ruht das Wissen: Wir sind göttlich getragen, für uns ist immer gesorgt, wir verbinden Elemente, Menschen und Energien.

13. Männlichkeit

Von Männern wurde uns oft berichtet, dass sie enttäuscht, hilf- und ratlos sind, wenn sie eine frustrierende Beziehung hinter sich haben. Sie wissen genauso wenig wie Frauen, wie sie eine glückliche und erfüllende Partnerschaft leben können, in der sie in ihrer Lust, Kraft, Mitte und Erfüllung sein können. Sie sehnen sich nach einer glücklichen Beziehung und finden den Weg dorthin nicht.

Klientenaussage:
Nach außen eher ernst und konsequent, verschlossen, hart zu sich selbst, egal wie – beschützen und helfen wollen. Und innen weich, auch anlehnungsbedürftig, Zukunftsängste, nur nach Innen trauern dürfen, Liebe und Gefühle nicht 100 % ausleben können, denn MANN will ja kein Weichei sein. Derzeit verändert sich das eigene Bild, Männer dürfen auch Gefühle zeigen, zugeben, manches nicht zu können. Können auch von Frauen Rat annehmen, sich anlehnen und Traurigkeit zeigen. Die gesellschaftliche Grundordnung ändert sich und Männer definieren sich nicht aus dem Inneren heraus, sondern machen sich von den äußeren Anforderungen abhängig und entfernen sich somit aus ihrer Mitte.

Solange Männer und Frauen in sich selbst nicht vollständig sind und wie ein halber Kreis ihr Gegenstück suchen, wiederholen sich Muster der Erwartungen und Übertragungen, die sie schon in der Beziehung zu ihren Eltern prägten. Angenommen und geliebt werden kann man nur, wenn man diese Erfahrung in seinem Zellsystem durch die bedingungslose Liebe seiner Mutter erfahren und gespeichert hat. Anderenfalls laufen auch bei Männern die Muster des »sich noch mehr Kümmerns, noch mehr gefallen wollen, um gesehen und geliebt zu werden« ab.

Wenn Männer eine Beziehung zu einer Frau eingehen, um dieser zu helfen oder sie zu »retten«, gehen sie in dieser

Aufgabe selbst verloren und spüren oftmals gar nicht, in welchem Kreislauf sie sich befinden, wie vergeblich und sinnlos dieses Bemühen ist. Schmerz, Frust und Selbstaufgabe können daraus folgen.

Mann! Erwecke den Herzenskrieger in Dir! Du bist kein kleiner Junge mehr, der nur existieren kann, wenn deine Eltern dich anerkennen. Versteh doch, dass Du als löchriges Kanu den See der Emotionen niemals überqueren kannst. Stopfe die Löcher, heile Deine Wunden, betrachte Dich. Springe über Deine selbst gesetzten Grenzen, harre nicht aus in quälenden Verbindungen, sei mutig, setze Grenzen und forsche konsequent in Dir.

- Welche Sätze und Blockaden gibt es in Deinem System?
- Von wem hast Du ungefragt Glaubenssätze übernommen?
- Wie weit hast Du Dich selbst hinterfragt?
- Traust Du Deinen eigenen Emotionen?
- Hörst Du auf Dein Bauchgefühl?
- Hat nicht jeder Krieger eine wunderbare Intuition, die vor Gefahren oder Ausweglosigkeit warnt?
- Bist Du vollständig, kannst Du auf eine vollständige Partnerin treffen. Ist das nicht ein erstrebenswertes Ziel?
- Befreie Dich aus Prägungen, die Dir heute nicht mehr dienlich sind.
- Betrachte Dein Selbstwertgefühl.
- Betrachte Deine Wutanfälle, Traurigkeit, Schmerz, Kraft auf einer Skala von 0-10.
- Wann bist Du authentisch?

Auf Deinem Weg vom Lurch zum Löwen wirst auch Du durch manch ein Jammertal wandern müssen. Betrachtet MANN seine Prägungen durch seine Eltern, wird er sicher feststellen, wo, wann und wie er als kleiner, sensibler Junge leiden musste. Das, was Dir damals fehlte, musst Du Dir bewusst machen und die Situation heilen. Natürlich musst Du Dich diesen schmerzvollen Erinnerungen stellen, noch einmal fühlen, was Dich traurig machte. Schau Dir Deinen inneren Kleinen an und stelle ihm Deinem inneren Mann gegenüber – lass die beiden ins Gespräch miteinander eintauchen. Lass alle Ängste und Gefühle auftauchen, benenne sie, hol sie unter dem »Teppich des Verdrängens« hervor.

Es ist auch für alle Männer an der Zeit, sich der Masken und der rauen Schalen zu entledigen, sich der in der Kindheit entwickelten Muster bewusst zu werden und diese erneut zu betrachten: Sind sie in Übereinstimmung mit Deinem Zellbewusstsein, mit Deiner Kernessenz, mit Deinem hohen Selbst? Willst Du dem Anspruch genügen, dominant, gefühlskalt und abweisend zu sein, wenn Du in Sorge bist, dass Deine Ängste und Schwächen entdeckt werden?

Dein Herz einzusperren, zu verschließen und zu schützen mag in der Kindheit eine sinnvolle Sache gewesen sein, als auch Du als Junge Angst in der Dunkelheit hattest, vor dem Alleinsein, Heimweh, dem Verlassenwerden, dem nicht geliebt werden. Damals wurde Dir vielleicht ein Verhalten abverlangt, dass Tränen, Schmerzen, Schwäche missachtete – nur dadurch wurdest auch Du aus Deinem Sein gedrückt und gedreht. Deine Eigenarten als Mann, ohne kindliche Schutzmechanismen, Dogmen unverfälscht ausgedrückt, machen Dich zu dem Unikat, das Du in diesem Leben sein wolltest. Drücke auch Du emotionale Tiefe, Wertschätzung, Achtsamkeit aus. Dann kann sich auch Dein Herz öffnen und Deine natürliche, archetypisch männliche Kraft kann sich ausdrücken. Vermeide Situationen, die Dir nicht gut tun, gib Dich nicht auf, verdrehe und verbiege Dich nicht auf der zwanghaften Suche nach Anerkennung. Dann bist Du klar, wahrhaftig, integer, eigenverantwortlich, selbstbestimmt und kannst Dich mit einer ebensolchen Frau in Liebe verbinden.

Die heilige Männlichkeit wird oft in den Schatten der häufig beschriebenen göttlich-weiblichen Kraft gestellt, was sich wiederum nicht in der kosmischen Ordnung befindet. Beide Prinzipien müssen sich auf ihre Essenz und ihren Ursprung ausrichten, sonst drehen wir uns ewig im Ungleichgewicht.

Die Anforderungen an den heiligen Mann haben sich genauso verändert und sollten neu betrachtet werden. Überreizt und verloren in dem gesellschaftlichen Anforderungsmodus suchen Männer genauso nach neuen Wegen. Das Prinzip »Herrsche und teile« gilt nicht mehr, die neue Erde hat für Trennungen dieser Art keine Frequenz mehr frei. Männer können und sollen männlich, stark, konsequent, dominant und gleichzeitig spirituell sein, Emotionen zeigen und leben, Sinnlichkeit und Sehnsüchte ausdrücken und ausleben, denn auch Männer sind vollkommen in ihrem Ausdruck von Gottesanbindung und Heiligkeit. Wir brauchen dringend diese Kraft, diesen Gegenpol, diese andere Herangehensweise.

Handlungsorientiert sein war das bisherige Muster, das Männern ihren Daseinszweck gab. Familie versorgen, Probleme lösen, Projekte entwickeln. Ihr Innerstes wurde selten hinterfragt oder war gar präsent, Glaubens- und Verhaltensmuster zu erforschen war unpopulär. Doch jetzt finden sich immer mehr Männer in Situationen wieder, in denen gewohnte Handlungsschemen nicht mehr zielführend sind, weil sich destruktive Gewohnheiten nicht gern und leicht enttarnen lassen.

Ein sensitiver, fühlender Mann muss in dieser Zeit eine neue Handlungsform entfalten und sich mit seinen Wahrnehmungen auseinandersetzen.

ᘓ Ra Isa:
Vielen Männern sind ihre Emotionen abgewöhnt worden. »Ein Junge muss stark sein!« »Ein Junge weint nicht!« Jungs werden heute noch so erzogen, dass sie kalt kalkulieren und sehr verstandesmäßig reagieren. Viele Mütter verwöhnen ihre Söhne extrem, indem sie ihnen alles hinterherschleppen und dem Jungen gar keine Eigenverantwortung zutrauen, weil die meisten Frauen häufig wenig bis überhaupt keine Liebe von ihren Männern bekommen und dann ihre ganze Liebe an den Kindern oder an ihren Haustieren auslassen und sie verhätscheln. Das ist eine Liebesverschiebung, es entspricht so nicht der göttlichen Ordnung. Auch unsere Kinder sind freie Lebewesen, sie sind nicht unser Besitz.

Wenn ein Mann so erzogen wurde, dass er seine Emotionen nicht zeigen darf, kann er nicht weinen und ist trotzdem abhängig von der Frau, meistens von der Mutter und gar nicht von der Partnerin, die er hat, dann ist es auch schwierig, eine gesunde Partnerschaft zu leben. Wenn der Mann z. B. nicht redet, kann es zu großen Schwierigkeiten und Missverständnissen kommen. Gerade bei dem sogenannten starken Geschlecht ist es oft so, dass Männer denken, sie seien allein verantwortlich für die Familie. Gut, in der göttlichen Ordnung ist es so, dass die Männer jagen gehen und das Essen nach Hause bringen und die Frauen die Kinder versorgen und Nestpflege betreiben.

Nichtsdestotrotz müssen wir dies in die heutige Zeit übertragen, der Mann fühlt sich heutzutage oft überfordert von diesem Job. Er muss das Haus bezahlen, er muss die Familie versorgen und viele Männer bauen sich ein Lebenskonstrukt, das so nicht mehr haltbar ist. Auch das kann in den Burn-out führen. Die Frau kauft sich vielleicht tolle Markenklamotten und gibt zu viel Geld aus, weil einfach nicht auf Augenhöhe kommuniziert wird. Ihr wird weisgemacht, dass genügend Geld vorhanden ist. Da gibt es dann nur Auseinandersetzungen wegen des Geldes, und das sind keine konstruktiven Gespräche, sondern Streitgespräche an der Oberfläche die nicht die Ursache benennen.

14. Beziehungen

»Wir werden Loreen genannt und kommen zu Euch, um mit Euch zwischenmenschliche Beziehungen zu betrachten. Seid Ihr zufrieden oder gar glücklich damit? Oder ist es vielmehr so, dass Ihr Menschen am Mama- oder Papa-Syndrom krankt?

Viele Frauen wählen unbewusst einen Partner nach dem Ab-

bild ihres Vaters und Männer suchen sich unbewusst Partnerinnen nach dem Abbild der Mutter. Doch wohin führt Euch diese Wahl? Ihr wiederholt Muster auf dem Weg in Eure eigene Identität, mit genau den Erwartungen, die Eure Eltern schon aneinander stellten. Die Folge muss Unzufriedenheit sein, aus der Ihr oft nur mit einem qualvollen Lernprozess aussteigen könnt. Eure Orientierung liegt auf familiären Vorbildern, die Ihr 1:1 auf Euer Leben übertragen wollt, ohne dabei auch nur im Ansatz zu wissen, was Ihr ganz allein benötigt.

So findet Ihr Euch manchmal in langen Partnerschaften wieder, denen nach Jahren des Nachahmens entweder ein oder gleich beide Partner entwachsen sind. Für Euch Frauen lag der Auswahlfokus auf Sicherheit und Versorgtsein, Familientauglichkeit und Durchsetzungsvermögen. Für Euch Männer lag der Fokus auf Kalkulierbarkeit, Nachwuchs, Unterordnungsbereitschaft und Rückhalt bei der Durchsetzung Eurer Karriere.

Aspekte der Nähe, Liebe, wahrer Verbundenheit, Respekt, Wertschätzung kamen Euch anfangs nicht in den Sinn. Auf dem Weg durch Eure Fortpflanzungswünsche, Statussymbole, Karrieretrophäen machte sich langsam aber sicher eine Leere breit. Der Partner wurde zunehmend kritisiert für manch eine Unzulänglichkeit, ohne dass Ihr damit gerechnet hättet, dass Euch die eigene Fehlbarkeit vor Augen geführt würde.

Solltest Du eine solche Entwicklungsbeziehung durchlaufen haben, dann sei dankbar für die Schlüsse und Erkenntnisse, die Du ziehen und gewinnen durftest. Sofern Du eine solche Lernphase bereits hinter Dir gelassen hast, wirst Du sicher bestätigen mögen, dass rund 80 % der Partnerschaften unter *schlechten Bedingungen eingegangen werden. Solange eigene Defizite vom Partner aufgefangen werden müssen und in Erwartungshaltungen münden, kann nur ein Scheitern folgen.*

Würden alle Menschen sich zunächst darauf ausrichten, ihre eigenen Fähigkeiten und Schatten kennen zu lernen, gäbe es weit weniger Fehlgriffe. Niemand kann etwas erwarten in einer Verbindung, das er selbst nicht zu geben hätte. Und genau hier beginnt es, interessant zu werden. Kaum ein junger Mensch zwischen 20 und 25 Jahren kann von sich sagen, er verfüge über ausreichend Selbsterkenntnis. Deswegen könnt Ihr auch nur zeitverzögert reagieren und ausdrücken, was Euch fehlt, um wahrhaft glücklich zu sein.

Gegensätze ziehen sich nur deswegen an, weil zwei Extreme, die voneinander lernen können, magnetisch sind. Zumeist lebt Ihr diese Gegensätze jedoch so, dass Aufgaben nach Talent zugeordnet werden. So lernt Ihr nicht voneinander. Dinge, von denen Du glaubst, sie niemals beherrschen zu können, gibst Du ab, statt Dich mit ihnen intensiv auseinanderzusetzen. Wie willst Du Dein ganzes Potenzial kennen lernen und ausdrücken, wenn Du so verfährst?

Sogar Euer Sex verkommt zu einem Inhalat, statt eine sakrale Verbindung zweier Seelen zu bleiben. In Eurer Suche nach tiefer Verbindung müsst Ihr zuerst in Euch suchen und herausfinden, was Euch antreibt, wohin Ihr wollt, was Ihr ausdrücken wollt in dieser Welt. Richtet Euch Wirbel für Wirbel auf und definiert Euren Glücksanspruch. Das ist ein ehrliches Eingeständnis vor Euch selbst. Was brauchst Du wirklich? Dieses Leben stellt die Selbstbemeisterung dar. Schau Dich an!

Fühl in Dich hinein, in Dein Herz, in Deinen Bauch. Was möchte ausgedrückt werden?

Brodelt dort ein Vulkan, der ausbrechen möchte und aufgrund von selbst auferlegten oder von anderen aufgestellten Benimmregeln unterdrückt wird? Damit verneint Ihr Euch selbst – das ist nicht klug. Nimm alles in Dir wahr, sortiere Beweggründe, erkenne Muster. Lass die Masken fallen und beende das Schauspiel. Wege trennen sich häufig aufgrund anders verlaufender Ausrichtung. Du kannst nur wachsen und gedeihen, wenn Du auf Deine inneren Impulse hörst und alles verabschiedest, was nicht Deinem höchsten Wohl dient. Dann ist der Weg frei für Deine Seelenentfaltung und dann können Verbindungen in Dein Leben kommen, die wahrhaftig erfüllend sind.

Du kannst Dich jederzeit mit mir verbinden und ich stehe auch Dir mit universeller Weisheit bei der Betrachtung und Beleuchtung Deiner Beziehungen zur Verfügung auf dem Weg zu Deiner Erfüllung. Meinen Segen an Dich und meine Liebe, jederzeit.«

Menschliche Beziehungen und Freundschaften werden immer wieder auf den Wahrheitsgehalt und ihren tiefen Wert hin von uns selbst überprüft. Die Ebenen des Zusammenlebens zeigen ihre Substanz frei von Wunschvorstellungen und Lügen, zeigen sich als das, was sie tatsächlich sind. Wenn Du ganz ehrlich mit Dir selbst bist, dann weißt Du, wann Du es mit einem Kartenhaus zu tun hast oder hattest, mit Ungleichgewichten oder Unausgewogenheiten, im Bereich Partnerschaft, Freundschaft und in Beziehungen jeder Art. Unterziehe sie alle immer wieder einer tief gehenden Prüfung. Du kannst nicht Deinem ganz eigenen Weg folgen, Deine ganz eigene Wahrheit finden und ausdrücken, ohne immer wieder Körper, Geist und Seele zu klären. Du bist als energetisches Wesen in diese Welt gekommen, bist der Wahrheit verpflichtet und wolltest frei von Selbsttäuschungen sein.

Immer wieder enthüllen die Menschen in Deinem Umfeld ihren wahren Wert, ihre wahre Identität und Kraft. Dein Auftrag in dieser Zeit auf dieser Erde lautet, Dich in riesiger Intensität vom göttlichen Licht durchfluten zu lassen und Dich in Deinem wahren energetischen Zustand zu zeigen. Dadurch begegnest Du Dir selbst und ermöglichst durch Dein Strahlen und Leuchten den anderen, es Dir nach-zumachen. Dadurch wird ein Ende von unvollständigen, auf Täuschung aufgebauten Beziehungen aller Art erreicht. Solange Deine Selbst- und Deine Fremdwahrnehmung auseinanderdriften, lebst Du nicht Dein höchstes Bewusst-sein. Du kannst Deine Aufträge nicht erfüllen, wenn Du an irdischen Sicherheiten hängst, an äußeren Dingen. Du wurdest mit reichlich Talenten und hohen Aufträgen in diese Welt geschickt – lebe sie, erfülle sie, drücke sie aus.

Bist Du mit hohen Aufträgen in dieses Erdenleben gekom-men, mit reichlich Gaben, Fähigkeiten und Talenten, und bist außerstande oder nicht gewillt, diese umzusetzen, wird die ständig steigende Energie Dich so lange fluten und aus Deinen Blockaden locken, bis Du hervortrittst als neuer, spirituell bewusster Mensch. Du wirst so lange auf den Kopf gestellt und zurechtgerückt, bis alles Verdrehte, Un-ausgedrückte veredelt wurde, bis Du wahrhaftig, gelassen und intensiv verkörperst, weswegen Du hierher gekommen bist. Du trägst den Gotteskern in Dir!

Die steigende Schwingung auf der Erde transformiert alle

Herzen und verwandelt alle Wesen. Konsequent wirst auch Du an Deinen Auftrag herangeführt werden, damit die Meisterin / der Meister in Dir sich erhebt.

Wir alle definieren in unterschiedlichen zeitlichen Abständen unsere Beziehungen und Verbindungen neu. Du spürst den Moment, wenn eine mitmenschliche Erfahrung eine Grenze erreicht hat, weil es Dich schmerzt, anstrengt, enttäuscht oder Deine Kraft schwindet. Diese Beziehungen spiegeln Dir dein Innerstes. Genau dann denken wir über die Art der Verbindung nach und wünschen uns andere, neue Verbindungen. Doch woran machen wir eine gute Verbindung fest? Was können wir selbst tun, damit wir nur neue, freudvolle, hoch schwingende, erfüllende, wertschätzende Verbindungen eingehen? Nach unserer Auffassung setzt dies eine absolute Transformation zu uns selbst voraus. In unserem Inneren sind Veränderungen nötig, wir müssen uns anders aufstellen und anders in die Welt stellen, damit gemäß dem Gesetz der Resonanz genau diese erfüllenden Beziehungen in unser Leben kommen können. Und unterschätzt das Maß der erforderlichen, inneren Transformation nicht. Es ist nicht damit getan, sich zu sagen: »Okay, ich bin auch manchmal etwas ruppig!« Eure innere Transformation muss in die Tiefe gehen, darf kein Tabu- und kein Schattenthema auslassen wollen, es ist eine tiefgehende Heilung und ein Wandel im Bewusstsein. Dieser Wandel in Deinem eigenen Bewusstsein ist die Grundlage für die neue Art von Beziehungen, die nichts gemein haben mit dem, was wir bislang unter Beziehung verstanden haben.

Für uns gibt es folgende Stufen der Beziehungen:

- Ego-Beziehungen: Polare Beziehung mit Abhängigkeit

Viele Paare in der 3. Dimension leben in einer Beziehung nicht aus einer Liebe heraus, sondern aus Gewohnheit, aus der Absicherung heraus. Oftmals ist die Frau abhängig von ihrem Mann – manchmal ist es auch anders herum – und sie traut sich nicht, ihre eigenen Wege zu gehen, weil sie immer kleingemacht wurde schon seit Urzeiten und denkt: Ohne den Mann bewältige ich mein Leben sowieso nicht. Das geht natürlich auch einigen Männern so, wenn sie studieren oder Ähnliches, sind sie manchmal abhängig von den Frauen. Das ist unserer Meinung nach eine riesengroße Lebenslüge und wir Menschen neigen dazu, uns auch selbst zu belügen, setzen Scheuklappen auf, machen die Ohren zu, beißen die Zähne zusammen und halten an Beziehungen fest, weil »es dann eben so ist«. Dadurch verlieren diese Menschen sich selbst, weil es sich nicht um Liebe als gemeinsame Basis handelt. Die Paare oder die Familien leben aus Gewohnheit zusammen. Der Mann kommt abends nach Hause, dann wird ferngesehen, es ist keine Zeit für Unterhaltungen oder es besteht gar kein Interesse daran, weil der Partner total egal geworden ist. Es wird nicht mehr gespielt, nicht mehr gelacht. Wenn ich mir die Gesichter in der Gesellschaft anschaue, dann sehe ich viele verhärmte, unzufriedene. Ich beobachte manchmal vorbeifahrende Autos – wenn ich die Gesichter dann sehe, bin ich erschrocken. Die Mundwinkel hängen runter, die Augen sehen traurig und unzufrieden aus, die Menschen fühlen sich unverstanden. In manchen Beziehungen und Partnerschaften herrschen Eiseskälte und totale Abgrenzung. Viele Frauen, denke ich, haben gelernt sich wegzubeamen.

Wenn Liebe gemacht wird, denken Frauen an irgendwelche Sachen wie z. B. den Einkauf am nächsten Tag und sind nicht bei der Sache. Sie geben sich ihrem Mann hin, weil sie denken, dass es so sein muss und sie versuchen, Stress zu vermeiden. Das stellt für uns eine Art Selbstvergewaltigung dar und ist entwürdigend. Dies zeigt auch, dass viele Frauen überhaupt kein Selbstwertgefühl haben. Liebe machen ist eine reine, kosmische Sache, die wir ausleben und genießen sollen.

Viele Menschen sind auch gar nicht mehr in der Lage, sich zu öffnen und Liebe anzunehmen, weil sie Angst vor Nähe haben. Nähe macht verletzbar und viele Menschen sind in ihrem Leben schon sehr, sehr oft verletzt worden bis in die Grundfeste ihres Seins und trauen sich nicht mehr, eine wirkliche, echte und liebevolle Partnerschaft einzugehen. Für uns funktioniert Partnerschaft nur über Kommunikation und Fühlen. Wenn sich dann etwas komisch anfühlt, müssen wir Frauen das Recht haben, für unser Gefühl zu stehen und zu sagen: »Hey Schatzi, das fühlt sich jetzt gerade gar nicht so gut an.« Dies muss auch akzeptiert und ernst genommen werden. Wir sind alles lebendige Wesen mit Gefühlen. Es ist wichtig, diese Gefühle auch ausdrücken zu können, ohne belächelt zu werden. Vielleicht gibt es ungünstige Zeitpunkte, seine Gefühle wahrhaftig auszudrücken, weil der Partner mit sich selbst genug zu tun hat. Dann kann man ganz liebevoll sagen: »Pass auf, ich möchte das gern mit dir besprechen. Im Moment bin ich kopfmäßig so zu, ich habe noch so viel zu erledigen, es muss noch ein paar Tage warten.« Wir würden es auch gut finden, wenn die Partner sich vielleicht wöchentlich zusammensetzen wie zu einem Meeting, um wirklich über alles zu sprechen, was in ihnen vorgeht, um zu zeigen, dass sie sich lieb haben, und um gemeinsame Dinge zu planen. Natürlich ist es schwierig, wenn man Job, Kinder etc. vereinbaren will, es ist viel Arbeit erforderlich, eine Partnerschaft aufrecht und emotional lebendig zu erhalten. Damit könnte man das Kribbeln im Bauch erhalten, die Elektrizität, die bei Verliebten da ist, das müsste doch schaffbar sein und dafür lohnt sich doch die Arbeit, wenn man den anderen achtet.

Ich wünsche mir so sehr, dass alle Menschen und alle Paare wieder lernen, wirklich authentisch zu sein und auf Herzensebene zu kommunizieren. Dafür braucht es aber ein gesundes Selbstwertgefühl. Wir selbst sind der wichtigste Mensch in unserem Leben. Wir würden uns verlieren, wenn wir etwas anderes über uns stellen; wir verlieren dann unsere Mitte und sind nicht mehr authentisch. Dann wissen wir gar nicht mehr, was wir wollen, sollen und fühlen, sondern sind abgeschnitten von uns. Schaut also erst einmal bei Euch selber, was Ihr fühlt, wollt, was Eure Werte sind, was Eure Ausrichtung, was Eure Ziele. Erst nach der Klärung dieser Aspekte seid Ihr reif und bereit für eine wahre Partnerschaft auf Augenhöhe.

- **Karmische Aufgabe: Ungelöste Themen sollen in dieser Inkarnation geklärt werden**

Zwei Menschen werden zusammengeführt, damit sie sich gegenseitig als Spiegel dienen, die Beziehung dient als Entwicklung. Beide wollen und sollen mehr über ihr eigenes Selbst erfahren und Wunden heilen, eine offene Rechnung aus einem vorangegangenen Leben begleichen. Tritt dann Schmerz oder etwas Negatives auf, projiziert keiner der beiden dies auf den anderen, sondern jeder bemüht sich um eine wahrhaftige Auseinandersetzung ohne Schuldzuweisung. Es gibt natürlich auch Fälle, wo es um den Ausgleich einer alten Schuld geht, es kann jedoch auch darum gehen, gemeinsam Liebe zu erfahren.

Es kann sein, dass das karmische Paar einander über viele Lebenszeiten kannte und intensive emotionale Bande bestehen. Ungelöste Emotionen wie Eifersucht, Abhängigkeit, Angst, Schuld etc. sind Lasten, die in einer Folgeinkarnation aufgelöst und geheilt werden wollen. In dieser Art der Beziehung kann es auch darum gehen, dass bestimmte Bedürfnisse und Erwartungen auf den Partner übertragen werden. Es besteht ein großes Risiko, sich in dieser Beziehungsform darin zu verlieren, allerdings dient diese Konstellation einzig der Selbsterkenntnis und eigenen Entwicklung. In Dir selbst liegt die Chance, alles anzusehen und anzunehmen, damit Du es dann in Liebe, Achtung und Respekt loslassen kannst. Deine eigenen Schattenanteile wollen erlöst werden und schreien so lange und so laut in dieser Konstellation, bis Du ihnen zuhörst. Es kann schmerzvoll daherkommen. Es sind Emotionen, die Beachtung fordern – und keinen Kampf, damit Du frei weitergehen kannst. Nur ein sehr bewusster Umgang mit der Schwingung einer karmischen Beziehung ermöglicht Heilung.

Das Karma zwischen den Partnern soll durch diese Beziehung in beiden Seelenfamilien abgetragen werden. In einer karmischen Beziehung kann die Anziehungskraft mächtig stark sein, intensiv bis explosiv verlaufen, mit starken Emotionen. Die karmischen Spieler spüren ein überwältigendes Verlangen, sich näher zu kommen. Das alte Thema wird wiederholt mit der Chance, es zu lösen. Das energetische Ziel hierbei ist es, beiden neue Wege zu ermöglichen, andere als in dem karmischen Leben.

Stellt Euch einen Mann vor, der seine Frau in einem früheren Leben geschlagen, betrogen und verraten hat. Die Frau beendete diese Verbindung, vielleicht sogar durch Suizid. Der Mann gibt sich die Schuld. Hätte er rücksichtsvoller sein können? Diese Frage quält und begleitet ihn bis ans Ende seiner Tage.

Sie treffen sich einige Inkarnationen später wieder. Es herrscht eine magische Anziehungskraft, doch die Frau ist zunächst sehr zurückhaltend, obwohl sie ihn sehr charmant findet. Sie beginnen eine Beziehung. Von da an wird sie immer eifersüchtiger und besitzergreifender. Sie verdächtigt ihn, untreu zu sein. Er steckt in einem Dilemma, sie ist enttäuscht und fühlt doch keine Ablehnung, keine Wertung. Sie ist verletzt und er hat Angst, sie könnte ihn verlassen. Wie kann ich ihr zeigen, dass Vertrauen sich lohnt und ich ihr helfen möchte, ihr Vertrauen und ihre Lebenslust wiederzubekommen? Er lässt es zu, dass seine Grenzen weit überschritten werden.

Die beste Variante für beide wäre nun, diese Verbindung zu kappen, als unpassend beide in ihrem Sein zu belassen und jeder seinen eigenen Weg geht. Die karmische Last, loslassen ohne Schuld, jeder kann seinen Weg frei wählen, jeder kann für die Einhaltung seiner Grenzen stehen, wurde erlebt. Eine Lösung besteht nur in der Beendigung dieser Verbindung. Ihr Fehler des vorherigen Lebens, dem

Mann Schuldgefühle hinterlassen zu haben, war nicht ihr Suizid. Der Fehler lag bei dem Mann, der sich verantwortlich fühlte und seine Grenze in dem Wiederholungsleben nicht verteidigte.

Bei einer karmischen Verbindung kommt Euch der andere Mensch sofort bekannt und vertraut vor, es liegt eine magnetische Anziehungskraft vor, die dafür sorgt, dass beide zusammen sein wollen. Ob daraus eine Liebesbeziehung wird oder ein Kollateralschaden, zeigt sich im Laufe der Zeit. Dennoch ist nichts, wie es scheint, denn häufig kommen schwerwiegende Probleme an die Oberfläche, bei denen es um Macht, Kontrolle und Abhängigkeiten geht. Dann wiederholt sich das Karma, welches die beiden vielleicht als Paar, Eltern, Geschwister oder Ähnliches aufgebaut haben, in dem sie tiefe Wunden hinterlassen haben und eine magnetische Anziehung aufeinander ausüben im positiven wie im negativen Sinn.

Der spirituelle Rat an all jene, die sich in solch schwerwiegenden Verstrickungen mit ihrem Partner oder ihrer Partnerin befinden: Verbinde Dich wieder mit Deinem hohen Selbst und verabschiede Dich aus dem Kampf! Lass diese Situationen vollständig los, lass den anderen in Liebe weiterziehen.

Durch nichts kann ein Mensch verpflichtet sein, in einer solch kräftezehrenden Verbindung zu verharren. Trauer und Schmerz sind nicht unendlich erduldbar. Je länger Ihr in dieser Disharmonie verweilt, umso weiter entfernt Ihr Euch von der Liebe. Liebe ist leicht und hochschwingend, fluffig und inspirierend, verspielt und spontan, verrückt und unbeschwert.

Nehmt Ihr die karmische Verbindung allerdings als Ausrede, in einer Disharmonie zu bleiben, obwohl beide darunter leiden, weil es karmisch von Euch gefordert ist, habt Ihr die Möglichkeiten der karmischen Verbindungen gänzlich missverstanden. Jeder ist eine vollkommene Einheit aus Körper-Geist-Seele, jeder kann, darf und soll seinen freien Willen nutzen, um seine Lektionen zu lernen und besser zu werden. Ihr erreicht Wachstum nur durch eigene Heldentaten, Schlussfolgerungen, Erkenntnisse in Resonanz mit Eurem Inneren. Karma darf nicht als Ausrede genutzt werden, um nicht zu Eurem höchsten Wohle zu handeln.

Egal mit welchem emotionalen Anteil im anderen Ihr in Resonanz geht, Ihr könnt niemanden außerhalb von Euch »retten«. Bestimmung ist, dass jeder an seiner eigenen Meisterschaft arbeitet. Eure Vollkommenheit ermöglicht Euch Wachstum und Karmaklärung – jeder für sich ganz allein.

Karmische Beziehungen müssen nicht nur auf Partnerschaften begrenzt sein. Wir treffen zu Lernzwecken oft auf karmische Verabredungen, weil unsere Seelen sich diese Wachstums- und Entwicklungssituationen so gewünscht haben.

എ Ra Isa:
Die karmischen Verstrickungen sind sehr schwer auszuhalten, weil man selber merkt, dass sich etwas ganz seltsam anfühlt. Warum reagiere ich jetzt so? Warum gehen die

Verhaltensweisen oder die Aussagen der Mitmenschen mir so nahe? Andere Aussagen, die vielleicht auch nicht sehr nett sind, die prallen an mir ab. Ich habe gedacht, dass ich spirituell gesehen schon recht weit bin, weil ich oft in meiner Mitte bin, im Frieden, oft auch die allumfassende Liebe fühle. Aber wir haben es ja schon beschrieben, wir befinden uns in der Dualität und meine Schwester El-asaria und ich hatten während des Schreibens dieses Buches eine karmische Verstrickung, die aufgedeckt wurde. Die war nicht leicht auszuhalten, denn fast stand unser gemeinsames Buchprojekt auf dem Spiel. Wir sind beide sehr, sehr starke Persönlichkeiten und hatten beide identische Reaktionen: »Nö, wenn die jetzt so blöd ist, dann schreibe ich mein Buch eben allein!« Wir brauchten zwei bis drei Tage, an denen wir beleidigt sein mussten. Aber dann haben wir gefühlt und natürlich auch gebetet und Rücksprache mit der geistigen Welt gehalten und um Liebe, Licht, Heilung und Klarheit gebeten. Daraufhin haben wir diese Prüfung bestanden und die karmische Verstrickung aufgelöst.

Für mich ist es neu und auch sehr schwierig gewesen, diese Spannungen auszuhalten, weil ich ein absolut harmoniebedürftiger Mensch bin, und trotz allem zu meiner eigenen inneren Wahrheit zu stehen. Zu meinen Gefühlen, die sich natürlich nicht gut anfühlten, und diese Empfindungen auch nach außen zu bringen. Ich hatte vor Kurzem eine energetische Behandlung und da habe ich für mich festgelegt: »Ich spreche künftig nur noch meine Wahrheit aus!« Mit dieser Verstrickung habe ich gedacht: Na toll, jetzt spreche ich meine Wahrheit aus und was passiert? Jetzt eckst du überall an. Ja, es ist so. Es ist nicht leicht, die Wahrheit auszusprechen, aber wir haben gar keine Zeit mehr, wegzuschauen und unsere Emotionen, die nun mal in uns sind, einfach im Inneren zu lassen nach dem Motto: »Schwamm drüber, nett sein, alles gut.« Nein, das ist nicht das Ziel. Es ist manchmal anstrengend, diese Gefühle wahrzunehmen und anzunehmen, bei seinem Standpunkt zu bleiben, auch wenn es geschehen könnte, dass sich dadurch Beziehungen oder Verbindungen trennen. Es ist mit Trauer und Schmerz verbunden, aber wenn wir wirklich die geistige Welt um Hilfe bitten und um Klarheit, unser Ego und unseren Stolz zurücknehmen und nur FÜHLEN, wo die göttliche Wahrheit und der Sinn dieser Auseinandersetzung liegen, dann entsteht plötzlich Klarheit. Das mag an einem verstellten Sender oder Empfänger für die göttliche Wahrheit liegen, da ist es unsere Aufgabe, uns wieder zu justieren und dafür zu sorgen, dass die Schwingungen wieder d'accord gehen. El-asaria und ich haben es geschafft; wir haben eine ganz große Prüfung bestanden und nun schreiben wir beide dieses Buch zum Glück weiter. Das Interessante an der ganzen Geschichte ist, dass wir jede in der Lage gewesen wären, ein eigenes Buch zu verfassen, aber während dieser Diskrepanzen konnten wir beide nicht schreiben – wir sollten es gemeinsam machen. Das haben wir gespürt, miteinander gerungen, den Ego-Mist zur Seite geschoben, die dahinterliegenden Motive befreit und uns zurück in den Dienst unseres Schöpfers gestellt; und da muss es jetzt wieder fließen, weil wir die dahinterliegenden Dinge bearbeitet haben, die so wichtig waren.

Wenn Du Dich veränderst und authentisch wirst, wenn Du nicht das machst, was von Dir erwartet wird, wirst Du enttäuschen, verärgern und verunsichern durch Dein neues Verhalten. Vorher warst Du ja so schön beeinflussbar und pflegeleicht. Sei mutig, trau Dich, mit jedem Schritt aufrechter zu gehen, Dich groß zu machen und unbequem zu sein. Dadurch wachsen Deine Kraft und Dein Selbstvertrauen ungemein.

↪ El-asaria:

Für mein Gefühl haben wir damit einen weiteren Riesenschritt in Richtung Vervollkommnung getan. Wir haben uns erhoben aus der Ebene der »Arbeitsverbindungen«, jenen Beziehungen, die als Lernverbindung in unserem Leben auftreten, die Emotionen aufwühlen sollen, Verhaltensweisen schleifen wollen und sollen, unseren Selbstwert polieren oder ruinieren wollen/sollen, die also auf irgendeine Art und Weise für die Bildung unserer Persönlichkeit eine Aufgabe erfüllen, die etwas heilen sollten.

Durch das Zurückstellen des Egos, die Betrachtung der aufsteigenden Emotionen, haben wir eine Welle freigesetzt, die uns auch auf die übliche Art hätte wegschleudern oder auseinanderschleudern können. Wir haben jedoch beide unerschütterlich prozessorientiert und projektorientiert hinterfragt und haben jetzt eine Ebene der »heiligen Verbindung« in Wertschätzung, Achtsamkeit und Respekt erreicht. Hier spielen Ego, Trennung, Taktieren, Reagieren keine Rolle mehr, sondern die Emotionen steigen auf (an Temperament mangelt es uns wahrlich nicht – Ra Isa = Waage, Aszendent Skorpion, El-asaria = Skorpion, Aszendent Waage) wie in einem Dampfkessel, wir betrachten sie und warten auf die Essenz, die sich durch den Grad der Bewusstheit unweigerlich zeigt.

↪ Ra Isa:

Karmische Themen können sehr hinterhältig sein. Ich hatte bestimmte Verhaltensweisen drauf und fühlte mich angetriggert durch das Verhalten anderer und reagierte im Außen, nicht so, wie ich es früher immer gemacht habe, da behielt ich es in mir, hatte ungute Gefühle, weil ich fühlte, dass etwas nicht stimmte, und ich habe nicht angemessen reagiert. Mir war das oft zu blöd, ich mochte das nicht rauslassen, weil es mir unangenehm war. Seit Kurzem spreche ich meine Wahrheit aus und lasse unangenehme Gefühle raus. Und dann passieren missliche Situationen mit meiner Umwelt, weil die anderen denken: »Hä, spinnt die?« Aber es ist wichtig, seine eigene Wahrheit auszusprechen und zu leben und auch diese miesen Gefühle rauszulassen und zu benennen, denn nur dadurch kann Erlösung geschehen. Karma bedeutet nach meinem Verständnis, dass man irgendetwas gemacht hat, was man vielleicht schon viele Jahre mit sich herumschleppt. Solange man diese Themen nicht vollständig erlöst hat, die nicht leicht zu entdecken sind, werden sich bestimmte Situationen oder Menschen wiederholen wie in einem Film – bis Ihr das bearbeitet habt. Also wenn Ihr irgendwelche komischen Emotionen habt, bei denen Ihr keine Ursache findet, Ihr Euch vielleicht wundert über Eure eigene heftige Reaktion, dann hat es mit Sicherheit etwas mit Karma zu tun. Übermäßige Wut zeigt Euch immer an, dass es ein Thema in Eurem Leben gibt, das noch nicht geheilt ist, was Ihr noch nicht betrachtet und bearbeitet habt. Wut ist ein wichtiger Indikator, sie muss raus, aber es gibt auch diese Wut, die in manchen Momenten einfach übertrieben ist. Da müsst Ihr mal schauen, denn es hat immer etwas mit einem unerlösten Themenpaket zu tun, welches bei Euch noch auf der Zellebene gespeichert ist.

Deshalb ist es so notwendig zu kommunizieren. Es ist gottgewollt, dass alles miteinander in Verbindung geht, alle Systeme, das Körpersystem, Familiensysteme, die Gesellschaft, Freundschaftssysteme, Beziehungssysteme.

Mangelnde Kommunikation führt zum Tod. Nehmen wir unseren Körper als Beispiel. Alles im Körper steht in Verbindung miteinander und ist voneinander abhängig. Trinken wir z. B. kein Wasser, vertrocknen wir, die Zellen können keine Informationen mehr aufnehmen, austauschen und weiterleiten, das System bricht zusammen, wir sterben.

Wir haben verlernt, authentisch miteinander zu kommunizieren, wir setzen Masken auf, sprechen Worte, die nicht 100%ig unserer Wahrheit entsprechen, weil wir andere Menschen schützen wollen, weil wir zu feige sind oder weil wir uns einen Vorteil erhoffen.

Viele zwischenmenschliche Beziehungen sterben an der Bereitschaft, auf Herzensebene und in Wahrheit miteinander zu reden. Es ist natürlich einfach und bequem, jedoch mit Sicherheit nicht ehrlich und sehr kraftraubend. Deshalb gibt es so viele unglückliche Beziehungen. Die meisten Menschen sind nicht in der Lage Gedanken zu lesen. Aber genau dieses wird in vielen Beziehungen vorausgesetzt und dann ist die Enttäuschung groß, wenn die Erwartung nicht erfüllt wird. Man fühlt sich unverstanden. Mangelnde ehrliche Kommunikation ist ein Grund, warum es so viele »tote Beziehungen« gibt, die künstlich am Leben erhalten werden durch Maskeraden.

▪ **Dualseelen**

Auf der Erde wird die wahre Liebe durch Dualseelen repräsentiert, als Vorbote für heilige Beziehungen. Alle bisherigen Vorstellungen von Beziehungen und jeglicher Austausch, sei es an Emotionen, Erwartungen, Berechnung, Spiegelungen, haben damit nichts zu tun. Dualseelenpaare lieben aus ganzem Herzen.

Liebe zu geben, ohne den geringsten Gegenwert zu erwarten, ist eine Kunst, die ausreichend Selbstliebe voraussetzt. Abhängigkeiten müssen aufgelöst sein, die natürlich einen Entwicklungsprozess voraussetzen. Wahre Liebe ist nicht das, was die meisten Menschen in den vergangenen Jahren praktizierten. Wahre Liebe fließt frei, ohne Begrenzungen und Anforderungen, sie ist einfach.

In einer Dualseelenverbindung kann Dir deutlich spürbar gezeigt werden, wo Du noch an alten Dogmen festhältst. Befindet sich Deine Dualseele auf der feinstofflichen Ebene, wird Dir das Lernen noch leichter gemacht, da aufgrund der Dimensionen ja keine herkömmliche Beziehung gelebt werden kann, Du also nicht in alte, zähe Muster fallen kannst. Herausfordernder ist es, wenn Du Deine Dualseele in dieser Realität leibhaftig getroffen hast und eine Trennungssituation entsteht. Glaub mir, spätestens dann erkennst Du an Dir Eigenschaften, die Du schon überwunden glaubtest. Mit jedem Wollen tötest Du unbewusst eine Dualseelenverbindung und wirst eine weitere Gelegenheit bekommen, wahrhaftig zu lieben und Deine Liebesfähigkeit auszudehnen in Richtung bedingungslose Liebe.

Du darfst viel meistern, bis Du der universelle Diamant geworden bist, der Du sein wolltest, denn Dualseelenverbindungen sind herausfordernd, neu, zart, empfindlich.

Wir haben uns alle gemeinsam vorgenommen, starre Verhaltensformen zu transformieren und in reine Liebe zu verwandeln. Das erfordert natürlich auch von uns selbst diesen Wandel.

- Entwicklungsbeziehungen: Geistige Verabredung – kosmisch zusammengeführt

Manchmal treffen wir Menschen, die eine starke magnetische Anziehungskraft auf uns ausüben. Man hat von der ersten Sekunde an das Gefühl, sich schon Ewigkeiten zu kennen, fühlt sich absolut vertraut, will Kontakt und Nähe zu diesem Menschen. War man bereits in der geistigen Welt ein Paar, kann so eine Begegnung auch mit einer sehr extremen sexuellen Anziehungskraft einhergehen, denn die körperliche Erfahrung macht die geistige Verbundenheit vollkommen. In diesen Verbindung ist es häufig so, dass sie von gegenseitiger Unterstützung und Hilfe geprägt ist; so war die Vereinbarung in der feinstofflichen Ebene.

Das Gesetz der Resonanz führt Dich also zu einem Menschen, mit dem Du Deine Lebensaufgaben optimal erfüllen kannst. Euch verbinden Visionen, spirituelle Gaben und Fähigkeiten und es ist wahres Glück, so jemandem zu begegnen. Es ist eine absolute Bereicherung. Oft gehen diese Verbindungen in dem Moment auseinander, wenn die geplanten Aufgaben gemeistert und erledigt wurden, sodass diese Beziehungsform auch nicht von tiefer Liebe getragen wird.

Natürlich darf die Variante Zwillingsseele nicht fehlen, denn dieser Begriff steht für Magie. Bei dieser Beziehungsform herrscht eine ähnliche Anziehungskraft vor wie bei den Dualseelen, nur noch um ein Vielfaches verstärkt. Die Gefahr liegt in emotionaler Abhängigkeit, wenn Du davon ausgehst, dass Deine Zwillingsseele perfekt zu Dir passt und nur in der Vereinigung jeder Teil vervollständigt ist. Das entspricht eher einem 3-D-Konzept, eine »bessere« Hälfte zu haben, die Deine Sehnsucht nach dem perfekten Partner stillt.

Diese Überzeugungen zum Thema Zwillingsseele würde davon ausgehen, dass Du NICHT perfekt sein kannst, ohne Deinen Seelenzwilling gefunden zu haben. Diese Denkweise ist nicht der feinstoffliche Hintergrund, der doch annimmt, dass wir alle Göttinnen und Götter sind. Wie könnten wir also allein unvollkommen sein? Der spirituelle Hintergrund einer Zwillingsseele sagt aus, dass beide auf einer identischen Frequenz schwingen, einen gemeinsamen Ursprung, der für übereinstimmende Seelenschwingungen sorgte. Beide sind absolut autark und doch aufeinander eingestimmt.

Zwillingsseelen haben keine Aufgaben miteinander zu erledigen, keine Lern- und Entwicklungsschritte zu absolvieren, sondern begegnen Dir, wenn Du Dich über die Dualität hinaus entwickelt hast zur Freude und zum Spaß. Wenn Du Dir Deines Gotteskerns bewusst bist, triffst Du deine Zwillingsseele vielleicht auf dem Heimweg zur Quelle.

Es gibt keinen Rahmen, in den die Zwillingsseelenverbindung hineingesteckt werden kann, denn beide sind sich so nah, dass sie lange nicht wussten, dass sie zwei sind. Diese Verbindung ist von einer unvorstellbaren Tiefe geprägt. Jenseits unserer sichtbaren Realität seid Ihr untrennbar verbunden – schwer vorstellbar, dass beide Seelen extreme Erfahrungen in der 3. Dichte machten, um ein gemeinsames Erlebnisfeld damit zu speisen als eine Einheit, mit einem Erfahrungskonto in einer anderen Dimension, denn es ist nicht wichtig, was Ihr erfahrt, sondern wie Ihr die Dinge erlebt. Dadurch können beide ihre Schöpfermacht ausagieren und entweder Glück oder Elend erschaffen. Erst wenn jeder Zwilling durch viele Höhe und Tiefen gegangen ist, begegnen sie sich und erkennen sich, verstehen sich selbst besser und erlangen Klarheit über das eigene Selbst. Nun ist die Möglichkeit geschaffen, eigene Grenzen zu überwinden, und beide können sich daran erinnern, wer sie sind und wozu sie hierherkamen. Beide heben ihre Schwingung deutlich an und der Selbstausdruck und die Selbstverwirklichung wird erheblich beschleunigt. Auf einer höheren Ebene sind beide Zwillinge immer miteinander verbunden, nehmen jede Regung wahr und drücken doch ihre Einzigartigkeit aus. Diese Verbindung bringt Dich der Einheit ein ganzes Stück näher und aus dieser seelischen und körperlichen Verbindung entsteht ein neues Feld, eine neue Kraft, die jedem Zwilling allein so nicht möglich wäre. Dieses starke Band zwischen den Zwillingsseelen helfen dem gesamten Universum, da sie Liebe und Einheit verankern.

Aufgrund der globalen energetischen Transformation, bei der sich alles um uns herum verändert und alles *in uns* verändert, werden sich selbstverständlich auch Beziehungen verändern. Es werden beide Partner fest in sich selbst ruhen, angebunden an ihr höheres Selbst und heil, beide spiegeln sich gegenseitig ihre Herzfrequenz, genießen sich und das Feld der bedingungslosen Liebe. Abhängigkeit gibt es nicht zwischen ihnen, beide sind absolut frei. Diese tiefe Verbundenheit werden wir nicht nur zum Partner empfinden, sondern auch zu anderen Menschen; zum Partner besteht natürlich eine besondere, reine, sakrale Verbindung. Es gibt keinen Deckungsbedarf an Bedürfnissen, keine Erwartungen, es gibt freien, reinen Energiefluss. Ängste und Verlustgefühle verschwinden.

In ihrem Kern besteht die reine Liebesbeziehung aus höchster Energie, reiner Seelenverbindung, angebunden an die höchste Quelle. Sie ist innig, tief, umfassend, getragen von Vertrauen, Geborgenheit, Sicherheit, Schutz, Beständigkeit, Achtung, Wertschätzung – pures Licht für unser Sein. (vgl. Lichtnahrung) Energie »ziehen« wir dann nicht aus der Verbindung mit Menschen, sondern jeder Mensch ist genährt und getragen von göttlicher Anbindung, sodass viel Freiraum für Begegnungen und Beziehungen von wahren, vollkommenen Wesen möglich ist.

Wir hoffen sehr, dass möglichst alle Menschen diese Entwicklungsschritte durchlaufen haben, damit wir alle in diese Beziehungsform kommen. Viele haben in den letzten

Jahren intensiv an sich gearbeitet und sich effektiv geheilt, sind damit spirituell gereift.

Es gibt keine höhere Quelle, an die wir angebunden sein könnten. So können wir dem Fluss des Lebens bedingungslos vertrauen, alle Begrenzungen lösen sich auf, eigene und fremde gleichermaßen, emotionale Abhängigkeiten ebenso, Überleben und erfülltes Leben sind gesichert. Vertrauen und Sicherheit durch die Anbindung an den Kosmos, mit der jedes menschliche Wesen sein Bestes einbringen und sein Innerstes nach außen kehren kann. Der Kosmos bietet sich uns als Spiegel an. Du schaust hinein und sagst: »Das bin ich in meiner ganzen Präsenz!«

Wie stellen wir uns die neue Art der Beziehung also konkret vor? Wie freie Liebe, da wir ja alle miteinander verbunden sind und dies eventuell noch viel intensiver spürbar wird? Wie fühlt sich das an? Der Wunsch nach Zärtlichkeit und Nähe wird bleiben, solange wir leben. Wir haben das Gefühl, dass Partnerschaften weiterhin monogam geführt werden, weil sie etwas Besonderes, Einzigartiges bleiben werden. Auch wenn es nicht um Bedienen von Bedürfnissen geht, Erwartungen o. Ä., so bleibt doch der Wunsch, das eine besondere Herz an seiner Seite, in seinem Rücken, in seinem System fühlen zu können. Das kann nur jeder für sich ganz allein herausfinden, wie sich wahre Liebe anfühlen und gestaltet werden soll, sowohl die innere wie auch die äußere Form kann individuell gestaltet werden.

Die Vorarbeit mag die Beziehungsstufe »Entwicklungsbeziehung« sein. Erst müssen wir uns all der Muster etc. bewusst geworden sein, geheilt sein, die eigene Unvollständigkeit aushalten können und sogar lieben können, den Gedanken verabschiedet haben, ein Partner könne uns geben, was wir nicht haben.

Durch eigenes Erleben bin ich davon überzeugt, dass der Kosmos diese neue Verbindung von männlicher und weiblicher Kraft wünscht und fördert, da eine neue Kraft daraus entsteht. Ein Kraftfeld der Manifestation, ein vollkommenes Feld von Mann und Frau möchte ich es nennen, aus zweimal 100 % Seelenkraft wird ein Atomkraftwerk, denn es entsteht eine so unfassbar hohe Schwingung, die alles beeinflusst und für jeden sichtbar, fühlbar, erlebbar ist. Diese Beziehungen sind ein absolutes Geschenk.

»Wir sind die Hüter des Planeten Sirius. Wie Ihr vielleicht wisst, bewegt sich El-asaria in den höchsten Ebenen und durch das Universum. Sie hat spezielle Verbindungen zu außerirdischen Planeten und Wesenheiten. Daher fühlen wir uns geehrt, hier etwas zum Thema beitragen zu dürfen.
El-asaria, wir grüßen Dich mit der heimatlichen Kraft vom Sirius. Du bist ungewöhnlich, außergewöhnlich in Deiner menschlichen Ausdrucksform, denn schon lange hast Du die menschlichen physischen Barrieren überwunden. Schon des Öfteren durften wir Deinen Geist bei uns begrüßen und somit sind wir bestens informiert über Deine Bedürfnisse und auch irdischen Sorgen. Doch Letzteres ist für Dich nur noch ein lästiges Anhängsel. Wie Dir bereits durch Pan und die Weiße Tara mitgeteilt wurde, bist Du jetzt auf dem Weg, Dich von all den alten Belastungen zu befreien und Deine Arbeit zum Erfolg zu bringen. Du hast nicht nur goldene Hände, sondern auch ein goldenes Herz. Nun zu Deiner Frage: Auch X ist ein planetarischer Wanderer. Ähnlich wie Du kreist er viel im

Universum herum und auch er hat besondere außerirdische Beziehungen und energetische Erinnerungen. Doch anders als bei Dir begrenzt ihn seine eher vernunftgesteuerte Daseinsform als Mann. Er lässt die Situation nicht in gleichem Maße zu, wie Du es tust, doch es herrscht bei ihm eine Sehnsucht vor, es Dir gleich zu tun. Er ist sehr kraftvoll, da in ihm das Feuer des Phönix brennt, und er sieht in Dir eine Verbündete. Jemanden, durch deren Sein er Bestätigung findet und die Möglichkeit sieht, sich diesen Dingen voll und ganz zu öffnen. Doch bevor dies geschieht, wird er seine Unsicherheit überwinden müssen. Die Angst vor neuen geistigen und spirituellen Weiten nimmt ihn noch ein. Doch die Neugier und der Wunsch nach Entwicklung wird siegen.

Ihr beide könnt voneinander lernen und ihr werdet so Fähigkeiten entdecken, die bisher verborgen geblieben sind. Er ist nicht da, um Dich zu testen, doch Vieles wird für Dich durch ihn bewusster. Du fragst Dich natürlich nach der irdischen Komponente dieser Verbindung. Bevor wir lange Erklärungen abgeben, wollen wir lieber ein Beispiel geben: Stell Dir ein gemeinsames Bewusstseinsmeer vor. Ein Teil des Meeres steht für Dich, der andere für ihn. Durch unterschiedliche Erfahrungen wurden Eure Meeresbereiche unterschiedlich aufgewühlt. Ihr habt trotz des gleichen Meeres unterschiedliche Wellenbewegungen und Wellenfrequenzen. Nun betrachte die Schnittstelle Eurer beiden Meere, wo sich die unterschiedlichen Wellen treffen. Das Meer wühlt sich noch stärker auf, es kommt zu Turbulenzen und Strudeln. Und es dauert einige Zeit, bis sich Eure Meere auf ähnliche Wellenbewegungen eingestimmt haben. Erst ab diesem Zeitpunkt ist für Euch eine irdische Beziehung möglich, die von Dauer sein kann.

Denn beginnt Ihr Eure Beziehung innerhalb der großen Turbulenzen, wird es aufwühlend und aufregend sein, aber die Meere werden Schwierigkeiten haben, sich anzupassen, und unter Umständen nicht zueinander finden. Gehe behutsam vor, denn Eure Kräfte sind gewaltig. Ihr habt unsere Unterstützung, denn wir sind auf Eure Mitarbeit und diese Art Verbindungen angewiesen. Eine Verbindung Eurer Potenziale hilft uns auch. Genieße die Zeit, reduziere Dein Tempo. Alles ist richtig, so wie es ist. Wir schicken Dir lichtvolle Grüße vom Planeten Sirius, es segnen Euch die Hüter vom Sirius.«

15. Stilles Wissen

»Ich bin Kryon, ich grüße Dich und ich komme vom Planeten der Magneten. Das magnetische Gitter um den Erdball nahm in den vergangenen Jahren ständig zu, damit Ihr Menschen in Euren Ausdruck gedrängt werdet. Ihr werdet in Chaos geführt, weil Eure Seelen ganz klar ihren Weg finden wollen. Denn es ist so, dass Ihr Menschen hier in diesem Leben die Samen in Euch gelegt bekommt von der Evolution, dass Ihr in einigen Jahrzehnten keine Krankheiten mehr habt, dass Ihr so weit seid, nicht mehr in so starken Emotionen zu sein. Dies wird jetzt alles gelegt, auch die Samen der Regeneration und die Funken der Neuentwicklung. Das alte Körpersystem wird durcheinander gebracht, das macht Euer System auch krank, anfällig und müde. Die Seele schwingt sich auf, jetzt in die Entfaltung zu gehen, den Raum und die Kraft und den Ausdruck zu leben, der jetzt hier auf dieser Erde möglich ist. Hier ist wesentlich mehr möglich, als Euer Verstand mit all seinen Begrenzungen verstehen kann.

Ihr seid immer in der Begrenzung Eures Verstandes, in dem eigenen goldenen Käfig. Ihr dürft dieses Tor endlich öffnen und Euch erheben in Eure Kraft. Dieses extreme Chaos auf der körperlichen Ebene als Antwort auf die ständig steigende Energie rührt von Euren Seelen, die sich aufschwingen. Ihr sollt Euch weiterentwickeln in Eurem Sein, in Eurer Essenz. Der Kampf der Körperlichkeit, der sich der Entwicklung der Seele anpassen muss, ist Krieg im eigenen Körper. Das ist die körperliche Anstrengung und Müdigkeit. Wenn Du Deinem Seelenausdruck nachgehst, die Spannungen lassen zwischendurch immer wieder mal nach, dann beruhigt sich der Körper und Ihr findet leichter Eure Wege. In diesem Zustand befindet Ihr Euch alle, in dem Eure Seelen sich massiv ausdehnen wollen, um ihrem Plan zu folgen.

Ihr habt eine Menge Dinge neu auszurichten, für die jedoch die Basisarbeit in Euch selbst erledigt sein muss. Eure Unterstützung für andere Menschen ist von entscheidender Wichtigkeit, um innere Zustände und äußere Umstände erklären zu können. Naturbedingte Gegebenheiten werden Euch dazu zwingen, Euch Eurer Aufgaben bewusst zu sein. Der magnetische Dienst für die Erdbevölkerung wird sich ausdehnen, bis ein Miteinander gewährleistet ist, welches Bedingungen für jedes Lebewesen schafft, die seinem Plan entsprechen. Veränderungen werden Euch veranlassen, Strukturen neu zu erschaffen, und Achtsamkeit und Wertschätzung mit allen Existenzen einfordern. Die Macht hat Formen angenommen, die nicht länger tragbar sind, und es wird Zeit, dass Ihr Euere gottgegebenen Rechte zurückfordert.

Eure Vorsehung war immer, den Zyklus der Dualität zu durchlaufen, um ihn dann zu beenden mit all den Lektionen, *die Ihr Euch vorgenommen hattet. Ihr seid großartige Wesen, die bislang nur den minimalen Teil ihrer Kraft nutzen. Das Erwachen hinsichtlich dieser Fähigkeiten bedeutet ein konsequentes Voranschreiten. Seid die Lehrerinnen und Lehrer, die Ihr bereits jenseits der Dualität gewesen seid und teilt Euer Wissen mit jenen, die noch sehr unsicher im Durchblicken der Zusammenhänge sind.*

Dehnt Euch aus, indem Ihr Euer Können verbreitet an jene, die noch Suchende sind, und stellt die Zusammenhänge der inneren Qualitäten her. Geht voraus, auf dass Euch ein Mantel der Faszination umgibt und Suchende aufgrund Eures inneren Leuchtens mutig Fragen an Euch richten. Beantwortet so viele Fragen, wie es Euch nur möglich ist, und bedenkt, dass Ihr damit eine großartige Wirkung erzielt. Jeder Mensch, der sich mit den universellen Gesetzen auseinandersetzt, ist ein weiterer Lichtfunke, der dem großen Anhebungsprozess dienlich ist. Dies ist Euer frei gewählter Dienst für genau diese Zeitepoche, hebt die Kompetenzen Eurer Mitmenschen und lebt Euer Licht und Eure Liebe. Das war Kryon für Euch, meinen Segen.«

Unser ungeübter Verstand kann viele Informationen aus der feinstofflichen Ebene nicht erkennen. Unsere Sinneswahrnehmung müssen wir trainieren, statt uns vom Verstand im Sumpf der Endlos-Denk-Schleifen gefangen nehmen zu lassen. Das erfordert immer wieder die Entscheidung hin zur Seele und weg von den inneren Spielchen der eigenen Schatten. Der Verstand muss immer wieder an die Seite gestellt werden.

Mit der Zeit wird der Verstand bzw. das Ego immer geringer und die Wahrnehmung der *Spirits* steigt exponentiell an. In diesem Prozess befindet sich derzeit das gesamte menschliche Kollektiv; gehe ich weiter auf den ausgetretenen, nicht funktionierenden Wegen von 3-D oder wende ich mich aus ganzem Herzen 4-D und höher zu? Herz und Seele benötigen Aufmerksamkeit, bewusste Handlungen, sorgfältige Gedanken und Worte. Je mehr wir uns dieser inneren Arbeit zuwenden, umso geringer werden unsere niederen Beweggründe, unsere egobasierten Wünsche. Auf der Suche nach der inneren Wahrheit wird die Fähigkeit, göttlich inspiriert zu handeln, wachsen. Überheblichkeit, die Fähigkeit, über Leichen zu gehen, Neid, Hass, Rache schwinden – sie verhindern göttliche Fähigkeiten und Seelenwachstum.

Niedere Wünsche verleiten Menschen zu geringer Impulskontrolle, instinktgesteuerter Bedürfnisbefriedigung und führen unweigerlich in Chaos oder gar Süchte. Werden wir von solchen Wünschen gesteuert, können wir Körper, Geist und Seele nicht klären. Verunreinigungen dieser Art erschaffen mentales Leid, schädigen den Körper und beeinflussen jede Art von Beziehungen. Dies zeugt von einem sehr geringen Selbstwert und einem sehr geringen Selbstbewusstsein. Du kannst dieses Risiko nur stoppen, indem Du Körper, Geist und Seele reinigst.

Sei so ehrlich und transparent zu Dir selbst, wie es nur möglich ist. Hör auf zu täuschen, zu betrügen, zu lügen und richte Dich auf. Sei bereit zu einem tiefen menschlich verbindenden Verhalten, begegne anderen in höchstem Respekt und mit Mäßigung. Es gibt nichts Entwürdigenderes als ein unkontrolliert agierendes Ego, das den Menschen zu einer beinflussbaren Marionette macht. In Deinem Ego können sich energetische Programmierung festsetzen, die Dich empfänglich für Werbung, Wiederholungen, Verdrehungen machen und Dich davon fernhalten, Macht über Deinen Körper und Dein Bewusstsein zu erlangen. Weisheit erlangst Du durch Freiheit von Fremdbeeinflussung jeder Art, und unweigerlich folgt dann Glück, welches Dir »zufällig« Türen öffnet, von deren Existenz Du nicht einmal eine Ahnung hattest.

∽ **Ra Isa:**

Erst gestern hatte ich eine Grenzsituation, und zwar merkte ich aufsteigende Unruhe und es machte sich Panik breit. Ich weiß, es war eine Frau, die verstorben war an einem Herzinfarkt und ich habe ihre Ängste der letzten Lebensminuten durchleben müssen. In diesem Moment des extremen Fühlens war ich einfach nicht in der Lage, wieder zu mir zurückzukommen. Es gibt auch bei uns Licht- und Energiearbeitern Grenzsituationen. Ich habe den ganzen Tag meditiert, geatmet, gebetet, um mich zu beruhigen, damit ich in die Lage komme, diese Frau aus meinem Energiefeld herauszuholen. Ich schaffte es nicht sofort, weil ich nicht fähig war, die richtigen Worte zu finden und die Helfer herbeizuholen. Das schaffte ich erst mitten in der Nacht. Die Frau ist gegangen und mir ging es schlagartig besser. Aber ich muss für mich noch einen Weg finden, wie ich mit diesen Grenzerfahrungen umgehe, mit dieser extremen Fühligkeit. Ich habe ja schon mehrfach erwähnt, dass wir immer wieder prüfen müssen, woher diese Befindlichkeitsstörungen kommen, ob es etwas mit uns zu tun hat oder mit anderen Wesen.

Einen vergleichbaren Fall hatte ich schon einmal. Da ist

die Schwester einer Nachbarin ganz plötzlich an einem Herzinfarkt verstorben und sie hat sich bei mir angedockt, weil sie wusste, dass ich spirituell arbeite, und weil sie die Hoffnung hatte, durch mich noch etwas sagen zu können. Sie hatte noch wichtige Informationen für ihre Schwester. Wir hatten sie ins Licht gebracht, aber trotzdem ging es mir selber hinterher sehr, sehr schlecht, sogar so schlecht, dass ich ins Krankenhaus musste, mit einem Blutdruck von 180/100; sonst habe ich immer einen viel zu niedrigen Blutdruck. Das war damals das erste Mal, das sich eine Seele bei mir angedockt hat, jedenfalls dass ich es bewusst mitbekommen habe, und das hat bei mir eine Panikattacke ausgelöst. Die Todesangst von einem anderen Menschen zu empfinden ist sehr anstrengend. Ich kann nur jedem Menschen, der an Panikattacken leidet, empfehlen zu schauen, ob die Panik etwas mit der eigenen Person zu tun hat oder ob sich jemand angedockt hat. Mittlerweile kann ich etwas besser damit umgehen, weil ich weiß, dass es nichts mit mir zu tun hat. Diese Panik einfach zu akzeptieren, zu sagen, es ist jetzt so, ist nicht so leicht, aber bekanntlich gewöhnt man sich an vieles.

Wir alle haben unterschiedliche Gaben. Der/die eine ist hellsichtig, hellfühlend, hellwissend, hellhörend, der/die andere kann Heillieder singen, heilen durch Händeauflegen oder ist Spezialist in der geistigen Heilung. Einige Menschen haben eine einzige Gabe, manche Menschen haben mehrere. Die Vielfalt dieser Gaben bildet ein wunderschönes Mosaik. Jeder Mensch oder besser gesagt, jedes Lebewesen hier auf diesem Planeten, hat seinen eigenen Platz mit seinen ganz eigenen Fähigkeiten, mit seiner unverwechselbaren Individualität und Andersartigkeit. Auch

Tiere haben ihre Gaben, viele Tiere sind hellsichtig und hellfühlig, sie können den Menschen in die Seele schauen, sie sind auch wunderbare Heiler. Dazu komme ich aber noch in dem Kapitel *Tierische Helfer*.

Wie viele verschiedene Gesichter gibt es, wie viele Menschen leben auf der Erde und wir sehen alle unterschiedlich aus. Außer, das ist auch wieder sehr erstaunlich, eineiige Zwillinge, sie sehen fast identisch aus – ich finde es grandios.

Wenn man sich das überlegt, wie erstaunlich ist das denn bitteschön? Wir machen uns darüber aber herzlich wenig Gedanken, weil wir alle es als selbstverständlich hinnehmen.

Wenn ich energetisch arbeite, habe ich ein stilles Wissen zu einem Thema, ich weiß es einfach, und dann ist es auch so. Es ist ganz praktisch, oftmals muss ich auch fühlen, wenn ich z. B. Tiere behandle, dann weine ich oft, weil ich dann deren Trauer durch mich ausleite, durch meine Tränen, weil sie das selber nicht können. Oder wenn ich Klienten habe, die emotional sehr blockiert sind, dann muss ich deren Gefühle fühlen und das kann manchmal sehr anstrengend sein. Weniger anstrengend ist, zu fühlen, wo ein Lebewesen Schmerzen hat. Dann zwickt es bei mir hier oder da, dann weiß ich, das sind jetzt nicht meine Schmerzen, sondern die meines Klienten. Ich fühle es nur kurzfristig, so als wenn mir die Seele des Klienten zeigen möchte, wo Heilung stattfinden soll. Nach der Behandlung reinige ich mich und bin wieder in meinem eigenen Energiefeld.

Deshalb ist die Reinigung so immens wichtig. Früher habe ich mich nicht energetisch gereinigt und bin dann noch tagelang mit den Symptomen meiner Klienten herumgelaufen und habe mich gewundert, warum es mir nicht gut geht. Also unterschätzt bitte nicht die energetischen Rituale.

Wenn ich mit anderen Energiearbeitern zusammenarbeite, sind meine Gaben noch kompletter. Es ist so, als wenn wir uns alle den Ball zuwerfen, in der gleichen Energie sind und uns gegenseitig bestärken – ein sehr schönes Gefühl, wenn alle das Gleiche denken und fühlen.

Superwichtig: Achtet auf Eure Sprache: Erst der Gedanke, dann das Wort, dann die Tat – wir müssen auf unsere Sprache achten.

Und das kann ich Euch auch versichern, wenn Ihr denkt Ihr seid schon gut davor, dann könnt ihr sicher sein, dass es immer neue Aufgaben gibt. Glaubt mir, es gibt immer neue Facetten, damit der Diamant geschliffen wird. Es ist richtig zum Kotzen, wenn wir denken, ich habe schon 185.000 Mal dieses Thema angeschaut und bearbeitet. Es kommen immer noch feinere Aspekte dazu. Bis an unser Lebensende werden wir weiterlernen. Und danach geht es wieder weiter, neues Leben, neues Glück. Erhebe Dich Stufe um Stufe, wie Hermann Hesse so schön sagt, dann werden Tore und Türen geöffnet.

Ich habe heute beim Mountainbikefahren mit meinem goldenen Engel, meinem Hund Mika, wieder Inspirationen bekommen. Im Dezember 2014 bin ich durch einen weiteren Transformationsprozess gegangen und habe mehrmals täglich mit meiner spirituellen Schwester Elasaria gesprochen, sie hat mich auf etwas aufmerksam gemacht, was ich im Kopf schon viele, viele Jahre wusste, aber erst jetzt ist es hineingegangen in mein Zellbewusstsein. Ich möchte es unbedingt weitergeben. Wenn wir uns ärgern, wenn wir neidisch sind, wenn wir Angst haben, missgünstig sind, tratschen o. Ä., dann nährt sich die dunkle Seite der Macht davon. Auch die dunklen Energien sind Teil von uns, auch wenn ihr das jetzt nicht so gerne hören mögt. Und gerade diese dunklen Energien wollen angeschaut werden, wahrgenommen werden, weil sie ein Teil von uns sind. Sie wollen angenommen werden und mit Liebe geheilt werden. Ihr könnt verdrängen, wie Ihr wollt, und glauben, diese Anteile seien nicht mehr da. So ist es aber nicht, sie schlummern im Unterbewusstsein und rauben uns viel Kraft. Viele Menschen spielen noch im Erwachsenenalter das Kinderspiel: Hände vor das Gesicht halten und glauben, dass man nicht gesehen wird.

Ich war mit meinem Hund in der Natur unterwegs, er hörte nicht, mein Solarplexus zog sich zusammen und ich spürte aufsteigenden Ärger. Ich sah, wie Mika sich schüttelte, und da entschloss ich mich, mich ebenfalls wie ein Hund zu schütteln (mir hilft alternativ auch tanzen ☺) und mein Tier in Liebe zurückzurufen; es funktionierte viel besser und leichter, als wenn ich ihn laut zurückgerufen hätte. Merkt Euch dieses Bild: Euch zu schütteln oder zu tanzen, die ganzen negativen Energien abzuschütteln, weil sie oftmals nicht zu euch gehören. Auch wir haben unsere Geschichte, tragen Hell und Dunkel in uns, manchmal haften sich aus dem Kollektiv Emotionen an uns, weil wir uns bereiterklärt haben, diese zu transformieren. Wenn ihr also merkt, dass es so – bäh – aggro ist, dann atmet tief durch, schüttelt Euch und sagt: ICH BIN LICHT, ICH BIN LIEBE und ICH BIN HEILUNG.

Und ja, das ist der Teil der Emotionen, die wir in uns haben. Es gibt auch Emotionen, die nicht erklärbar sind. Ihr wacht auf und fühlt Euch schlecht. Fragt Euch, woher diese Emotionen kommen. Wurde ein alter Glaubenssatz in euch oder eine Begebenheit angetriggert oder kann es sein, dass Ihr so hochsensibel seid und Dinge spürt, die in Eurem Umfeld passieren oder im Kollektiv? Ich weiß noch, als die Twin Towers am 11.09. umgenietet wurden, da bin ich morgens aufgewacht und dachte, ich müsste sterben. So schlecht ging es mir. Oder beim Tsunami auf den Philippinen erinnere ich mich, dass ich extreme Atemnot hatte und dies überhaupt nicht zuordnen konnte, bis ich die entsprechenden Nachrichten hörte.

Wir Sensiblen, wir Lichtarbeiter, sind so fühlig, dass wir für das Kollektiv mitempfinden. Da hilft es uns wirklich nur, uns auf unsere Mitte zu konzentrieren, das eigene innere Licht strahlen zu lassen, so hell, wie wir nur können. Schickt dieses Strahlen überallhin, ins Innere der Erde, über den gesamten Planeten, bis in den letzten Winkel des Universums. Wenn wir Lichtarbeiter das alle immer wieder machen, haben wir den *Break-even-Point* wohl schon erreicht – nur, Jungs und Mädels, wir haben noch richtig viel zu tun. Es gibt noch so viel Brutalität, so viel Disharmonie, Krieg, Ungerechtigkeiten. Ich bin sicher schon älter als die meisten Leser, Ihr seid vielleicht schon weiter entwickelt auf diesen Erdball gekommen als frühere Generationen – wir brauchen Eure Hilfe. El-asaria und ich werden unser Bestes geben, um Euch eine Hilfe zu sein und Anregungen an die Hand zu geben.

Glaubt uns, wir waren kurz vor Weihnachten 2014 wieder so weit, unsere Flügel abzugeben. Drei Tage tiefe Transformation sind extrem anstrengend gewesen. Und wir standen vor dem Schöpfer, ohne jegliche Materie, mit ausgebreiteten Armen und tiefer Verzweiflung im Herzen und dem entschlossenen Satz: »So kann es keinesfalls weitergehen!« Wir standen vor dem weisen Rat und haben auf den Putz gehauen, Klartext gesprochen, wie anstrengend die 3. Dichte sein kann, wie mühsam es ist, als Engel auf Erden zu sein, die Dinge allumfassend zu sehen und zu spüren und keine Erleichterung auf allen Ebenen zu spüren. Wir hätten uns sehr gewünscht, mit einem Fingerschnipsen die Realität verändern zu können.

Die geistige Welt ist in der Regel nicht hier auf der Erde gewandelt, sie kennen keine Zeit, sie denken, eine Minute ist vergangen und bei uns ist tatsächlich ein Jahr vergangen. Für uns hier auf Erden kann es extrem anstrengend sein und wir haben gebetet und gefleht, dass es für uns hier leichter werden muss – und das wird es für 2015.

Fallbeispiel

Eine weitere teilenswerte Sitzung möchte ich Euch weitergeben. Ihr wisst ja sicherlich, dass es sehr hilfreich ist, sich mit den Kräften und dem Wissen der Ahnenlinie auseinanderzusetzen. Ich hatte den Impuls, mich mit der weiblichen Linie zu befassen. Damit ich mich selbst nicht verhedderte, bat ich mal wieder Katl, diese Reise mit mir durchzuführen. Wir verbinden uns dann mit unseren speziellen geistigen Helfern und Begleitern und stellen uns auf den Zeitstrahl.

Mir gefällt es ausgesprochen gut, diese Art Arbeit an meinen Themen mit einer eng vertrauten Person durchzuführen, denn wir können abgleichen, was wir sehen, fühlen, hören, uns ggf. gegenseitig korrigieren. So ging es also nur mit dem Wunsch los, eine Information der weiblichen Linie zu erhalten, so JETZT der geeignete Zeitpunkt gekommen ist, noch etwas für alle aufzulösen. Ohne bestimmte Erwartung auf großartige Erkenntnisse loszureisen, erwies sich für mich bislang als praktisch. Mein Geist ist komplett geleert, mein Verstand verschlossen, die Atmung verlangsamt und ich habe keine Ahnung, ob ich mit Alpha- oder Theta-Wellen arbeite.

Wir fanden uns wieder in der Zeit des Mittelalters, sahen eine Art Marktplatz, eine riesige Menschenmenge, durch die wir uns erst hindurchschlängeln mussten, um sehen zu können, was dort in der Mitte vor sich ging. Ein riesiger Scheiterhaufen, darüber ein Podest mit einem Galgen, eine aufgebrachte Menge, eine Frau, die offensichtlich hingerichtet werden sollte. Wir betrachteten diese Situation eine Weile, spürten, welche Information darin für mich enthalten war. »Bin ich diese Frau?« Da wir uns dort bewegen konnten, schlossen wir diese Wahrheit aus. Katl sagte: »Ich habe das Gefühl, du musst zu der Frau gehen. Hör doch. Die Menge schreit: HEXE! HEXE! Geh mal näher ran, vielleicht bekommst du dann eine Information.« Okay, eine Hexenverbrennung, nicht meine eigene, puh, das ist ein Pluspunkt der Situation. Vielleicht soll ich sie retten? Soll ich sie gleich beim Übergang begleiten? Mal schauen, dachte ich und drängelte mich durch die Menge dichter zu ihr heran. Als ich direkt neben dem Podest stand, fauchte sie mich an: »Was willst du hier? Ich gehe heute und nehme das gesamte Wissen mit. Dann ist es verloren für ganze Generationen.« Oh, das wäre schlecht, ich erinnerte mich, dass es Sinn ergibt, Wissen und Weisheit von Mutter auf Tochter oder Oma auf Enkelkind zu übertragen. Mir dämmerte das Ausmaß noch immer nicht. So sprach ich: »Bitte, es wäre nicht innerhalb der Ordnung, dein heiliges Wissen zurück zur Quelle zu nehmen, obwohl es deinen Nachkommen von großem Nutzen sein könnte. Wer von diesen Menschen gehört zu dir? Dann bitte ich dich, übertrage deine Weisheit auf sie, ich bitte dich.«

»Meine Tochter ist noch jung an Jahren und wurde noch nicht aufgenommen vom Rat der weisen Alten. Das ist Pech für meine Linie – du siehst, ich habe keine Möglichkeiten mehr.« Ich überlegte wieder, wieso ich hier stand, woher ich sie vielleicht kennen könnte. Habe ich sie bereits im Traum gesehen? Hat sie mich hierhergerufen? Dann musste ich handeln können – nur wie und womit? Dann hörte ich mich auf einmal sagen: »Wie kann ich dir dienen? Du hast mich hierhergerufen, damit ich dir helfe? Was kann ich tun?«

Wieder wurde ich mit einem geringschätzenden Blick gemustert: »Was kannst du schon, dass du mir dienen könntest?« Oh, das nahm ich als eine Herausforderung an und stellte mich direkt vor sie, in das mittlerweile lodernde, knisternde Feuer: »So schau, die Elemente arbeiten mit mir zusammen. Das Feuer kann mir nichts anhaben, das dürfte dich von meiner Reinheit überzeugen. Noch einmal meine Frage: Wie kann ich dir und deiner und damit auch meiner Ahnenlinie dienen?«

»Strecke deinen rechten Arm aus!« Ich folgte der harschen Aufforderung, mangels besserer Idee, und durfte staunen. In meiner Handinnenfläche der rechten Hand entstand ein Symbol, hell gelb/weiß, wie eine umschlungene Rose, die Ranke wuchs wie gemalt meinen Arm hinauf und ich spürte, dass meine Zellen in meinem Arm Informationen aufnahmen, es fühlte sich an, als würde der Arm mit Selters übergossen, sprudelig, frisch, seltsam, mir bis dahin unbekannt. Ich war mit diesem Prozess an mir so beschäftigt, dass ich nicht realisierte, dass ich bereits wieder auf dem Boden stand, dass »die Hexe« bereits von den Flammen erfasst wurde, dass ein heller Strahl in meine Handfläche floss und durch meinen ganzen Körper fuhr. Ich hörte die Worte: »Nimm es in Ehren und tritt vor den Rat.«

Ich befühlte meinen Arm – alles ganz normal, ich konnte alles bewegen, hatte keine Schmerzen. Da hörten Katl und ich schon Gesang, ein bisschen wie Ra Isas Sphärenklänge, weibliche Stimmen, älter schon, mit viel Volumen. Eine Gruppe weiser Frauen kam näher und ich kniete mich nieder, ohne dazu eine Aufforderung erhalten zu haben. Sie umringten mich und jede legte ihre rechte Hand über mein Haupt. Ehrfürchtig kniete ich und lauschte, ob eine noch sprechen würde.

»Kind, wir sind der Rat der 12 Alten und wir stehen für die weibliche Weisheit seit Anbeginn der Zeit. Dir wurde heute eine große Ehre zu Teil und wir werden sehen, wie Du mit dieser erlangten, übertragenen Weisheit umgehen wirst. Wisse, dass wir jeden noch so kleinen Versuch bemerken, diese Macht gegen menschliches Sein einzusetzen. Wisse, dass Du hiermit angebunden und ewig im Dienst bist, das höchste Wissen abzurufen, so es der richtige Moment für die richtige Situation ist. Wir stehen an Deiner Seite, so Du unsicher bist. Sicher bist Du anfangs ungeschickt, sei unbesorgt, diese Übertragung fiel bei Dir auf geebneten Boden. Immer zum höchsten Wohle aller mögest Du Deine Kräfte mit den unseren verbinden und Heil schaffen, Segen verbreiten und Hilfe geben.«

Gefühlt lag ich auf dem Boden, tatsächlich saß ich Katl noch gegenüber. Ich fühlte mich angestrengt, konnte die Augen kaum öffnen, war verwundert. Fein, was war das? Wir diskutierten, ob meine Ahnenlinie mir Wissen übertragen hat und ich nun diese Weisen immer bitten könne? Was für eine große Ehre, ich habe eine Unterbrechung in der Linie verhindert und gleichzeitig eine Anbindung an all das Wissen der vorherigen Generationen erhalten. Wir hatten beide das Gefühl, eine tiefe Aussöhnung erreicht zu haben. Das beschreibt es vielleicht am besten: Nach einer Seelenreise fühlt sich der Körper zentnerschwer an, aber die Seele schwebt in dem Wissen, eine Lösung zum höchsten Wohle aller Beteiligten erreicht zu haben.

Es gibt verschiedene hilfreiche Übungen zur dauerhaften und vollständigen Entfernung und Regeneration von belastenden, mitgebrachten Programmierungen in der DNA:

- Fragt Euch, ob Ihr Programmierungen mit in dieses Leben gebracht habt, die Euch einschränken sollen.
- Bittet um Regeneration aller Glaubensprogramme, die zwischen Eurer Wahrheit und Eurer vollen Gottespräsenz stehen.
- Bittet um Beendigung etwaiger hypnotischer Programme bis auf die Zellebene, damit volle Wahrnehmung möglich ist.
- Bittet um Regeneration Eurer Schlaf-Muster, damit Ihr volles Potenzial entfalten könnt.
- Bittet um Entfernung aller Symbole, Schriftzeichen, Worte aus allen Ebenen Eures Seins.
- Bittet um Entfernung etwaiger Codes aus Eurem

Zellsystem, die Euch von Eurem wahren Sein abhalten sollen.
- Bittet um Regeneration Eures gesamten Nervensystems, damit Ihr frei und souverän sein könnt.
- Bittet um Reinigung bis auf die Zellebene und um Verstärkung der Essenzen aus all Euren Lebenszeiten, damit Ihr Zugriff auf Eure Weisheit erhaltet.

Nehmt all das aus dieser Auflistung, was sich für Euch persönlich stimmig anfühlt und eine Resonanz in Euch entstehen lässt. Lauscht in Euch hinein, schaut Euch die Bilder an, die auftauchen, und seid, was Ihr zu sein vorhattet.

16. Berufung

»*Ich bin Ishmael und ich komme vom Rat der 12 Alten. Eine Ehre für mich, für Euch hier im Dienst zu sein. Ich diene Euch, indem ich den silberblauen Strahl der Liebe einfließen lasse und eine Verbindung zu Euren Seelen herstelle. Eure Seele ist Eure Essenz, die Ihr in der menschlichen Existenz benötigt. Ich fließe in Euer Herz-Chakra ein. Öffnet das Herzzentrum jetzt. Dort befindet sich ein kleines Licht. Mit diesem Funken bist Du hier in diese Welt gekommen. Es ist Deine Essenz, Dein Sein. Atme in diesen Funken hinein, damit er größer werden kann und sich ausbreitet. Ich entferne den Schleier von Zweifel, von Misstrauen und auch Leid. Leid, welches Dir zugefügt wurde und sich im Herzzentrum angesammelt hat. Um die wahre Liebe über Deine Seele empfangen zu können, solltest Du Dich sehr weit ausdehnen. Verbinde Dich mit dem Licht, atme es größer und spüre die Liebe des ganzen Universums. Schau Dir Deine Farben an und frage Deine Seele nach ihrer Namensschwingung, die Deinem jetzigen Erdennamen manchmal ähnelt. Wenn Du den Namen vernimmst, sage ihn leise vor Dich hin. Wann immer Du diese Verbindung herstellst, bist Du in Deiner Seelenfrequenz. In Deinem Herzzentrum ist dann reine, bedingungslose Liebe, verbunden mit der Farbe Rot. Du bist genährt durch Deine Seele. Damit ist auch Deine Einsamkeit verabschiedet. Verbringe Zeit mit Deiner Seele und ihrem Wissen. Schöpfe Kraft und Unterstützung aus dieser Einheit. Verabschiede alle Zweifel.*

Mit diesem Wissen kannst Du Dich jederzeit verbinden. Wann immer Dir Wissen fehlt, da Dein Verstand begrenzt ist, stelle diese Verbindung her und mache Dir Dein Seelenwissen aus allen bisherigen Inkarnationen zu eigen. Alles, was sie selbst hier auf dieser Erde erlebt hat, kannst Du in dieser Bibliothek erfahren. Sie ist frei von Emotionen, sie birgt einzig Wissen. Du hast nun die Klarheit der Seelenverbindung. Wir sind Ishmael und segnen Euch.«

☙ Ra Isa:

Schon als Kind hatte ich heilende Hände. Ich weiß nicht, wie ich es anstellte – ich habe es einfach aus meinem inneren Sein heraus gemacht. Die Hände aufgelegt oder in das Energiefeld meines Gegenübers gehalten. Meine Mutter hatte sehr oft Migräne und ich habe dann gesagt: »Komm her, Mama.« Ich setzte mich meist auf das Sofa, im Schneidersitz, habe ein Kissen auf meinen Schoß gelegt und den Kopf meiner Mutter darauf gelagert, und dann habe ich in ihrem Energiefeld gearbeitet. Meine Mutter sagte: »Oh, es wird ganz hell und warm, als würde die Sonne scheinen.« Hinterher waren die Kopfschmerzen fast immer weg. Wenn die Migräne schon zu weit fortgeschritten war, war es jedenfalls so, dass sie danach keine Migränetabletten mehr einnehmen musste. Das habe ich als Kind ganz oft so gemacht, es war für mich selbstverständlich. Leider ist dann durch viele Traumata, die ich selber erfahren musste, diese Gabe absolut in Vergessenheit geraten. Später bin ich dann durch eigene gesundheitliche Probleme wieder auf die Energiearbeit gekommen.

Ich habe mit Reiki begonnen, damals war ich so verkopft und voller Zweifel, dass ich mir gar nicht vorstellen konnte, diese Gabe je besessen zu haben. In mir sagte der Zweifel: »Komm, ob ich jetzt hier die Hände auflege oder in Hamburg fällt eine Schaufel um!« Aber nein, ich machte weiter, denn irgendetwas in mir drängte mich, auch wenn ich es mit der Ratio nicht verstehen konnte.

Ich habe mich sehr viel fortgebildet im energetischen Bereich, Tierkommunikation, Kinesiologie, Besprechen, Mentalfeldtherapie, Quantenheilung, energetische Aufrichtung der Wirbelsäule etc. Ich besuchte die Kurse, muss aber gestehen, dass ich die eine oder andere Methode innerlich belächelte, weil es mir so einfach erschien, dass ich nicht glaubte, es könne in irgendeiner Art und Weise wirken.

Doch im Laufe der Jahre wurde ich eines Besseren belehrt. Von den Tieren wurde ich immer wieder gedrängt: »Leg doch die Hände auf!« Jetzt ist es für mich natürlich überhaupt gar keine Frage mehr, die Hände aufzulegen und absolut reiner Kanal sein zu dürfen. Je tiefer ich selbst im Glauben bin, desto größer ist die Heilkraft geworden, die durch meine Hände fließen darf.

Ich bekam zusätzlich Heilgesänge von den Engeln, und die Summe dieser Gaben bewirkt große Dinge, ich erlebe manchmal Wunder und bin zutiefst dankbar dafür.

Die Heilgesänge sind in mir, es sind Melodien, Töne und Worte, die ich selbst nicht kenne. Sie kommen aus dem Engelreich und ich habe zuerst nur für mich unter der Dusche gesunden oder beim Spaziergang im Wald, oder im Auto. Der Drang, diese Melodien zu singen, wurde immer stärker, auch wenn ich Klienten behandelt habe, doch oft habe ich mich einfach nicht getraut, mein Ego war noch so stark. Ich dachte: »Hm, ich kann doch hier nicht irgendwelche Sachen singen, die kein Mensch versteht.« Entschuldigt bitte, liebe Engel, aber ja, mein Ego stand mir im Weg, mir war es einfach peinlich.

Fallbeispiel

Eines Sonntags hatte ich eine Klientin bei mir in der Praxis, die eine ausgeprägte Panikattacke hatte, und das schon stundenlang. Also ein echter Notfall. Sie rief mich verzweifelt an und bat mich um einen sofortigen Termin. Während ich sie behandelte, war dieser Drang zum Singen auch wieder da. Zum Glück war es mir an diesem Tag egal, ich habe gesungen. Diese Klientin wurde ruhig, fing an zu weinen, fühlte sich absolut getragen und die Panikattacke war weg. Ich war erstaunt und dachte nur, ich muss wohl noch mehr singen vor Menschen, um weiteres Feedback zu bekommen (Ego lässt grüßen).

Die geistige Welt hat sich schon manchmal die Haare gerauft. Ich war kein leichter Brocken für sie, sondern ein großer zweiflerischer Rebell. Es blieb ihnen aber nichts anderes übrig, denn ich bin so, wie ich bin, und das ist gut so; ich zumindest akzeptiere es. Das machen natürlich auch meine geistigen Freunde, sonst hätten sie mich niemals so eingebunden und mir viele Dinge bezüglich der Heilarbeit verraten. Sie wissen, dass ich schon seit Urzeiten mit Heilung zu tun hatte, und sind sehr geduldig mit mir umgegangen. Dafür danke ich euch, ihr Lieben.

Danach traute ich mich häufiger zu singen. Anfangs sang ich zaghaft und leise, jetzt singe ich voller Inbrunst und merke, wenn ich diese Lieder singe, dass sie die Seelenebene ansprechen. Viele Menschen beginnen zu weinen, bekommen eine Gänsehaut oder sind zutiefst berührt, erinnern sich an ihr Zuhause durch diese Klänge. Ich bin sehr dankbar, dass ich diese Lieder bekomme. Allerdings werde ich auch oft nachts geweckt und dann singe ich Heilgesänge für die Erde, für den Frieden auf dieser Welt, für alle Krisengebiete. Das empfinde ich nicht als Störung, ich werde wach, bekomme ein Lied, muss es singen und weiß, es ist für uns alle. Wir sind ja alle eins und dafür wird es dann gebraucht. Ich stehe nun einmal in dem Dienst der Schöpfung, ich bin Bodenpersonal, habe mich dafür zur Verfügung gestellt, diese wundervolle Arbeit zu machen. Danach schlafe ich oftmals wieder ein.

Fallbeispiel
Während sehr tiefgreifender eigener Transformationsprozesse konnte ich nachts überhaupt nicht mehr schlafen und war ziemlich erschöpft. Eines Morgens bekam ich über WhatsApp eine Nachricht von einer Bekannten. Sie schrieb mir von ihren Schmerzen an der Schulter, sie betete und fragte, wer ihr helfen könne. Ich begab mich auf feinstofflicher Ebene zu ihr, jedoch ohne mein Wissen, legte meine Hände auf und die Schmerzen waren weg. Sie hatte es so geträumt, die Schmerzen jedoch waren real. Das fand

ich selber ganz erstaunlich, denn in dem Moment wusste ich gar nicht bewusst, dass ich geheilt habe. Ich war zu diesem Zeitpunkt wach und verspürte den Impuls zu singen. Die Engel haben mich auf Seelenebene geführt. Ich freue mich darüber, dass die geistige Welt mich einsetzt. Dafür bin ich zutiefst dankbar.

»Seid gegrüßt, wir sind es wieder, Marcella als Sprecherin des universellen Bewusstseins Eurer Kinder.

Beim letzten Mal teilten wir Euch mit, dass Euch Zeiten bevorstehen, die Euch ausreichend Zeit gewähren werden, um die bisherigen Erfahrungen zu überdenken. Auf Eurer Erfahrungsreise durch die irdischen Gegebenheiten, die Schwankungen zwischen Geist und Materie, haben inzwischen ausreichend viele von Euch eine Schwingung erreicht, die Euch klar gemacht hat, dass die äußeren Bedingungen Eurem inneren Wissen nicht mehr dienlich sind.

Viele Jahre hattet Ihr Zeit, auf persönlicher Ebene Erfahrungen zu sammeln, Ihr seid wahrlich geläutert. Eure familiäre Herkunft hat Euch in den meisten Fällen ca. 20 Jahre auf Schienen gebracht, denen Ihr ungefragt folgtet. Ihr durftet erkennen, dass in Eurem Inneren immer etwas präsent gewesen ist, das Kommentare abgegeben hat zu den Dingen, die Ihr persönliche Ziele oder Eckpunkte nennt. Diese Ziele waren im Verstand formuliert und haben Euch manchmal im Bereich der Körperlichkeit Blockaden aufgezeigt, indem Euer Körper krank wurde. Damit wurde Euch wieder und wieder die Gelegenheit gewährt, zu überdenken, wohin Ihr reisen wollt.

Genügend von Euch haben ihre persönliche Meisterschaft an-

genommen und sich entwickelt, jahrelang habt Ihr an Euch gearbeitet und Euren Horizont ausgedehnt im Sinne von Sehen, Hören und Fühlen. Es ist richtig, dass Ihr aus weit mehr Anteilen und Fähigkeiten besteht als denen, die Euch von Euren Eltern, Schulen, Ausbildern und sonstigen Begleitern weisgemacht wurden.

Die irdische Reise ist Zyklen unterworfen, die Euch unterstützen können, wenn Ihr bereit seid, diese kosmische Unterstützung anzunehmen. Ihr solltet wissen, dass Ihr vertrauen könnt. Vertrauen darauf, dass himmlische Unterstützung zu jeder Zeit in dem Maß vorhanden sein wird, wie es Euch zuträglich ist. Unterstützend zu Eurer Schwingung stehen Ereignisse bevor, die Euch weiter vorantragen.

Es ist erforderlich, dass die äußeren Umstände und Fakten Eurem inneren Wahrheitsstreben angepasst werden. Passend dazu brechen alle Systeme zusammen, damit für ausnahmslos jeden Bewohner dieses Planeten sichtbar wird, dass Ihr Euch aus der Dualität verabschiedet habt.

Euren Kindern liegt diese Information vor; insbesondere die Indigo-Kinder, die radikalsten Abgesandten unserer neuen Energie, haben in diesem Jahr in ihrer DNA die Information erhalten, dass die nächste Stufe der Umwandlung des gesamten Planeten eingeläutet wurde. Deswegen wehren sie sich vehement gegen Eure Disziplinierungsmaßnahmen, Eure Anforderungen, Eure Überzeugungen. Sie wissen ganz genau, dass alles Bisherige ersetzt wird durch eine ganz andere Funktionsweise. Jeder Mensch hat alle Fähigkeiten in sich vereint und lehnt automatisch ab, von einem anderen dominiert zu werden. Eure Kinder haben dieses Wissen, dass eine Gemeinschaft nur dann gut funktioniert, wenn jeder sich repräsentiert fühlt. Und damit meinen wir ausnahmslos JEDEN noch so kleinen Teil Eures Lebens, Planeten, Kosmos.

Euch wurde bereits mehrfach benannt, dass Veränderungen planetarer Art zu erwarten seien, damit alle nicht lichtvollen Schwingungen sich von dem Planeten Erde verabschieden und Euer Planet die Möglichkeit hat, sich zu regenerieren und zu erholen von dem Raubbau, den Ihr über Generationen hinweg betrieben habt.

Wir Kinder mit dem bereits voll ausgebildeten neuen Bewusstsein wissen über die bevorstehenden Verschiebungen und sind deswegen besonders gelassen. Für uns stellt dies einen Segen dar, denn Eure Lebensweise nimmt uns häufig jegliche Lust am Sein. Wir sind leistungsfähig und klug, in einem Maße, das keine Generation vor uns in so geballter Form personifizierte. Wir sind innovativ und gerecht, wir lassen niemanden am Rande stehen oder lachen über jemanden, dessen Gedankenenergie im Inneren beansprucht wird. Jeder Wachstumsschritt, den die Spezies Mensch durchläuft, geht einher mit Ruhephasen, die dringend benötigt werden, um aus dieser zentrierten Haltung eine neue Ausrichtung zu erlangen.

Der äußere Prozess Eurer Welt wird gewaltige Unterstützung erhalten, denn Eure Rettungsmaßnahmen sind allesamt eine Farce. Sie führen zu nichts, denn sie haben nicht die Gesamtheit im Blick, sondern zumeist den Nutzen einer kleinen, auserwählten Gruppierung. Wissenschaftler konkurrieren gegeneinander, Lehrer haben Vorgaben zu folgen, Ärzte unterliegen kartellartigen Machenschaften.

Kinder dieses Planeten, wann wollt Ihr Eure Freiheit einfordern?

Hohe Temperaturen brachten schon immer bestandslose Formen zum Erweichen. Die Sonne wird mit ihrer Intensität all jenes auslöschen, was nicht lichtvoll ist. Nur die strahlenden, reinen, leuchtenden Partikel werden bleiben, alles Künstliche, Vernichtende wird gehen, muss gehen. Der frei gewordene Platz wird gefüllt werden mit Ideen, die ein angemessenes Miteinander ermöglichen, ohne den Angst erzeugenden Umständen ausgesetzt zu sein.

Schaut auf uns Kinder. Sind wir nervös, aufgrund der permanent berieselnden Nachrichten, die bemüht sind, Schreckensvisionen des Jahres 2009 heraufzubeschwören? Alternativen stehen längst in den Startlöchern – also lebt Euer kindliches Gemüt, Euer Vertrauen, Euren Humor, Eure Liebe. Möge das Licht Euch leiten und befreien aus den Klauen eines Lebensgebildes, welches seit Jahrhunderten Sklaventum modernisiert, Täuschungen favorisiert und Massenunterdrückung generiert.

Die Kinder weisen Euch auf die herrschenden Missstände massiv hin. Jeder Denkfehler wird aufgespürt, jede Ungerechtigkeit geahndet, jede Negativität missachtet. Wieso nur fällt es Euch so schwer, genau hinzusehen? Wieso habt Ihr die Fragen, die wir Euch penetrant stellen, nicht längst selbst gestellt? Könnt Ihr unsere Unterstützung annehmen? Jedes Kind möchte erwachsen sein, jede Mutter möchte umsorgen, jeder Vater möchte versorgen. Auf der ganzen Welt herrschen gleiche Wünsche. Ihr betrachtet Euch als weit fortgeschritten hinsichtlich der Systeme und wir sagen Euch: Es ist lächerlich, worauf Ihr Euch beruft. Ihr habt übernommen, was Euch Jahrzehnte vorgebetet wurde. Eine Gesellschaft kann auch auf gänzlich andere Weise funktionieren. Setzt 1:1 Theorie und Praxis nebeneinander und auf einen Schlag wären alle Entscheidungen nah am Menschen. Dann würde sich durchsetzen, dass ein Theoretiker überflüssig ist, denn nur durch Praxis erfolgt Entwicklung und Wissen. Repräsentanten müssen ein weites Spektrum sehen können, sonst sind sie unqualifiziert. Zu diesem weiten Spektrum zählt, sehen und fühlen zu können, was die zu Repräsentierenden bewegt.

So hättet Ihr auf die Idee kommen können, Eure Repräsentanten einer Qualitätssicherung zu unterziehen. Was kümmern Euch Milliardenverkalkulierungen einzelner Entscheidungsträger, wenn Ihr bereit seid, Eure Fähigkeiten und Talente der Gemeinschaft zur Verfügung zu stellen? Habt Ihr bei der Verrichtung Eurer Aufgaben Milliardenfehler gemacht oder wer war es?

Aus 1 kann man doch nicht 2 werden lassen — so simpel hätte Eure Frage sein sollen, als Ihr Euch das erste Mal unter volkswirtschaftlichen Gesichtspunkten mit dem Geldsystem auseinandergesetzt habt. Alchemistische Ansatzpunkte funktionieren dort nicht. Dadurch allein hättet Ihr mit Sicherheit ahnen können, dass sich alle Welt auf dem Holzweg befindet und der Pfad durch die Materie nie dazu gedacht war, den niederen Beweggründen zu erliegen. Ist der Sinn des Lebens Anhäufung von Materie? Oder ist der Sinn des Lebens vielmehr darin zu suchen, mit welcher Absicht ich lebe und meinen Tag gestalte? Jeder Mensch ist wertvoll — unabhängig von der ihn umgebenden Materie. Jeder Mensch trägt ein einmaliges Talent in sich — unabhängig von der ihn umgebenden Materie. Wieso *messt Ihr Euch dann aneinander, wenn es doch keine zwei identischen Personen gibt?*

Ich, Marcella, sage Dir, wir sind guter Hoffnung, dass Du bis zum Ende dieses Zyklus erkennen wirst, worin Deine ganz spezielle Begabung liegt, die zum Wohle aller einzusetzen ist. Sei gütig mit Dir, spüre Deine Herzqualität und lebe sie.«

Bis wir Klarheit über unsere ureigene Berufung erlangt haben, durchlaufen wir meist zahlreiche Gelegenheiten. Wir alle haben unsere Kernessenz in uns, benötigen also nichts von außen, um vollständig die Aufgabe zu leben, die wir leben wollten im Dienst für den gesamten Planeten. Bis wir leuchten und strahlen, durchlaufen wir Transformationsprozesse der Erinnerung, der Erweckung unseres Potenzials. Durch unsere eigene Transformation animieren wir Alles-was-ist ebenfalls zur Veränderung. Nach jedem Wieder-Entdeckungs-Prozess gehen wir einen Schritt heraus aus unserem vorherigen Selbst, hin zu einem Wissen, das eine Schwingung der Vollkommenheit trägt. Energie wandelt Euch auf subatomarer Ebene, die anderen Augen verborgen bleibt, denn Euer Sein wird ganzheitlich wahrgenommen. Deine Prioritäten verschieben sich vielleicht, Dein Umgang mit anderen, neue, völlig andere Ziele wirst Du formulieren, Dein Verständnis geht über das Oberflächliche und Messbare, über die Fünf-Sinnes-Wahrnehmung, hinaus.

Die Größenordnung der Transformation umfasst also das gesamte Universum, welches von Deinen Prozessen profitiert. Je höher Deine Grundschwingung ist, umso mehr wird der Austausch mit den *Spirits* geschehen und Dein ganz persönliches Feld, Deine ganz eigene Aufgabe zeigt sich Dir in Leichtigkeit aus allen Bausteinen, die Du in Deinem Leben gesammelt hast. Es ist wie eine logische Kette: Begeisterung – Berufung – Erfolg.

Dadurch erlangst Du Zugriff auf weitere, nicht offensichtliche Perspektiven und erlaubst Dir, Dich vom Fluss des Lebens in Richtung Deiner Berufung tragen zu lassen. Einige hilfreiche Fragen für mehr Klarheit und Wahrheit Deines spirituellen Zwecks:

- Erfrage den Weg Deiner Seele und ihren Zweck.
- Höre Deinem Herzen zu, es ist die höhere Sinnes-Wahrnehmung der Seele
- Entwickele und pflege die Verbindung zur Seele, die alles Vertrauen auf die äußeren Verbindungen oder Wahrnehmungen der Realität ersetzt.
- Lasse alle Ängste los, von anderen beurteilt zu werden.
- Lebe in Übereinstimmung mit Deiner Seele und sei dadurch anderen ein Beispiel.
- Kläre niedrige Schwingungen, Schmerz und Furcht, die Funktionen des unbewussten, instinktiven Verstandes.
- Übe Dich in bedingungsloser Liebe.
- Informiere Dich über den spirituellen Prozess, das Licht und die *Spirits* und schau, wozu Du besondere Resonanz empfindest.

Deine Absicht, loyal, kooperativ und verantwortungsbewusst in Wort und Tat zu sein, bringt Dich unweigerlich in Deine Berufung und stärkt die Zusammenarbeit mit den *Spirits*. Wir werden alle immer wieder geprüft, ob wir unerschütterlich auf diesem spirituellen Weg bleiben. Jede dieser Prüfungen oder Herausforderungen weiht uns ein Stück mehr ein, die Zusammenhänge des Universums zu erfassen. Du bist souverän, frei und göttlich.

»Wir sind Newahjac, Sprecher und Hüter von Mutter Erde. Wir waren einst Medizinmann hier auf Eurem Planeten und kennen und aus mit den Naturgesetzen.

Heute möchten wir Dir weitere Unterstützung anbieten, da Du viele Fragen zu den Elementalen und deren Aufgaben hast. Erinnere Dich, wie Du Dich als Kind fühltest, wenn Du Zeit im Garten oder im Wald verbrachtest. Die mystische, kindliche Wahrnehmung von Feen und Gnomen gehen Euch Menschen im Laufe der Jahre verloren, da Euer Verstand in Eurem Glaubenssystem darauf trainiert wird, nur logische Prozesse zu akzeptieren, nur wissenschaftlich Nachweisbares als glaubwürdig zu erachten und gesellschaftlich Anerkanntes als gültig zu übernehmen. Doch was passiert dabei mit Eurem Herzen?

Der Bezug zu Eurem Fühlen und dem Sehen mit geschlossenen Augen geht Euch verloren. Wenn ein Mensch mit sehendem Herzen in der Natur ist, sind alle Pflanzen, Sträucher und Bäume guter Hoffnung, ihre Botschaften an Euch weitergeben zu können. Gehst Du in einem Wäldchen spazieren, kommst Du mit einem von belastenden Gedanken überfüllten Geist hinein in unser Reich. Nach kurzer Zeit schon fühlst Du Dich leichter, der Kopf wird frei, die Schritte beschwingter, Dein Wesen ursprünglicher.

Unbewusst nehmen alle Menschen diesen Dienst des Pflanzenreiches wahr. Es ist so, als würden sämtliche Gewächse ihre Arme ausstrecken, Euch umgarnen mit ihrer unbeeinflussbaren Stärke, Euch einhüllen in natürliche Ewigkeit, Euch durchfluten mit dem Versprechen der erdgebundenen, revitalisierenden Kraft. Viele können die Erdwesen spüren, die Fragmente ihres fröhlichen Lichtes wahrnehmen und übernehmen die verspielte Leichtigkeit, die in unserer Naturwelt Gesetz ist.

Unsere Botschaft an Euch Erdenkinder lautet immer wieder: Lebt Euren Humor! Schaut mit den Augen der Kinder auf Eure Welt. Lacht, wenn Euch nach Lachen zumute ist, und weint, wenn Ihr Traurigkeit empfindet. Der Zugang zu den ehrlich wahrgenommenen Gefühlen ist der Zugang zu Eurem Herzen. Mit offenem, empfänglichem Herzen renaturalisiert Ihr Euch. Ihr könnt Baum- und Waldgeister sehen, Gnome, Feen und Elfen, die staunend ihre Familien zusammenrufen, wenn sie von Menschen wahrgenommen werden. Verbindet Euch mit diesen Existenzen, denn Ihr könnt davon profitieren und daran wachsen.

Auch diese Wesenheiten erfüllen ihren Dienst von Allem-das-ist: Erhaltung des Gleichgewichtes. Selbst wenn Ihr derzeit nicht fähig sein solltet, diese Wesen zu sehen, so gebührt ihnen dennoch Eure Achtung. Sie haben längere Lebenszeiten als Eure irdische Zeit und dies allein befähigt diese Geschöpfe, Euch auch helfend oder beratend zur Seite zu stehen. Sie alle sahen viele Jahreszeiten kommen und gehen und haben über Generationen einen Weg gefunden, in Harmonie auf der Erdoberfläche zu leben. Hiervon seid Ihr Menschen noch weit entfernt.

Blicke auf die Bäume und schaue genau hin. Siehst Du tatsächlich nur Stämme, Äste, Blätter oder spürst Du noch etwas anderes? Natürlich habt Ihr schönen Wesen als inkarnierte Engel die Möglichkeit, Euch mit dem kollektiven Bewusstsein von den Bäumen zu verbinden. Unter ihnen befinden sich sehr alte, mächtige Hüter, die ebenfalls große Weisheit anzubieten haben. Stumm und still haben sie Handlungen und Schwingungen von Menschen aufgenommen und transformiert, die von Tod in Schlachten bis zu geheimen Liebestreffen die ganze Bandbreite an Emotionalität aufweisen. Selbstlos wurde alles Ausgestrahlte, Positives und Negatives, umgewandelt. Ohne Bewertungen. Immer mit dem Wunsch nach fortlaufender Entwicklung und der Hoffnung, die Menschen mögen lern- und aufnahmebereit sein.

Auf Seiten der Menschenkinder herrscht großes Unwissen über den Dienst des Pflanzenreiches. Wir sorgen für Eure Atemluft, entzücken durch duftende Blütenvielfalt, betören durch Wasserläufe, nähren Euch durch Korn, Frucht und Gewächs. Der Ausgleich für diesen lebensspendenden Dienst ist Acht- und Sorglosigkeit. Häufig geht es bei Landfragen um Besitzverhältnisse und Macht. Wie kann Land parzelliert von Hand zu Hand verkauft werden, wenn es zuvor schon Familien beherbergte und nach Euch andere Menschen dort leben werden?

Eure Vergänglichkeit hat Euch blind gemacht für die Fülle der Natur. Elemente sind nicht auf Eigentumsebene erwerbbar, sondern stehen als Geschenk der göttlichen Quelle für alle Lebewesen zur Verfügung. Verbindet Ihr Euch mit der Landparzelle, auf der Ihr lebt? Stellt Ihr Euch dem Dorf- oder Stadtgeist vor und bittet um eine gute Verbindung? Kennt Ihr Euren Hausgeist?

Wir möchten Euch bitten, so oft es Euch möglich ist, bewusst Zeit in der Natur zu verbringen. Nutzt den rosa Heilungsstrahl von Mutter Erde und zieht ihn durch Eure Fuß-Chakren, Eure direkte, unmittelbare Verbindung zur Erdenergie, hinauf in Eure Körper. Setzt dabei für Euch immer wieder die Kondition, dass all die Dinge, die nicht mehr zu Euch gehören, aus Euch herausfließen mögen. All die Sorgen, die Belastungen und Begrenzungen, die in Euch als Glaubenssätze verankert sind, müssen gewandelt werden, damit Ihr frei seid in der persönlichen Wahrnehmung. Diese Freiheit wird Euch befähigen, an Euren Visionen zu arbeiten. Euren Visionen eines erfüllten Lebens für Euch, Eure Kinder und Kindeskinder.

Dieses Generationenbewusstsein trägt Euch hinaus aus der begrenzten Wahrnehmung des individualisierten Lebens. Ihr seid weder klein noch unbedeutend noch allein. Rund um Euch ist ein Flirren und Surren energetisierter Atome, deren Nutzen erst langsam in Euer Zellbewusstsein drängt. Ladet Euch auf mit dem rosa Heilungsstrahl, heilt Eure Körper, Euren Geist, Eure Seelen. Lasst alles los, was nicht Eurem höchsten Sein entspricht, und werdet Euch klar darüber, was Eure Bestimmung in diesem Erdenleben ist.

Geliebte Menschenkinder, Eure Kraft und Eure Einflussmöglichkeit sind Euch nach und nach bewusst geworden. Erwacht zu den großartigen Wesen, die Ihr tatsächlich seid, und breitet Euch aus. Dehnt Euch selbst mit dem Wunsch nach spiritueller Reife aus und trefft auf andere, die von den gleichen Wünschen erfüllt sind. Das Resonanzfeld aus der aktiven Nutzung Eurer gottgegebenen Fähigkeiten vermag Wunder zu bewirken und Verbindungen zu ermöglichen, die berührend sind, und *damit lassen sich Eure Wünsche manifestieren. So sei es. Das war Newahjac.«*

Ich selbst bin bei jeder Behandlung ganz erwartungsfrei – ohne Plan, ohne Vorstellung, was mit wem zu »machen« sein wird. Das lässt mir den Freiraum, situativ zu spüren, wem womit geholfen werden kann. Diese Einstellung zu meiner spirituellen Arbeit ist allerdings auch in ca. fünfzehn Jahren gewachsen. Anfangs dachte ich, es muss genau benannt werden, was ein Klient auswählen möchte, und nur das machen wir dann. Heute weiß ich, damals begrenzte ich mich mächtig. Im *Flow* kann ich nur sein, wenn ich mein ganzes ICH BIN zur Verfügung stelle und all meine Anteile intuitiv auswähle, die jetzt gebraucht werden.

Die Mischung aus spirituellen Ausbildungen (oder besser gesagt »Erinnerungskursen«) und der Ausbildung zum Coach in Verbindung zu meinem neugierigen, ungeduldigen Wesen ist für mich meine Berufung, weil ich auf diese Art und Weise wirklich alle Anteile verbinden kann. Viele menschliche Drama-Versionen habe ich selbst durchlebt, kann also wirklich aus eigenen Erfahrungen verstehen, nachvollziehen, mitfühlen. Das wird der Grund sein, weswegen mich so schnell nichts aus den Schuhen kippt, ich nichts abwegig finde und gelassen reagieren kann, wenn mein Gegenüber ganz aufgewühlt ist. »Kenn ich!« ist eine oft gegebene Antwort meinerseits. Oft genug habe ich mir die Flügel verkokelt, weil meine Intuition mich hat Dinge machen lassen, die vielleicht nicht so *Mainstream* waren. Daraus habe ich Überlegungen entwickelt, Selbstversuche gestartet, mir Hilfe von anderen geholt und Wege gefunden. Bitte vergesst nie: Engel haben ein unerschütterliches

Vertrauen in sich selbst, eine immer wieder sich selbst regenerierende Stärke und den Willen, möglichst alle vorgenommen Erfahrungsfelder abzuarbeiten. ☺

Die Entwicklung hin zur eigenen Berufung verlief bei mir über rund zwanzig Jahre. Als Jugendliche wusste ich bereits, dass ich eine Richtung im Bereich Pädagogik, Soziales hätte einschlagen sollen, doch meine Auseinandersetzung mit den elterlichen Vorbildern wollte, dass ich über Ablehnung meines Vaters – Sozialpädagoge – zunächst einen kaufmännischen Weg einschlage, Erfahrungen sammle, um dann doch wieder in den sozialen Bereich umzuschwenken. Für mich war dies genau der richtige Weg, ich deklariere es nicht als Umweg, sondern als maximale Entwicklung. Genau darum geht es doch bei den meisten. Wir schlagen Wege ein aus Überzeugung und stellen dann fest, dass wir uns in einer Sackgasse befinden, denn es fühlt sich weder leicht noch wohlig an.

Nur über dieses eigene Empfinden stellen wir unsere Worte, Gedanken und Handlungen in Frage und beginnen den Weg der Selbstermächtigung zu gehen. Unsere innere Verschiebung hin zu unserer Bestimmung beginnt damit; das sind die ersten Schritte in Richtung Seelenausdruck und Authentizität. Wir nehmen dann innerlich immer mehr Dinge wahr, die zuvor missachtet wurden, weil wir ja so unglaublich beschäftigt waren. Befinden wir uns in diesen Phasen, in denen wir transformieren, sollten wir sehr achtsam sein, mit welchen Menschen und Themen wir uns auseinandersetzen, hinterfragen, in welchen Resonanzfeldern wir stehen. Um uns herum entfalten sich immer passend zu unserer eigenen Entwicklung jene Turbulenzen, die uns dienlich sind, um Zusammenhänge zu erkennen, uns in unsere Bestimmung vorwärtsschieben wollen, die Klarheit bringen wollen. Dadurch werden wir aufgefordert, unsere eigene Frequenz zu erhöhen, und gelangen mehr und mehr in jene Tätigkeiten, die unsere Berufung sind. Dinge, die wir in Leichtigkeit und Freude erledigen können, entsprechen unserer wahren Natur. Unsere Seele und unser Körper spiegeln uns dies durch Schwingung; wir lieben, was wir tun, und tun, was wir lieben.

Niedriger schwingende Gedanken- und Verhaltensmuster stoßen uns dann ab und wir spüren, dass wir uns trennen müssen von Menschen und Tätigkeiten, die uns nicht gut tun. Stell Dir immer wieder die einfache Frage: Welches Bild von Dir siehst Du jetzt? Welches in fünf Jahren? Dadurch reist allein Deine Seele den Zeitstrahl vorwärts, denn Dein Verstand kann dies nicht tun. So erhältst Du eine Ahnung, auf welchem Pfad Du Dich befindest, ob Du noch Fortbildungen in Bereichen benötigst, die Dich plötzlich sehr interessieren, die mit Deiner jetzigen Tätigkeit vielleicht gar nicht in Verbindung stehen. Vielleicht siehst Du Dich anders agieren, in anderen Verbindungen, an anderen Orten. Auf jeden Fall ist dies eine Einladung Deiner Seele, welche Möglichkeiten sich Dir offenbaren, wenn Du mutig bist und Dich in keinem Bereich selbst begrenzt.

Wir können unser Leben umgestalten und erhalten immer Unterstützung der *Spirits* dabei, unser innerer Kompass, unser innerer Coach ermächtigt uns, ohne Angst vor Fehlern weiterzugehen und nur das zu tun, was uns Freude und Leichtigkeit bringt. Diese Haltung, dieses Vertrauen ist ursächlich dafür, dass wir Gelassenheit und Ruhe ausstrahlen und nur durch unser Sein – nicht durch unser Tun – unser Umfeld beeinflussen und animieren, das eigene Leben ebenfalls zu hinterfragen. Wir Engel sind Wege gegangen und haben Schneisen ins Sein gebracht, die von anderen Menschen auch gegangen werden können. Jeder einzelne Bewohner dieses Planeten hat ein einzigartiges Talent, welches wichtig ist für die Gesamtheit. Ob Du Dich bereiterklärt hast, diese Berufung auch in diesem Leben auszudrücken, kannst nur Du allein in Zusammenarbeit mit Deinem hohen Selbst beantworten. Erschaffe und entfalte Dein höchstes Potenzial zum Wohle aller.

Checkliste für Deine Berufung:

- **Wo steht Dein Selbstwertgefühl auf einer Skala von 1-10?**

Nimmst Du Dich selbst so an, wie Du wirklich bist? Ohne Masken? Ohne Rollenverhalten? Das Gesetz der Resonanz sorgt dafür, dass Dir im Außen das begegnet, was Du für Dich im Innen empfindest. Das Leben bietet Dir immer genau die Entwicklungschancen an, die Dich jetzt weiter bringen. Wenn Du ehrlich mit Dir selbst bist, weißt Du genau, in welchen Bereichen Du noch besser werden könntest oder von welchen Bereichen Du besser die Finger lassen solltest, weil sie Dir einfach gar nicht liegen.

- **Wo steht Dein Selbstvertrauen auf einer Skala von 1-10?**

Tust Du das, was Du liebst, und tust es in Leichtigkeit?

Dann solltest Du Dich keinesfalls davon abhalten lassen – auch wenn sich nicht innerhalb von kurzer Zeit der bahnbrechende Erfolg einstellt. Manchmal benötigt es nur Durchhaltevermögen und Beharrlichkeit, manchmal braucht es Plan B – scheitern kannst und wirst Du nur, wenn Du nicht an Dich selbst und Deine Fähigkeiten glaubst.

- **Drückst Du wirklich Dein außergewöhnliches Sein aus?**

Bleibe in Deinem Urvertrauen, wenn Du aus Herzens-überzeugung einen Weg eingeschlagen hast, der Fluss des Lebens wird Dich tragen, wenn Dein TUN dem kosmi-schen Plan entspricht. Nachhaltigkeit und kleine Schritte sind der Beginn von großen Erfolgen. Wenn Du die Absicht hast, mit Deinen Fähigkeiten einen Beitrag zur Verbesserung dieser Welt zu leisten, wird es Synchronizitäten geben, die Dich staunen lassen.

- **Was hast Du allem-was-ist zu geben?**

Du spürst, was Dir Freude bereitet, was Du in Leichtigkeit und mit Hingabe tun kannst, und lässt Dich nicht von diesem Weg abbringen. Was mag Deine Aufgabe sein, die nur Du allein erfüllen kannst aufgrund der Summe all Deiner Erfahrungen, die einen Segen für andere bieten? Welche Stärken, Eigenschaften, Kompetenzen, Talente, Fähigkeiten hast Du, die sonst keiner in dieser Variante hat? Was macht Dich einzigartig?

Das, was Du dem Ganzen geben kannst, trägst Du bereits in Dir.

17. Heilungen
(Wunder gibt es immer wieder)

»*Sei gegrüßt, geliebtes Wesen, ich bin Raphael und wir kommen zu Dir auf dem smaragdgrünen Strahl der Heilung. Du hast mit reinem Herzen um Heilung gebeten. Dies war endlich die Offenbarung, um für Dich tätig werden zu können. Gern helfe ich Dir auf dem Weg zu dem Ziel, die heilenden Kräfte zu aktivieren. Du hast schon sehr viel Arbeit geleistet in der Betrachtung der Zusammenhänge und Beweggründe menschlichen Seins. So stehe ich heute mit meinem smaragdgrünen Strahl an Deiner Seite und fließe, mit Deiner Erlaubnis, zunächst in Deine Hände ein. Spürst Du das Pulsieren Deiner Nerven und Zellen? Die kristallinen Strukturen Deiner Hände werden reaktiviert.*

Damit öffnet sich das Portal, über Deine Hände in das Kronen-Chakra geflossene Energie an Menschen weiterzuleiten, um befallene Körperteile zu regenieren. Mein Licht breitet sich durch den gesamten Körper aus. Zunächst fließt mein Strahl durch Deine Arme hinauf in den Schulterbereich. Dort müssen Anspannungen gelockert werden, die von Belastungen herrühren, die Dir aufgebürdet wurden aufgrund Deiner Stärke. Lerne, besser für Dich zu sorgen, und belasse Deine Mitmenschen in ihren Lebenskonstrukten, bis sie eindeutig um Deine Hilfe bitten und einen angemessenen Ausgleich schaffen. Mein Strahl fließt nun über das Brustbein hinunter durch die Cha-

krenbahn. Dein Herz-Chakra kann wieder geöffnet werden mein Kind, denn es gibt keine Verletzungen, es sei denn, Du manifestierst sie. Es gibt nur Erfahrungen. Siehe, die Dinge der Vergangenheit gehören an einen geschützen Platz in Liebe gehüllt, fest verankert in Deinem Herzen. Sie gehören nicht in die Gegenwart, denn dann bist Du nicht frei für weitere Erfahrungen. Und dies ist der einzige Grund für diese Inkarnation: das Sammeln von Erfahrungen.

So fließe ich weiter und bitte Dich, Deinen Solarplexus aufzuräumen und all die Erfahrungen an ihren richtigen Platz zu stellen. Es ist ein Rumoren und Blubbern, das auf eine Menge unverdauter Erfahrungen schließen lässt. Schaue sie Dir alle der Reihe nach gründlich an und lege sie dann an einen gebührenden Platz. Weiter hinab in das Sexualchakra, in dem Deine Zugehörigkeit festgelegt wird. Bitte schaue Dir diesen Bereich an und gestehe Dir ein, dass Du genau hier und jetzt richtig bist. Mit sanftem Druck fließt mein Strahl weiter hinab durch die Beine und schiebt alles vor sich her, was nicht mehr zu Dir gehört. Somit werden all die Zellen freigelegt, die in ihre ursprüngliche Ausdrucksweise zurückkehren möchten, und eine Erleichterung dehnt sich in Dir aus, die sonst nur nach sportlicher Betätigung so empfunden wird. Durch die Fuß-Chakren treten wir aus und haben Dir so einen Eindruck davon vermittelt, wie wir zusammen arbeiten können.

Du wirst im Laufe der Zeit den Nutzen für Deinen eigenen Körper erkennen und mich rufen, wenn Du um eine Heilung gebeten wirst. Prüfe, ob die Seele des um Hilfe Bittenden mit einer Behandlung einverstanden ist. Manchmal muss der Mensch mit seinem festgefahrenen Verstand durch eine Krankheit auf die Existenz seiner Seele aufmerksam gemacht wer-

den. Wenn diese Bereitschaft geweckt ist, kannst Du unterstützend tätig sein und Zusammenhänge der Psyche mit Hilfe von C. G. Jung erläutern und mich um Heilung des Körperteils bitten.

Unsere Verbindung wird entsprechend Deiner Bereitschaft zu Deinem Wachstum expandieren. Es ist wichtig, dass Du verantwortungsvoll und behutsam mit Deinen Fähigkeiten umgehst. Möglicherweise wirst Du auch erleben, dass Du keine Informationen zu einem Suchenden erhältst, wenn eine Entwicklung für den zu heilenden Menschen nicht angedacht oder der richtige Zeitpunkt noch nicht eingetroffen ist. Wir werden prüfen, ob Du würdig mit den Kräften wirkst. So ziehen wir unseren smaragdgrünen Strahl zunächst wieder zurück und verbleiben mit hochachtungsvollem Segen auf eine gute Zusammenarbeit.«

Die Liebe zu diesem Leben, zu diesem Planeten, ist die tragende Kraft für ein galaktisches Miteinander. Wir sollten einander achten für unsere unterschiedlichen Fähigkeiten und daraus eine Form erbauen, die einen Nutzen für alle erbringt. Niemand sollte sich über einen anderen Menschen erheben, denn jede einzelne Fähigkeit ist gut so und wird genau so gebraucht. Genau dies ist ursächlich für unsere Einzigartigkeit.

Die Kombination unserer persönlichen Erlebnisse setzt Fähigkeiten zusammen, die es in dieser Kombination kein zweites Mal gibt. Ist das nicht spannend? Bist Du Dir dessen bewusst, wie wichtig all Deine Höhen und Tiefen für die Kreation Deiner Einzigartigkeit sind? Diese Betrachtung sollte Dich milde stimmen und Dir eine tief empfundene Zufriedenheit schenken.

Die Frage, inwieweit Menschen ihre körperliche und geistige Gesundheit beeinflussen können, hat mich von Kindesbeinen an fasziniert. Da mein Bruder sich mit einer Krankheit auseinandersetzen musste und ich mich bester Gesundheit erfreute, stellte ich mir selbstverständlich die Frage, worin unser Unterschied liegen mag. Ein und dieselben genetischen Grundlagen haben so unterschiedliche Auswirkungen – das konnte ich nicht nachvollziehen, kannte aber keinen Weg, meinem Bruder Gesundheit zu implantieren. Aus welchem Grund seine Seele sich für diese massiven Anzeichen entscheiden hatte, habe ich ohne sein Einverständnis nicht weiter betrachtet. Für mich blieb die Erkenntnis, dass Gesundheit mental beeinflussbar sein musste, und so beschäftigte ich mich mit den Lehren von Frank Alper und staunte.

Unser Seelenweg ermuntert uns manchmal durch das Auftreten von Krankheitsbildern, besser in uns hineinzuhören. Was bedeutet das konkret für jeden Tag unseres Lebens? Unser altes, immer vorhandenes Wissen möchte geachtet und integriert werden. Bevor unser Verstand vorschnelle Entscheidungen trifft oder Statements abgibt, sollten wir uns in uns versenken und mit der Schwingung unserer Seele in Kontakt treten.

Mir fiel vor längerer Zeit ein wundervolles Buch in die Hände. »The Journey« von Brandon Bays, Ihr könnt das googeln. Wenn wir auf unserem Seelenweg sind, dann finden uns zur richtigen Zeit die richtigen Bücher, das kennt

Ihr bestimmt. Ich habe dieses Buch mit Begeisterung gelesen und in meinem Zellbewusstsein haben sich die Informationen und Anleitungen mit meinem eigenen Wissen verbunden, und es ist eine Art eigene *Journey* dabei herausgekommen. Wenn ich heute mit Klienten diesen therapeutischen Prozess durchlaufe, um Fehlspeicherungen im System aufzuspüren und neu zu programmieren, dann übernimmt meine Seele das Kommando, sorgt für eine ruhige, geschützte Energie und Stimmung und jeder Prozess verläuft sehr individuell.

Fallbeispiel

Als Beispiel möchte ich von einer jungen Frau berichten, die sich gemeinsam mit ihrem Partner nichts sehnlicher wünschte, als nach jahrelangen Fehlversuchen endlich schwanger zu werden. Wir befragten zunächst die Karten, um sichtbar zu machen, aus welcher Richtung die Störungen in ihrem System kommen könnten. Sie war erstaunt, wie klar aus den Karten ihre Lebenssituation erfasst wurde und wie deutlich ich daraus Zusammenhänge ihrer Familie und Erlebnisse sehen konnte. Mir war dann klar, dass ich in ihrem Körper zunächst die Region aufzusuchen hatte, in der die Blockade oder der Schock mit einer zementierten Meinung steckte. Ich liebe es, wenn sehr verkopfte Menschen zu mir kommen, also Zweifler und Misstrauische. Noch mehr liebe ich es, am Ende einer Behandlung weiche, erstaunte und erleichterte Gesichter zu sehen. Wir machten uns also auf den Weg durch ihren Körper und sie musste horchen und fühlen, in welchem Bereich ihr eigenes Licht nicht fließen konnte. Bei jedem STOP hinterfragte ich, welche Erinnerungen oder Menschen ihr dort spontan in den Sinn kamen. Daraus ergibt sich eine Personenzahl, mit der ein Auflösungsprozess erarbeitet wird. Es wird die persönliche wie auch die Seelenebene befragt, und da der Klient sich nur auf das Fühlen konzentriert und von dem Anleitenden korrigiert werden kann, falls sich der Verstand zu sehr einschaltet, kommen supererstaunliche Dinge zu Tage. Vielleicht ermuntert Euch dieser Bericht, wenn ich schreibe, dass mir die junge Frau kurz darauf mitteilte, dass sie nun schwanger sei? Ein Herzenswunsch erfüllt sich für dieses Paar, weil Fehlspeicherungen im Körpersystem aufgelöst wurden – ist das ein Segen?

Fallbeispiel

Oder ein anderes Beispiel energetischer Arbeit: Die Arbeit auf der Seelenwiese. Eine Klientin litt an Schlafstörungen bis hin zu nächtlichen Panikattacken, ohne einen kausalen Zusammenhang zu beängstigenden Lebensumständen entdecken zu können oder zu wollen. Ich schlug eine Reise zu ihrer Seelenwiese vor und leitete sie an, bis sie auf einer prächtigen grünen Wiese angelangt war, Bäume, Büsche und einen Fluss in der Entfernung sehen konnte. Dann bat ich die Klientin, sich genau umzusehen und mir zu beschreiben, ob sich ein Helfer zeigen würde. Am Rande ihrer Wiese entdeckte sie einen jungen Indianer auf seinem Schecken, der still dastand und sie zu beobachten schien. Er lud sie durch eine Geste ein, dichter zu kommen, und zog sie hinter sich auf sein Pferd. Gemeinsam ritten sie ins Tal, wo an einem Feuer eine weise alte Indianerin mit einer kleinen Schale in der Hand auf sie wartete. Meine Klientin sollte die Schale entgegennehmen, und die weise Alte deutete an, sie möge trinken. Danach fühlte es sich für meine Klientin an, als wäre sie in Trance gefallen. Sie beschrieb mir Szenen aus ihrer Kindheit, die sie damals ängstigten,

Albträume, Ärger in der Schule. Als diese längst vergessenen Situationen beschrieben waren, konnte sie sich bei den Indianern bedanken, wurde zurückgebracht auf ihre Seelenwiese, konnte zurück ins Wachbewusstsein/in den Verstand und wir konnten gemeinsam überlegen, welche benannte Situation noch genauer bearbeitet werden musste. Das Resultat dieser Sitzung waren erholsame Nächte und eine intensive Verbindung zu Indianern, die immer dann präsent in dem Leben meiner Klientin sind, wenn sie sich unsicher fühlt und Rat und Unterstützung benötigt. Wie wundervoll, wieder in Kontakt zu eigenem alten Wissen gekommen zu sein und Lebenssituationen nun gemeinsam mit ihren indianischen Helfern betrachten zu können.

✑ Ra Isa:

Bei den Wundern ist es so, dass wir uns selber die Möglichkeit geben sollten, neutral zu sein. Nicht die Absicht haben, ein Wunder herbeizaubern zu wollen oder mit einer allzu hoffenden Haltung an eine Behandlung zu gehen. Am besten ist es, in der Neutralität zu bleiben und zu schauen, was geschieht. Dann haben die Wunder auch erst die Möglichkeit, in unser Leben zu kommen. Ich habe früher überhaupt nicht an so etwas geglaubt, aber es ist einfach so fantastisch, was in den Behandlungen geschehen kann. Viele, die diese Zeilen jetzt lesen, können sich das vielleicht noch gar nicht vorstellen, aber ich möchte Euch wirklich ans Herz legen: Seid neutral, offen und gebt Wundern eine Chance. Wenn Ihr dagegen angeht und denkt, es sei Quatsch, dann geschieht es auch nicht!
Ich erwähnte es schon einmal: Je tiefer ich im Glauben bin und meine Zweifel ablege, desto mehr Wunder können geschehen. In meiner heilerischen Tätigkeit allein und auch

mit El-asaria zusammen sind schon phänomenale Dinge geschehen.

Neulich habe ich drei Frauen in die energetische Aufrichtung der Wirbelsäule eingeweiht. Es war unglaublich schön. Als ich die energetische Aufrichtung kennen lernte, habe ich gedacht: »Hey, das kann doch nicht wahr sein. Ich habe mit Argusaugen darauf geschaut, was der Dozent uns vorführte, und konnte es nicht glauben.« Aber ich habe mit meinen eigenen Augen gesehen und mit meinem Dritten Auge, dass sich der Körper verschoben hat, und hinterher war tatsächlich alles gerade. Mit der Ratio in keiner Weise zu erfassen, es kann nur als Wunder angenommen werden. Danke dafür, dass wir diese große Wunder erleben dürfen. Schon Jesus sagte: »Ihr werdet größere Dinge tun als ich.« Ich bin gespannt, was dann noch auf uns zukommt. Bei der Einweihung der drei Frauen machte ich es so, dass wir den Körper vorher ausgemessen haben und schauten, wo er schief war. Sind die Schultern gleich hoch, ist das Becken verschoben oder nach vorn, hinten oder zur Seite verdreht? Ihr könnt Euch gar nicht vorstellen, welche Verdrehungen es in einem Körper geben kann. Beinlängenunterschiede sind auch sehr geeignet, um den Schiefstand sicht- und messbar zu dokumentieren. Nachdem wir das alles ausgemessen und jeweils zu dritt die Maße notiert hatten, wurde aufgerichtet. Und wieder: Tatsächlich, hinterher war alles gerade.

Es ist ein Wunder, dafür bin ich so dankbar, dass ich wieder zu meinem Glauben gefunden habe. Das schafft Ihr auch! Glaubt an Euch, das schafft Ihr! Ihr habt in mir die größte Ex-Zweiflerin, aber Ihr werdet so großartige Geschenke bekommen, wenn Ihr euch traut, neutral und offen zu sein und nicht alles, was man nicht so ohne Weiteres erklären kann, von vornherein negiert. Ich bekomme beim Berichten darüber eine Gänsehaut, weil ich mich so darüber freue, was Ihr auch noch alles erleben dürft, wenn ihr Euch traut und Mut habt, damit Wunder in Eure Leben eintreten können.

Eigentlich wollte ich jetzt bügeln, aber die Engel können ganz schön aufdringlich sein. Sie wollen es einfach loswerden, was sie sagen wollen. Also muss ich jetzt berichten, El-asaria geht es ja genauso und fühlt sich zum Schreiben gedrängt. Das Buch soll wohl so schnell wie möglich auf den Markt kommen, weil es wichtig für Euch ist. Es ist auch bei uns so: »Der Schuster hat die schlechtesten Schuhe.« Ich hatte mir mal die Rippen gebrochen, nach zwei Wochen mit extremen Schmerzen, ich konnte nicht lachen, nicht zur Toilette gehen, konnte nicht schlafen, wenn ich mich umgedreht habe nachts im Bett, dann bin ich wach geworden vor lauter Schmerzen. Da erschien mir eines Tages ein Aborigine, einer meiner Geistführer mit einer blau-schwarzen Haut, wulstigen Augenbrauen und riesigen Lippen, und er hat mir geholfen. Ich habe geistig mit ihm gesprochen und ihn gefragt, ob er mir bei meiner Rippe helfen könne. Er hat sie fixiert mit einer Art grünem Verband aus Blättern und zuvor hat er noch eine grüne Paste auf die Rippen aufgetragen. Und was soll ich Euch sagen? Ich bin am nächsten Morgen aufgewacht und hatte keinerlei Schmerzen mehr. Das war richtig abgefahren.

Fallbeispiel
Von den Wundern, die ich selbst erleben durfte, möchte ich Euch noch ein weiteres Beispiel weitergeben, damit Ihr vielleicht auch Euer Herz öffnen könnt für diese Hei-

lungen. Ich hatte einmal eine Behandlung bei einer Frau. Hinterher sagte sie mir, dass es eine komische Behandlung gewesen sei, sie habe nichts gesehen, nichts gespürt und würde keinerlei Veränderung fühlen. Ich nahm diese Aussage an und wartete ab, was noch geschehen würde. Nach einem Vierteljahr rief diese Klientin mich an und sagte: »Ich muss sagen, zuerst habe ich gedacht, das wäre totaler Quatsch gewesen. Ich fand die Behandlung nicht klasse, weil sie nicht meinen Erwartungen entsprochen hat. Aber ich muss ganz ehrlich sagen, ich klage seit einer gewissen Zeit nicht mehr über Rückenschmerzen. Dabei litt ich jahrelang darunter.« Das sage ich Euch jetzt mal insgeheim: Ich kenne Leute, die diese Frau auch kennen, und es wird gesagt, sie sei nicht so ganz einfach von ihrem Wesen her. Sie sagten, dass diese Dame sehr viel netter geworden ist. Da musste ich schmunzeln und habe mich sehr für diese Frau gefreut, dass die Heilenergie trotz allem angekommen ist. Manchmal dauern Wunder eben ein bisschen länger. Der Körper, der Geist und die Seele nehmen nur so viel Heilung an, wie sie auch verkraften können. Es ist so, das kenne ich auch selber von mir, von meinem Geist her habe ich Quantensprünge gemacht, und mein Körper sagt: »Moment mal! Das ist mir jetzt viel zu viel.« Dann geht es mir tagelang schlecht und ich grübele dann, weshalb es mir so schlecht geht. Mein Körpersystem muss sich dann erst wieder zusammenflicken, in der Gedankenwelt geht das in wenigen Sekunden, in Lichtgeschwindigkeit eben. Aber der Körper in der materiellen Dichte braucht etwas Zeit. Das ist manchmal sehr anstrengend, wenn Ihr wie ich zu Ungeduld neigt, ich denke: »Zack, ich habe es jetzt kapiert und alles ist schön!« Aber der Körper nimmt sich

Tage oder gar Wochen, um die neuen Informationen zu verankern.

Bei Tieren ist es ganz anders. Da mache ich diese Arbeit und sehe die Ergebnisse. Tiere hinterfragen nicht, die nehmen das an und gut ist es. Sie sagen DANKE und es geht weiter.

Wenn wir die Heilenergie durch uns durchfließen lassen, müssen wir uns immer wieder bewusst machen, dass nicht wir Heilung vollbringen sondern wir sind reiner Kanal dieser Energien. Sobald wir Kanal sein dürfen, ist es wichtig, sich hinterher beim Universum zu bedanken, bei den geistigen Helfern und auch bei dem Lebewesen, das man behandeln durfte.

Die geistige Welt hatte es mit mir absolut nicht leicht, da ich sehr störrisch war. Ich habe immer gesagt: »Nö, ich kann das sowieso nicht.« Aber mein Umfeld ist immer wieder auf mich zugekommen und hat mich darum gebeten, die Hände aufzulegen, weil es so gut tut. »Kannst du nicht mal mit meinem Tier kommunizieren oder mit der Blume?« Meine Standardantwort war: »Ja, ja, ist schon klar – mit der Blume kommunizieren.« Doch die Fragenden waren hartnäckig: »Doch, mach mal, du kannst das!« So habe ich mich breitschlagen lassen und habe tatsächlich Antworten von der Blume bekommen. Zum Beispiel wurde mir gesagt, wann sie mit welchem Dünger gedüngt wurde, und diese Infos habe ich so weitergegeben. Es stimmte alles, die Pflanze konnte mir genau sagen, welchen Dünger sie benötigte, und nachdem sie den richtigen Dünger bekommen hatte, ging es ihr total gut. Oder bei einer anderen Pflanze, die jahrelang nicht geblüht hat, habe ich nachgefragt: »Was fehlt dir denn? Was brauchst du?« Ihr wurde das Geforderte gegeben und dann hat sie geblüht. Da habe ich auch schon sehr gestaunt und dennoch gedacht: »Na ja, komm, das ist bestimmt Zufall.«

Und die geistige Welt hat gedacht: »Meine Güte, Kind, was bist du störrisch! Das gibt es doch nicht, wir zeigen dir hier ein Wunder nach dem anderen und du bist am Zweifeln. Wir wissen bald nicht mehr, was wir mit dir machen sollen. Wir wissen aber, dass du sehr, sehr große Heilkraft hast, und wir werden dich so lange nerven, bis du daran glaubst.« Jetzt ist es geschehen, ich glaube 100%ig daran und ich brauche auch keine offensichtlichen Beweise mehr – ich weiß, es geschieht. Manchmal darf Heilung auch einfach nicht da sein, weil das Lebewesen noch etwas zu lernen hat. Z. B. jemand hat Rückenschmerzen, kann vor Schmerzen kaum noch laufen. Dieser Mensch kommt zu mir und möchte behandelt werden, damit er genauso weitermachen kann wie vorher. So funktioniert es nicht. Die Seele schickt uns körperliche Beschwerden, damit wir bewusster werden und uns ändern. Damit wir achtsamer und respektvoller mit uns selber umgehen.

Fallbeispiel

Ich habe noch etwas über eine wunderbare Heilung auf psychischer Ebene bei einem Pferd zu berichten. Und zwar fragte mich eine Klientin ganz verzweifelt wegen ihres neu gekauften Pferdes. Sie wollte mit diesem Pferd ausreiten und war ganz guter Dinge. Die beiden starteten den Ausritt und es stellte sich heraus, dass dieses Pferd panische Angst vor Traktoren hatte, und es war sehr gefährlich, weil das Pferd gestiegen und durchgegangen ist. Lange Zeit traute sie sich natürlich nicht mehr auszureiten und machte nur noch Spaziergänge mit ihm. Darüber war sie sehr traurig, weil sie ja viel lieber reiten wollte. Jedoch fing die Stute immer an zu steigen, sobald ein Trecker oder Mähdrescher vorbeifuhr. Dann haben wir das Pferd behandelt. Die Besitzerin ist auch sehr fühlig, sie konnte vieles sehen, was ich gesehen habe. Wir haben kineosiologisch gearbeitet, sind die Zeitschiene zurückgegangen und waren plötzlich in einem anderen Leben des Pferdes. Da sahen wir beide genau dieselben Bilder: Dieses Pferd war in dem vergangenen Leben tödlich verunglückt durch einen Unfall mit einem Traktor. Das haben wir abgelöst und um Heilung gebeten. Am nächsten Tag ist meine Klientin mit ihrer Stute spazieren gegangen, es kam ein Mähdrescher und die Klientin dachte schon an mögliche Tänzchen ihrer Stute und hatte etwas Angst. Was war? Die Stute graste ruhig und reagierte überhaupt nicht. In der folgenden Zeit hatte meine Klientin wieder genug Mut zum Ausreiten und hatte zuerst natürlich noch in ihrem Bewusstsein Angst gespeichert. Aber seitdem wir die vergangene Erfahrung des Pferdes in Heilung brachten, läuft dieses Pferd wunderbar im Straßenverkehr.

Wir lachen oft vor Freude, wenn so fabelhafte Sachen geschehen. Die geistige Welt kennt uns schon – auch Elasaria –, wenn wir ein bisschen übertreiben, bedingt durch unser Temperament; aber sie zwinkern immer mit den Augen und freuen sich mit uns.

Tiere nehmen Heilung einfach an, entweder sie geschieht oder sie geschieht nicht. Manchmal hat es, wie schon erwähnt, seine Gründe, wenn Heilung nicht geschehen darf. Bei den Tieren gibt es keinen Zweifel, sie sind nicht verkopft. Ich erlebe es oft bei Klienten, dass sie schon den energetischen Dingen – wie soll ich sagen – zugewandt sind, aber ich habe auch oft genug Zweifler vor mir sitzen gehabt. Wenn die Menschen zu mir kommen und sagen: »Meine Frau hat mich geschickt. Damit ich zu Hause Ruhe habe, bin ich jetzt hier«, dann sage ich: »Es tut mir leid, ich behandle Sie nicht, weil Sie der Energie gar keine Chance geben, im Körper oder im Energiefeld zu wirken.« Durch unsere Gedanken, wie wir ja wissen, können wir unsere Realität erschaffen. Am besten ist es, wenn man ganz neutral und ohne Erwartungen in eine Heilbehandlung geht.

Wenn ein Mensch um Heilung bittet, ist er bereit und offen, lässt die Energie durch seine Felder fließen. Aber wenn jemand nicht daran glaubt, blockiert er sein System selbst. Das oberste Gebot ist natürlich, wenn wir Energiearbeit machen, um Erlaubnis zu fragen, den Klienten und auch die Seelenebene. Manchmal benötigt der Körper die Krankheit noch, um noch bewusster und liebevoller mit sich selbst umzugehen und sich selber besser kennen zu lernen. Davon kann ich auch ein Lied singen. Das ist sehr anstrengend und ich habe oft gedacht: Wie viel soll ich denn noch an mir arbeiten? Ich war bei Psychologen, bei Ärzten, ich war bei Heilern, bei Aufstellungen etc., und letztlich hatte ich oft das Gefühl, doch nicht voranzukommen. Es ändert sich für mich gar nichts. Heute weiß ich, da ich so verkopft war und so zweiflerisch und starrsinnig – ich ziehe gern mein eigenes Ding durch –, musste ich halt diese Erfahrungen machen, um durch meine Seele auf den Weg gebracht zu werden: »Ra Isa Makah, höre mich doch bitte. Nun hör mich endlich.« Ich habe es lange nicht vernommen – Stück für Stück vergingen meine Zweifel, die

Verbindung wurde hergestellt, und heute freue ich mich und bin zutiefst dankbar.

18. Tierische Heiler/Helfer

∾ Ra Isa:

Unsere Tiere sind unsere Begleiter und sie helfen uns in vielerlei Hinsicht. Bei mir war es in der Zeit meiner Depressionen so: Wenn ich meinen Hund nicht gehabt hätte, dann wäre ich überhaupt nicht mehr aufgestanden. Er war immer an meiner Seite und hat mich gezwungen rauszugehen und mir dadurch auch ein Stück Gesundheit wiedergegeben. Ohne ihn wäre ich vermutlich richtig abgestürzt. Auch Katzen haben eine heilende Energie, sie suchen sich gerade niedrig schwingende Energien aus und sitzen auch auf unserem Körper, wenn etwas nicht in Ordnung ist, und transformieren die niedrig schwingenden Energien. Viele Tiere sind hellsichtig und können z. B. die Aura von uns Menschen sehen. Sie spiegeln uns 1:1, wenn wir hektisch sind und schlecht gelaunt, dann zeigen sie uns dies und wenden sich von uns ab mit der Aufforderung, erst wieder ins Gleichgewicht und in die Liebe zu kommen – dann bin ich wieder ansprechbar für dich. Tiere werden auch oft zu Heilungen hinzugezogen, z. B. therapeutisches Reiten oder Delphintherapien, Therapiehunde, die in Kliniken oder Altersheimen eingesetzt werden. Als ich damals die Tierkommunikation erlernte, hatte ich an einem Tag eine Verabredung mit einer Klientin und einem Pferd. Ich sollte als »Lehrling« mit und, unterstützt durch meine Ausbilderin, kommunizieren. Sie sollte meine Aussagen bestätigen und begleiten. An diesem Tag ging es mir sehr schlecht, weil ich Migräne hatte. Zuerst hatte ich überlegt, ob ich den Termin besser absagen sollte, bin aber letztlich doch hingefahren und traf auf ein Pferd, das mir nicht von der Seite wich. Die Besitzerin war darüber sehr erstaunt und sagte, so hätte sich der Wallach noch nie benommen. Er verfolgte mich auf Schritt und Tritt und sagte mir: »Ich möchte dir Kraft geben und dich von deinen Kopfschmerzen befreien.« Und er gab mir tatsächlich so viel Energie, dass ich nachher deutlich weniger Schmerzen hatte; unter Berücksichtigung der Tatsache, dass ich einen echten Migräneanfall hatte, war seine Heilkraft beachtlich. Ich war so weit wieder hergestellt, dass es mir bis zu 75 % besser ging. Das ist doch spannend, was unsere tierischen Engel hier auf Erden vollbringen können, oder?

Fallbeispiel

Meine Hunde und Katzen waren oft anwesend bei den Heilbehandlungen, und es ist erstaunlich, wie sie eingreifen, wenn es sein muss. Ich selber bekam eine energetische Behandlung; der Hund der Behandlerin, Sam, lag im Flur, die Tür war geschlossen, ich war tief in mich versunken und folgte den Anweisungen der Heilerin. Plötzlich wurde ich von einem Geräusch in die Realität zurückkatapultiert. Sam hat die Tür geöffnet, ist zu mir gekommen, hat mich abgeschleckt, sich dann neben mich gelegt und mit mir kommuniziert. Er fand genau die richtigen Worte, die mir Mut machten in dem Moment, ich war sehr erstaunt, dass ich seine Worte empfangen konnte. Zumal ich nicht mehr in dem Bereich Tierkommunikation arbeite, weil ich mich von den Tierbesitzern unter Druck gesetzt fühle, da ich weiß, dass sie Antworten haben wollen. Es sind nicht die Tierbesitzer, die mich unter Druck setzen, sondern ich selber bin es, weil ich immer noch einen sehr hohen Leistungsanspruch an mich habe. Ich arbeite dran. ☺ Sam blieb bis zum Ende meiner Behandlung bei mir liegen und hat mir Energie gegeben. Durch seine Worte ist eine immens große Last von mir abgefallen. Danke, Sam.

Fallbeispiel

Eines Tages wurde ich zu einer Klientin nach Hause gerufen, weil ihre Katze permanent markierte. Ich kommunizierte mit dieser Katze, und das, was sie mir sagte, mochte ich der Besitzerin nicht sagen, weil ich die Vermutung hatte, dass sie an meiner geistigen Gesundheit zweifeln würde. Zu dem Zeitpunkt arbeitete ich noch nicht lange als Tierkommunikatorin und ich hatte bei meiner Ausbildung gelernt, dass wir nichts bewerten sollen und das Empfangene 1:1 weitergeben sollen. Na gut, ich atmete tief durch und erzählte der Besitzerin, dass ihre Katze mir gesagt hatte, dass noch ein Mann mit im Haus wohne, der gestorben sei, es aber noch nicht wisse. Er warte permanent auf seine Frau, die noch im Garten sei. Er hasse Katzen und würde die besagte Katze ständig verscheuchen. Deshalb markiere sie. Damals kannte ich mich noch nicht aus mit verstorbenen Seelen, die noch an die Erdatmosphäre gebunden sind, das sollte erst später kommen. Nun, die Besitzerin sah mich etwas irritiert an, war aber bereit, meine Freundin – sie ist Schamanin und Parapsychologin – zu kontaktieren. Meine Freundin ging in Kontakt mit dem Verstorbenen und erklärte ihm, dass er tot ist. Zuerst wollte er es nicht glauben, aber seine Frau holte ihn ab und sagte, dass es wahr sei und dass er mitkommen solle nach Hause. Er ging mit und die Katze hat nicht ein einziges Mal mehr markiert.

19. Einfachheit

✍ **Ra Isa:**

Im Grunde genommen ist das Leben sehr einfach, nur wir Menschen denken zu viel, machen es uns kompliziert. Wir spielen gedanklich viele Varianten durch, kommen dann zu dem Entschluss, Argumente wieder zu verwerfen, entdecken Sackgassen und Unwägbarkeiten, zweifeln, pflegen unsere Einwände. In der spirituellen Welt ist alles ganz einfach und in Sekundenschnelle manifestiert. Ein Gedanke geht in Lichtgeschwindigkeit ans andere Ende der Welt und ans Ende des Universums; solange wir im Glauben und im Vertrauen sind, wird alles viel einfacher. Ich denke etwas und »schwups«, passiert es auch. Macht Euch nicht so viele Gedanken im Sinne von Grübeln und Zweifeln, sondern fühlt und manifestiert.

20. Selbstverantwortung

»Ich bin Methadron und ich grüße Dich. Ich stehe für die universellen Gesetze. Euch steht das Jahr der Vollendung bevor, der Fülle, des Reichtums, wenn Ihr Menschen dazu bereit seid, in die Fülle und in den eigenen Reichtum zu gehen, dann könnt Ihr diesen Weg gehen. Es geht nicht darum, dass Ihr Menschen darben müsst, um auf Eurem spirituellen Weg voranzukommen. Es darf alles vereint werden, Reichtum und auch der Dienst an der Menschheit. Beides darf nebeneinander stehen. Die Zeit, wo Ihr Menschen nicht im Reichtum sein dürft, weil Ihr den spirituellen Weg geht, ist vorbei. Ihr schwingt Euch auf in der Evolution in die Vollständigkeit. Die

Vollständigkeit bezieht sich auf Euer Annehmen, dass das ganze Leben in Polarität schwingt und Ihr Euch immer wieder neu für das Licht entscheiden könnt.

Somit hast auch Du, die/der Du diese Zeilen liest, die Möglichkeit, Dich zu entscheiden, in die Fülle zu gehen und in Deine Kraft. Der Mantel der Gewohnheiten darf abgelegt werden, sofern Du dieses Gewand jetzt als nicht mehr passend empfindest. Rollen, die Du gar nicht annehmen willst, kosten Dich viel Kraft, da Du sie aufgezwungen bekommst und Du dann in das Contra gehst. Damit begibst Du Dich immer wieder aus Deiner Mitte heraus. Dadurch fehlt Dir manchmal Dein Zentrum, wenn Du weißt, das bist Du nicht mehr und das Neue ist noch nicht ganz greifbar.

Die Starre in jedem Leben von Euch Menschen, wenn Ihr Angst vor den Veränderungen habt, macht Euch müde und mürbe. Veränderungen haben nichts mit Ausbrechen zu tun, sondern Du solltest es Dir wert sein, in Deine Kraft zu gehen und Dich neu zu definieren. Wie der Phönix aus der Asche – Ihr wisst, da gibt es einen Phönix, der daraus wieder erstehen kann. Es heißt nicht, dass Ihr flüchtet. Ihr habt Euch lange Jahre immer wieder Eure persönlichen Themen angeschaut. Jetzt ist die Zeit, in der Ihr sagen solltet: »Ja, es gibt hier Schwierigkeiten und Probleme, die von uns unlösbar sind.« Es ist viel Armut auf Eurem Planeten, es ist schwer und drückend. Deswegen reagiert Ihr mit Eurem Verstand, der ganz viel auf einmal umsetzen will, weil Ihr die kontrollierte Enge spürt. Enge macht kreativ und Ihr lebt endlich wieder Aktivität.«

∾ Ra Isa:

Ich möchte Euch auch noch ein Beispiel zur Selbstverantwortung geben: Ich war einmal mit einem Arzt befreundet und in den Augen meiner Mutter war das natürlich eine gute Partie. Meine Mama ist 1938 geboren und es ist natürlich eine ganz andere Generation – Sicherheitsdenken, Mangeldenken –, diese Generation hat viel Verlust erlebt, mit diesen Gedanken bin ich groß geworden. Und in den 50er und 60er Jahren ging es um *Schaffe, schaffe, Häusle baue*, was sagt der Nachbar, oh, wir brauchen mindestens genau so ein Auto wie er. Ich erzählte ihr irgendwann, dass ich die Beziehung zu dem Arzt beendet habe, und sie war richtig sauer auf mich: »Das geht doch nicht. Das ist so eine gute Partie, ich mache mir ja nur Sorgen um dich! Ich will doch, das es dir gut geht.« Ich bin damit groß geworden, nur auf die materiellen Dinge zu achten, allerdings streikte ich schon früh dagegen. Meine Gedanken waren: »Ich weiß zwar, dass es mir nun finanziell schlechter geht, dann esse ich eben nur Schwarzbrot, belastet mich wenig. Aber ich bin wieder ich selbst.«

Vielleicht neigt Ihr genau wie ich dazu, das hat mich letztlich auch in den Burn-out und in die Depressionen getrieben: die Bereitschaft, mich zu verbiegen. Ich bin ein sanftmütiger und harmoniebedürftiger Mensch. Natürlich kann auch ich es jetzt einmal krachen lassen, nur, das konnte ich früher überhaupt nicht. Wut konnte ich früher überhaupt nicht verkraften, das hat mich krank gemacht. Jetzt ist es so für mich, dass einige Worte manchmal einfach in der absoluten Wahrheit ausgesprochen werden müssen. Auch wenn es für andere vielleicht nicht so schön ist: Drückt Eure zutiefst empfundene Wahrheit aus. Man muss ja nicht unangemessene Wut ausbrechen lassen, doch für mein Leben ziehe ich »klare Kante« vor, statt weiterhin um den heißen Brei herumzureden. Ich habe mich oft verbogen – klar, wenn man als kleines Kind so brutal körperlich und seelisch misshandelt wurde, dann weiß diese kleine Seele, dieser kleine Körper, dieses kleine Mädchen nicht, wie es sich wehren soll oder sich groß machen kann. Und dieses kleine verängstigte Mädchen war auch noch jahrelang in mir, auch als ich bereits eine erwachsene Frau war.

Ich bin meinem Burn-out und der Depression dankbar, weil ich dadurch sehr viel gelernt habe. Ich sagte vorher bereits einmal, dass es immer wieder anstrengend ist, wenn ein und dasselbe Thema wieder und wieder bearbeitet und betrachtet werden möchte. Ich war bei Ärzten, Psychologen etc. und hatte das Gefühl, das bringt mir alles nichts. Nein, es konnte auch nichts bringen, da ich so gefangen war in meinen Selbsthass-Strukturen, in meinem mangelnden Selbstwertgefühl, in dem Mangelbewusstsein. Ich habe meinen Wert gar nicht erkennen können, weil er ja vom ersten Tag an kaputt gemacht worden war. Als ich auf die Welt kam, hat mein Vater zu meiner Mutter gesagt: »Na ja, du bist ja auch zehn Jahre älter geworden.« Als er erfuhr, dass ich ein Mädchen geworden bin, sagte er: »Was anderes hast du auch nicht zustande gebracht.« Hammerhart. Meine Mutter wollte mit ihm gemeinsam einen Namen für mich auswählen und er blaffte: »Das ist mir total egal. Gib ihr den Namen, der dir gefällt.« Ich wurde da schon von der männlichen Seite nicht wertgeschätzt und abgelehnt. Wenn man bedenkt, dass man sogar schon im Mutterleib alles mitbekommt, dass das Bewusstsein diese Prägungen bereits wahrnimmt, da tragen viele von uns große Narben auf der Seele und haben diese im Unterbewusstsein versteckt. Im normalen Alltag kommt man da nicht drauf und an die verkapselten Zellinformationen ja auch gar nicht ran, das ist klar. Ich habe mich dann nicht verbiegen lassen, beschloss, meinem Gefühl zu folgen, und entschied mich für meine Freiheit und beendete die Beziehung zu diesem dominanten Arzt. Mir fehlte die Luft zum Atmen, ich empfand dies als absolut nicht passend, das war nicht ich; und ich bin dankbar, dass meine Seele da so deutlich mit mir gesprochen hat, bzw. dass ich sie verstehen konnte zum damaligen Zeitpunkt. Leider ist diese Verbindung wieder abgeborchen, und ich traf meine Seele persönlich erst viele Jahre später wieder.

Wichtig ist es, die Eigenverantwortung für unser Leben zu übernehmen, d. h. in allen Bereichen. Für unseren Körper, der unser Tempel ist, denn ohne ihn könnten wir dieses irdische Leben gar nicht leben. Es gibt so viele Menschen, die großen Raubbau mit ihrem Körper betreiben. Dort fühlt sich die Seele dann auch nicht wohl. Es ist elementar wichtig, JA zu seinem Körper zu sagen und ihn auch zu unterstützen, genügend zu trinken, sich gesund zu ernähren. Wenn schon unsere Ackerböden kaum noch wertvolle Mineralstoffe enthalten und dadurch unsere Nahrung zusehends weniger Inhaltsstoffe hat und wir oftmals gar nicht mehr alle notwendigen Baustoffe, die der Körper wirklich benötigt, Vitamine, Spurenelemente, Mineralstoffe etc. bekommen, dann ist es abzusehen, dass es uns irgendwann schlecht geht. Bei dem einen früher, bei dem anderen später. Unsere Körper haben verlernt, bestimmte Baustoffe überhaupt noch aufzunehmen, die Zellen sind dazu nicht mehr imstande, weil wir lange Jahre Raubbau betrieben haben, Fastfood, schnelles Essen in Hektik zwischendurch, Fertiggerichte, Mikrowellengerichte etc. Wir sollten Mutter Erde dafür danken, dass sie alles wachsen lässt, auch das sogenannte Unkraut wie Giersch, Löwenzahn, Vogelmiere etc. Es ist total gesund, es ist Gottes Apotheke. Früher haben sich die Menschen nur auf diese Weise gesund erhalten. Die Tiere hingegen sind noch schlau und weise. Wenn sie Magenprobleme haben, dann suchen sie sich die entsprechenden wild wachsenden Kräuter. In freier Natur suchen sich Pferde Farn und andere Kräuter, die gegen Würmer helfen. Die Tiere tragen dieses Wissen noch in sich. Die Natur spricht mit uns und ich für meinen Teil hege und pflege meinen Gemüsegarten. Wer allerdings in der Großstadt lebt, sollte versuchen, sich mit Bio-Lebensmitteln zu versorgen und weniger Fleisch zu essen.

Meinen Klienten sage ich, dass es nicht mit einer Sitzung bei einer Heilerin getan ist. Wir können nicht zaubern, einmal die Hände auflegen und alle Symptome sind verschwunden, sondern wir können Menschen an ihr eigenes Wissen zurückerinnern. Es gehört Eigenverantwortung dazu, wir möchten Menschen bewusst machen und keinen Menschen einfach nur heilen. Dann würde ich ihn seiner eigenen Erfahrung berauben, Dinge müssen bewusst angeschaut werden. Das ist mit Arbeit verbunden und mit der Bereitschaft, sich in der Tiefe auseinanderzusetzen. Das eigene Verhalten muss bewusst in Frage gestellt werden: »Wo bin ich noch nicht liebevoll?« Dann kommt manchmal Selbstverurteilung und all so etwas. Jeder Mensch muss sich irgendwann mit seinen Glaubenssätzen beschäftigen, hinschauen, worauf der eigene Körper ihn aufmerksam machen will: Wo hast du dich von deiner eigenen Wahrheit entfernt? Bei der Wirbelsäulenbegradigung zum Beispiel ist der Körper nach der Behandlung wieder gerade, aber es gehören zum Heilwerden eigenes Bewusstsein und körperliche Übungen dazu, um hinterher Muskelaufbau zu betreiben. Eine Heilerin kann ja keine Muskeln herbeihexen, ich kann um Begradigung bitten und hinterher muss der Mensch natürlich trainieren, sei es Muskelaufbau oder bewusstes Hinterfragen der eigenen Handlungen, Worte, Beweggründe und Muster.

Wir alle verspüren negative und positive Gefühle. Diese sind nicht unberechenbar wie das Wetter. Jeder von uns hat Einfluss auf seine Gefühle. Wir »füttern« unsere Gefühle und halten sie am Leben durch unsere innere Zwiesprache. Wir können unsere Gefühle beeinflussen, indem wir uns bewusst machen, in welchen Mustern wir uns bewegen und denken – und diese verändern.

Damit kommen wir zu dem nächsten Thema: wie brutal es hier zugeht. Nur weil wir Menschen sparen wollen, wird Billigfleisch gekauft und die meisten Menschen machen die Augen zu und bedenken die Haltungs- und Schlachtbedingungen gar nicht (s. Film *Earthlings*). Ich selbst schaffe es noch nicht ganz, mich fleischlos zu ernähren, gehe aber sehr bewusst mit diesem Thema um. Auf gar keinen Fall kaufe ich Sonderangebote, sondern esse wesentlich weniger Fleisch, aber dies dann von ortsansässigen Bauern, und danke dem Lebewesen dafür. Ich kann es dann mit ruhigem Gewissen essen, weil ich weiß, es war vorher glücklich und nicht aus Massentierhaltung oder Massentransporten. Die Angst des Tieres essen wir ja alle mit, da muss die Gesellschaft erkranken, oder? Es geht gar nicht anders. Oder Fluor in der Zahnpasta, Aluminium im Deo und vielen anderen Dingen des täglichen Lebens, das sind alles Sachen, die so ungesund sind, und jeder hat davon gehört. Trotz allem werden diese Produkte weiterhin hergestellt, ein absolutes *No go*. Wir tragen die Eigenverantwortung für unsere Gesundheit und für diese Erde. Jeder kann sein Verhalten hinterfragen und z. B. weniger mit dem Auto fahren, für die Erde und die Bewohner beten und singen und seine/ihre Dankbarkeit dafür ausdrücken, dass wir hier leben dürfen.

Ich danke Mutter Erde mehrmals täglich und freue mich wirklich sehr, dass ich hier leben und alles spüren darf; das ist ein riesengroßes Geschenk. In der geistigen Welt sind viele Seelen, die auch gern auf der Erdenebene Erfahrungen sammeln würden, sie scharren schon mit den Hufen: »Ich möchte so gern auch auf die Erde!« Aber nein, jetzt haben wir diesen Platz noch, bis wir irgendwann gehen, und dann dürfen die Neuen kommen. Steffi hat ja schon geschrieben, die neuen Kinder, die seit 1985 auf die Welt kommen, sind natürlich schon wesentlich weiter entwickelt als meine Generation, haben eine ganz andere DNA, deren Leber kann z. B. mit Giftstoffen viel besser umgehen. Diese Kinder sind viel bewusster, als wir es waren, lassen sich nicht so leicht etwas erzählen, falls deren Eltern noch voll verhaftet sind in der 3. Dimension – Leistungsanspruch, keine Liebe, keine Umarmung, keine Wärme, sondern Sprüche wie: »Dein Essen steht in der Mikrowelle.« Das machen diese Kinder nicht mit. Sie wollen Liebe und Anerkennung!

Es gibt immer mehr Lichtarbeiter auf dieser Welt und wir schließen uns immer mehr zusammen. Deswegen freue ich mich, dass dieses Buch rausgebracht werden durfte, weil ich glaube, dass damit viele Menschen erreicht werden, die mit spirituellen Dingen noch nicht so viel zu tun hatten, denen manches vielleicht suspekt erscheint oder für die es mit Angst besetzt ist. Auch das kann ich nachvollziehen, ging es mir doch früher nicht anders. »Spuky!«, war einer meiner häufigsten Kommentare zu Themen oder Zusammenhängen, die mir unheimlich waren. Ihr braucht wirklich keine Angst zu haben, es gibt nur verschiedene Formen von Energien. Von niedrig bis sehr hoch schwingend ist hier auf der Erde alles vertreten. Unsere Aufgabe hier auf der Erde ist es, die Mitte zu finden. Natürlich sollen wir uns in die hoch schwingenden Energien erheben, aber wir sollen uns nicht auf einer Wippe befinden, chaotisch hoch und runter schwanken, sondern lieber gleichmäßig das Bewusstsein steigern, langsam aber sicher die Schwingung anheben. In jedem Menschen wohnen alle Energien, Gott gab uns den freien Willen, und die Engel dürfen nicht ungefragt eingreifen, wenn wir in uns etwas in Balance bringen wollen, etwas auflösen wollen. Wir müssen sie darum bitten, erst dann können sie eingreifen, auch wenn sie vorher schon einen Handlungsimpuls hatten, sie dürfen unseren freien Willen nicht verletzten. Es heißt: »Bittet und Euch wird gegeben werden.« Es ist ganz einfach, Ihr müsst nur danach leben. Ich habe gut reden, bei mir hat dieser Prozess viele, viele Jahre gedauert, es lohnt sich, mit den Wogen des Lebens leicht umzugehen, denn wenn Ihr im Vertrauen seid, wisst Ihr: »Es geschieht zu meinem höchsten Wohle!« Auch wenn wir oft nicht dahinterblicken können, was dann Sinn ergibt. Die Seele steht auf einem Berg und kann überall hinschauen, wir im Tal sehen nicht das GANZE. Da wissen wir manchmal nicht, welche Wegbiegung zu nehmen ist. Die Seele sagt dann klar: »Hier geht es lang! Dieser schmale Weg ist genau der richtige.

Auch wenn der Weg richtig gefährlich aussieht, ich halte dich fest.« Wir würden vielleicht nach einer breiten Straße Ausschau halten und einen sicheren Weg auswählen, nur die Adrenalin-Junkies nicht. Die Seele hat eine viel größere Blickweite als wir.

21. Loslassen

»Wir sind Aletia. Loslassen erfordert viel Mut, denn was nicht wirklich zu Dir gehört, geht für immer, und nur was zu Deiner Wahrheit passt, kehrt zu Dir zurück.

Wir sind Aletia und wir arbeiten für den magnetischen Dienst, indem wir das magnetische Gitter, welches sich um den Erdball befindet, mit unserer Liebesfrequenz ausfüllen. Durch unseren permanenten Dienst für Euch wird die Existenz überhaupt erträglich. Denn bedenke, wie Dein Leben sich anfühlen würde ohne die vielen, kleinen herzlichen Momente, in denen Du Dich in der Tiefe Deines Seins gesehen und angenommen gefühlt hast.

Heute kommen wir zu Euch mit einer weiteren kleinen Herausforderung. Eine Art Quiz, um für Dich selbst herausfinden zu können, in welcher Schwingung Du Dich wohler fühlst. Bitte stelle Dir eine für Euer Erdendasein typische Situation vor. Du befindest Dich an Deiner Arbeitsstätte und wirst mit einem Suchenden konfrontiert. Dieser Suchende ist sehr verzweifelt, denn er sucht rastlos und findet Dinge, die zu finden er nicht gewillt ist. Eine Kollegin vielleicht, die von ständigen Eskapaden ihrer Wochenendtouren durch das Single-Dasein berichtet, oder ein Kollege, der trotz erheblicher Maskerade noch immer aufrecht stehen kann. Stell Dir vor, beide berichten auf ihre Weise von ihren Erlebnissen, sind überschäumend in der Erlebnisberichterstattung und Du wirst überhäuft mit Details, die nicht für Deine Ohren bestimmt waren.

Was geschieht in einem solchen Moment?

Ein energetisches Soziogramm würde Dir schnell Klarheit verschaffen können, doch eh Du Dich versiehst, bist Du gefangen in den Tentakeln der anderen und kannst nur noch mit Mühe atmen. Die Absicht der Erzählenden liegt einzig darin, in Dir eine Projektionsfläche zu finden, und nicht darin, einen helfenden Rat von Dir zu erhalten. Während Du Dir Kommentare abringst, bemerkst Du, dass Deinen Worten kein Gehör geschenkt wird, und beginnst Dich zu wundern. Fragst Dich, ob Du wirklich so klein bist, dass Du nicht wahrgenommen wirst.

Liebes Erdenkind, verwirf diesen Gedanken, so schnell es irgend geht. In diesen Zusammenkünften geht es um Energieflüsse, nicht um Wahrheiten, nicht um Erkenntnisse. Es geht um Dominanz, um Terrainverteidigung, Reviermarkierungsversuche.

Sobald Du Dich in einer solchen Konstellation befindest, erhebe Dich in die nächsthöhere Sphäre und prüfe, was Du von dort betrachten kannst. Es sind Monologe, die Deines Kommentars unwürdig sind. Lass diesen Darstellern eine Projektion von Dir und nimm Deinen physischen Körper mit Dir des Weges, und erledige, was DU erledigen möchtest.

Die einfachste Methode, herauszufinden, ob Deine Anwesen-

heit erwünscht ist, ist die simple Frage: Möchtest Du die Sache lösen?

In den allermeisten Fällen wirst Du in verwunderte Augen blicken, da es nicht um die Lösung geht, sondern um das lieb gewonnene Herumwälzen in festgefahrenen Verhaltensmustern.

Bitte verharre einen Moment in Deinem inneren Schauspiel und prüfe, welche Reaktion Dir selbst wirklich hilfreich wäre, wenn Du tatsächlich auf der Suche nach einer Lösung bist. Wärest Du interessiert an der Meinung eines Menschen, der wie ein aufgescheuchtes Huhn vor Dir herumspringt und ohne Unterlass auf Deine empfindsamen Ohren einredet? Ja? Bei ehrlicher Betrachtung musst Du gestehen, dass Dir eine präzise, kristallklare Antwort den nötigen Schubs in die richtige Richtung erteilen würde.

Eine kristallklare Antwort benötigt keine Beweihräucherung, keine Zustimmung, keine Reaktion jedweder Art. Sie IST einfach und hilft durch ihre bestechende Ruhe.

Denke darüber nach, solltest Du es in den nächsten Tagen mit dieser Art Schauspiel oder Darstellung zu tun bekommen, und besinne Dich darauf, dass Du in Deinem Herzen jede Antwort auf jede Frage trägst. Die Suchenden bekommen durch ein mildes, nachsichtiges Lächeln eher eine Chance des Innehaltens als durch Deinen Versuch, Erläuterungen abzugeben. Solange Menschen sich noch auf der Ebene der Rechtfertigung und Erklärung befinden, sind sie noch nicht so weit, ihr eigenes Sinnen zu hinterfragen, und könnten Deine Art der Erläuterung nicht verstehen.

Du solltest aus der Herzschwingung, der Liebesfrequenz antworten, denn es werden eben diese Ebenen sein, die Euch durch die kommende Zeit leiten werden. Die Ebene des Verstandes, des Kalküls, werden Euch schlechte Dienste erweisen. Stell Dir bitte einmal vor, alles, wirklich alles Dich materiell Umgebende würde verschwinden, sich in Luft auflösen, dematerialisiert werden. Was bliebe von Dir?

Stelle Dir selbst immer wieder die Frage, wodurch Du Dich definierst. Durch Dein Haus, Dein Auto, Deinen Ferienpalast, Dein Bankkonto, Deine Beziehungen zu Größen der Wirtschaft? Liebes, Liebes, Du musst sehr genau hinsehen, wo Du Qualität findest und wonach Du Dich richten möchtest. Die Zeit des Versteckens ist wahrlich vorüber und es gilt, sich aufzurichten für die eigene höchste Wahrheit. Nicht aus der Hocke werden Dinge vorangetrieben, es ist schon erforderlich, das ganze ICH BIN zum Vorschein zu bringen und in die Waagschale zu legen.

Übe die Ausdehnung Deiner ganz eigenen Schwingung, resultierend aus Deinen ganz eigenen Lernaufgaben Deines Weges, und atme sie regelmäßig durch Dein ganzes physisches Gefährt. Die Verströmung der Lichtpartikel durch Deinen gesamten Körper unterstützt Deinen Heilungsprozess und erreicht auch jene Gebiete, in denen Du glaubtest, Dein dunkelstes Dunkel verstecken zu können. Die Bereiche, in denen Schmerz, Verzweiflung und Einsamkeit verkapselt sind, verlangen ebenfalls nach Beachtung und Heilung. Nur wenn Du Deine eigenen Tabuzonen belichtet hast, kannst Du in kristallklarer Klarheit anderen zur Seite stehen.

Hast Du gehofft, Du würdest ohne diese Aufgabe voranschreiten können? Deine Seele könnte noch wundervoller zum Strahlen gebracht werden, wenn Du Dir selbst gestatten würdest, auch diese Bereiche vollständig zu integrieren. Es geht hierbei auch nicht darum, dem vergangenen Schock, Trauma oder Schmerz noch einmal in allen Einzelheiten nachzuempfinden, sondern einzig um die Anerkennung, dass Du ihn empfunden hast, zu Recht empfunden hast.

Lass all diese Themen frei. Atme in diese Erinnerung hinein und spüre, wie sich Erleichterung in Dir ausdehnt, da Du den Kerker um diese Erinnerungen herum nun nicht länger bewachen musst. Lass sie alle hervortreten, jede einzelne Erinnerung, verneige Dich vor diesen Erfahrungen, die Dich zu dem machten, was Du heute bist, und stelle sie an einen Platz in Deinem Herzen, der nur hierfür präpariert wurde. Eine Art Andenken-Palast, der für Deine heutige Qualität ursächlich war. Angst ist eine Illusion, keine Emotion. Du bist unzerstörbar, lichtvoll und herzlich – wenn Du Dich für diese Seinsqualität entscheidest. Ich stehe mit meinem magenta-goldenen Licht immer an Deiner Seite und spende Mut und Kraft, um diesen Themen begegnen zu können. Meinen Segen und meine Achtung für Dich.«

ꝏ Ra Isa:

Eine weitere Geschichte möchte ich euch nicht vorenthalten: Ich hatte einen Rauhaardackel »Benny« und einen Rhodesian Ridgeback »Grizzly«, sie sahen aus wie *Pat und Patachon*. Ich liebte beide Hunde gleichermaßen, jedoch hatte ich das Gefühl, Benny mehr Aufmerksamkeit geben zu können als Grizzly, wegen der Größenunterschiede. Einen kleinen Hund nimmt man schneller mal auf den Arm als einen Hund mit 42 kg Lebendgewicht. Darunter habe ich damals oft gelitten, als beide Hunde noch lebten. Ich wusste aber nicht, wie ich es besser machen sollte, es ging nicht. Grizzly ist im Alter von 11,5 Jahren gestorben, er konnte schon längere Zeit nicht mehr richtig laufen, die Muskulatur ging immer mehr zurück durch die Schonhaltung, und am Schluss war er hinten gelähmt. Ich wollte ihn einschläfern lassen, weil mein Herz mir sagte, dass es so weit sei, jedoch die Tierärztin wollte Geld verdienen, hat ihm noch sämtliche Aufbauspritzen gegeben und ich sollte mit ihm noch zur Physiotherapie gehen, eine absolute Farce. Ein Hund mit Atrophie und in diesem Alter. Ich war natürlich sehr emotional und habe der Tierärztin geglaubt. Lächerlich, heute würde ich auf mein Herz hören und mich durchsetzen. Ich habe so sehr unter diesen Umständen gelitten, dass ich nach Grizzlys Tod Herzrhythmusstörungen bekam, weil ich mir so große Vorwürfe gemacht habe. Doch eines Tages im Sommer nach Grizzlys Tod, ich lag auf meinem Liegestuhl, weil es mir wieder nicht gut ging, kam er zu mir und hat mich getröstet. Er sagte mir, dass er sehr traurig war, gehen zu müssen, aber alles hat seine Zeit und sein Körper war kaputt. Er sagte mir weiterhin, dass ich ihm sehr leid tat, wie die Tage kurz vor seinem Tod abliefen. Meine Güte, was für ein großes Herz, es ging schließlich um SEINEN Tod und ICH tat ihm leid. Ich war zu Tränen gerührt. Die Situation war nicht schön, für ihn aber akzeptabel, weil er wusste, dass die Seele nicht stirbt und er wieder zu mir kommen wird; am schlimmsten waren für ihn das Loslassen und die Trauer, jetzt erst einmal gehen zu müssen. Nach diesem Gespräch mit ihm waren schlagartig meine Herzrhythmusstörungen verschwunden, die ich mindestens ein Jahr lang hatte.

Meine Art der Trauerbewältigung sah so aus, dass ich mir

am gleichen Tag alle Bilder rausgesucht habe, die ich von Grizzly hatte. Ein Bild war dabei, das mir besonders gut gefiel, weil man darauf seine wunderschönen bernsteinfarbenen Augen sehen konnte. Ich sagte innerlich zu ihm: »Dicker, ich werde deine Augen vermissen.« Dieses Bild wollte ich gerne im Großformat ausdrucken. Gesagt, getan, ich ging zum Drucker, startete den Druckvorgang – und was meint Ihr, was aus dem Drucker herauskam? Nur Grizzlys Augen im Großformat, nicht sein ganzer Kopf. Ich war sprachlos.

Mein Leben ging weiter, die Jahre zogen ins Land und ich bekam einen neuen Hund, Mika.

Er ist ein spanischer Straßenhund und als ich ihn mir das erste Mal ansah bei der Pflegefamilie, wo er lebte, kam er sofort zu mir und schleckte mich ab, zwischendurch hatte er Interessanteres zu tun mit seinem Rudel, kam jedoch immer wieder zu mir und wollte mit mir schmusen. Die Vermittlerin von *Pro Animale* war erstaunt, weil die Hunde, bevor sie zu Pflegefamilien kommen, bei ihr leben und sie kennen. Mika nahm keine Notiz von ihr, was sonst anders war, wenn sie mit anderen Interessenten dort war, dann begrüßte er sie sofort.

Auf der Rückfahrt nach Hause hatte ich ein Auto mit dem Kennzeichen KA-MA vor mir. Ich dachte mir, dass da nur noch das R in der Mitte fehle, konnte damit aber zu dem Zeitpunkt noch nicht viel anfangen. Außerdem war mein Kronen-Chakra am Glühen. Ich fand das alles äußerst merkwürdig.

Wieder zogen Jahre ins Land. Ich habe Mika jetzt 3,5 Jahre, bis ich vor ein paar Wochen eine Tierkommunikatorin kennen lernte. Ich wollte von ihr wissen, ob Mika sich wohlfühlt bei mir und ob er damit klarkommt, sich bei mir unterordnen zu müssen, denn er war es 1,5 Jahre gewohnt, für sich selbst zu entscheiden, weil er auf der Straße lebte. Die Tierkommunikatorin wollte mir das Bild von Mika zurückschicken, aber es war spurlos verschwunden. Sie bereitete ein Seminar vor, in dem es darum ging, mit verstorbenen Tieren in Kontakt zu gehen, und da fiel Mikas Bild aus dem Regal. Sie rief mich an und fragte, ob ich etwas dagegen hätte, wenn sie mit Mika und Grizzly in Kontakt gehen würde auf diesem Seminar, weil ihr das suspekt vorkam und sie glaubte, dass Grizzly mir noch etwas sagen will. Und was, meint Ihr, ist dabei herausgekommen? Haltet euch fest: Mika ist Grizzly. Er ist natürlich ein ganz anderer Hund mit anderen Verhaltensweisen, aber die Seele von Grizzly ist Mika. Ich hatte es vorher schon oft vermutet, meinen Gedanken dazu aber keine weitere Bedeutung beigemessen, denn Mika hat genau die gleichen Augen wie Grizzly und außerdem dreht er sich genauso, wie er es tat, um 180 Grad auf der Stelle. Es ist so ein schönes Gefühl Grizzly jetzt wieder bei mir zu haben in Mika und ihm meine ungeteilte Aufmerksamkeit geben zu können. Wie das Leben so spielt, da fällt einfach das Bild aus dem Regal, weil Grizzly mir das sagen wollte.

22. Dankbarkeit und Vergebung

Gelebte bedingungslose Liebe bedeutet, eine Geisteshaltung verinnerlicht zu haben, die von freundlicher Akzeptanz des Gegenübers geprägt ist. Diese Haltung stellt einen kraftvollen Weg dar, um jedes Ziel zu erreichen, jede Herausforderung anzugehen, und ist der für uns einzig mögliche Weg zu einem hohen Bewusstseins- oder Körperzustand.

Sie ist ein Weg, in Einklang mit jener göttlichen Kraft zu gelangen, die Absicht und Ergebnis in jedem Aspekt zusammenbringt. Stimm Dich ein auf diese Kraft und lasse sie für Dich arbeiten. Dankbarkeit, Vertrauen und Liebe sind die wirksamsten Techniken dieses Universums.

Segne einfach alles, was Deinen Weg kreuzt und das repräsentiert, was Du wirklich willst. Das ist alles – ganz einfach. Mit Deinem Segen schenkst Du Anerkennung und positive Qualität, Eigenschaft oder Zustand. Und zwar mit der Absicht, dass das, was Du durch Deinen Segen anerkennst, sich vermehren, andauern oder neu entstehen soll. Hierdurch kannst Du Dein Leben wirkungsvoll verändern. Es gibt die folgenden 3 Gründe:

- Durch die positive Konzentration des Verstandes wird die positive, schöpferische Kraft hervorgebracht.
- Dadurch richtet sich Deine Energie nach außen und ermöglicht so, dass Du noch mehr dieser Kraft ausstrahlst.
- Segnest Du etwas zum Wohle Dritter anstatt unmittelbar für Dich selbst, dann werden die unbewussten Ängste bezüglich ihrer eigenen Wünsche umgangen. Es reicht die Konzentration auf die Segnung, um dasselbe in ihrem Leben wirksam werden zu lassen.

Der Segen und die Anerkennung, die man Dritten schenkt,

ist ein so wunderbarer Prozess, weil Du Dir damit auch selbst hilfst. Die einfachste Methode ist es, mit gewöhnlichen Worten Deinen Segen auszusprechen oder diese Worte zu denken. Für uns sind die wichtigsten Arten, eine Segnung auszudrücken:

- Bewunderung: Äußere Komplimente über etwas Gutes, das Dir auffällt.
- Affirmation: Dies dient der Verstärkung bzw. Bekräftigung: »Ich schätze …«
- Anerkennung: So drückst Du die Dankbarkeit für das Gute aus, das IST: »Ich danke … für …«
- Erwartung: Formuliere Gutes für die Zukunft: »Ich werde … haben« oder »Möge das Glück immer mit Dir sein!«

Das Gegenteil von Segnung ist Kritik statt Bewundern, Zweifel statt Bekräftigung, Schuldzuweisung statt Anerkennung. Aus diesem Ausdruck solltest Du Dich verabschieden, damit Du den größtmöglichen Nutzen Deiner Segnungen erreichen kannst. Je größer die negative Einstellung, desto schwieriger und zeitaufwendiger ist es, das Gute durch Segnungen hervorzubringen und umgekehrt: Je mehr Segnungen, desto weniger Unheil durch Verwünschen. Nun wollen wir gern noch einige Beispiele nennen für Segnungen von unterschiedlichen Bedürfnissen und Wünschen:

- Gesundheit: Segne gesunde Menschen, Tiere, Pflanzen und alles, was gut gemacht ist und für üppige Energie steht.
- Glück: Segne alles Gute in Menschen oder Dingen.

Alle Anzeichen von sichtbarem, hörbarem, spürbarem Glück und einfach alles potenzielle Glück aus Deiner Umgebung.

- Wohlstand: Segne alle Zeichen des Wohlstandes Deiner Umgebung, inklusive dessen, was mit Hilfe von Geld erschaffen wurde, alles Geld, das Du in welcher Form auch immer hast, und alles, das auf der Welt in Umlauf ist.
- Erfolg: Segne alle Zeichen von Erfüllung und Vollendung, alles, was für Vorwärtsbewegungen und Beständigkeit, Freude und Spaß steht.
- Selbstvertrauen: Segne alles, was im Zeichen von Selbstvertrauen und Stabilität steht.
- Liebe und Freundschaft: Segne alle Anzeichen von Zuwendung und Fürsorge, Mitgefühl und Unterstützung, alle harmonischen Beziehungen, alle Kooperationen, alle Zeichen von Lachen und Freude.
- Innerer Frieden: Segne alle Zeichen der Ruhe, Stille, des Schweigens und der Friedlichkeit, alle Zeichen der Schönheit.
- Geistiges Wachstum: Segne alle Zeichen des Wachstums, der Entwicklung und des Wechsels in der Natur.

Diese Beispiele sollen Dir lediglich als Leitfaden dienen, falls Du es nicht gewohnt bist, zu segnen. Lass Dich nicht einschränken, sondern lege Deine ganz eigene Qualität in Deine Segnungen. Wir haben die Kraft der Segnungen dazu genutzt, an unseren Fähigkeiten zu arbeiten, unser Bewusstsein auszudehnen und Kräfte freizusetzen, von denen wir nichts wussten.

Dankbarkeit trägt die Qualität der Anerkennung eines anderen Menschen für seinen Ausdruck und für sein Handeln und bringt Dich in Einklang mit dem Göttlichen. Dankbarkeit sorgt auch dafür, dass die Dinge, für die Du Dich bedankst, vermehrt in Dein Leben kommen; Du wirst dann von einer höheren Sinnhaftigkeit getragen.

Menschen zu danken und sie zu loben bedeutet energetischen Austausch von positiver Kraft, eine Offenheit, die Großes schaffen kann. Diese Haltung wird Menschen inspirieren, weiterhin Gutes zu tun oder ihr Bestes auszudrücken. Anerkennung und Bestätigung sind ermutigende Signale auf dem Weg des Erwachens, bestärken jeden, das volle Potenzial zu entfalten. Die Botschaft dahinter ist die Qualität der Liebe, die bedingungslos und in voller Güte sieht, was der andere leistet.

Menschen, die sich anerkannt und respektiert fühlen, sind motivierter als jemand, der glaubt, dass seine Bemühungen und sein Beitrag unbemerkt bleiben. Dankbarkeit und Anerkennung setzen erstaunliche Kräfte und Mechanismen frei, denn damit werden Grenzen überwunden, das heilige Bewusstsein für die erhabensten, liebenswertesten Aspekte wird angetriggert, der Selbstwert gesteigert. Dies erhebt den Menschen und startet Veränderungen im Denken und folglich auch im Tun. Es ist ein Weg, andere in besonderem Maße wertzuschätzen, und das öffnet einen im Gegenzug dafür, voller Freude Dank und Achtung zu ernten.

⁓ Ra Isa:

Gelassenheit, die aus der Mitte heraus kommt. Wenn Ihr mitten im Kriegsgeschehen seid, Ihr mitten in die absolute Scheiße gegriffen habt und dann gelassen bleiben könnt, weil Ihr im Vertrauen seid, weil Ihr wisst, das ist alles Illusion, dann kommt dieser Frieden aus Eurer Mitte.

Wir dürfen auf keinen Fall denken, dass wir immer nur die Guten sind. Glaubt mir, wir sind nicht das erste Mal auf dieser Welt. Auch wir haben in unseren Leben schon wirklich schlimme Dinge getan.

Aus einer Familienaufstellung weiß ich, dass meine Seele einmal Heerführer war und viele, viele Menschen in den Tod geschickt hat, weil ich mich nicht anders entscheiden konnte – das musste sein. Meine Seele war auch schon in einer der vielen Inkarnationen ein Mann, der Frauen vergewaltigt hat. Deswegen habe ich das zurückbekommen. Das hat mir geholfen, meinem Vergewaltiger und dem Mann, der mich jahrelang sexuell missbraucht hat, zu vergeben. Ja, so einfach ist es, somit ist ein Ausgleich geschaffen, ein für alle Mal.

Wisst Ihr, jemandem zu vergeben, der Euch Unrecht getan hat, bedeutet nicht im Geringsten, dass Ihr sein oder ihr Verhalten plötzlich gut und stillschweigend duldet. Ihr wünscht nicht weiterhin, die Schwingung des Opfer-Seins aufrecht zu erhalten. Es ist die energetische Auflösung der Bindungen – die Euch in einer Weise miteinander verknüpften, die nicht mit dem übereinstimmen, was und wer Ihr wirklich seid – die euch frei machen.

Vergebung ist nicht nur das liebevolle Freigeben des anderen, sondern es ist ein Akt der Selbstliebe, eine Deklaration Eures Selbstgefühls. Es ist notwendig, voll und ganz in Deine authentische Kraft zu gehen, denn Du kannst nicht gleichzeitig selbstermächtigt und ein Opfer sein.

Es ist eine sehr große Aufgabe von uns Menschen, uns

selbst zu vergeben. Das ist nach unserer Meinung die schwierigste Aufgabe, die es gibt. Für viele Menschen ist es schwierig, sich selbst zu lieben, sich selbst etwas wert zu sein, gut zu sich zu sein. Wir haben alle in unserem Leben viele Fehler begangen, ausnahmslos jeder von uns. Das ist völlig normal in der Dualität. Es bringt nichts, sich selbst zu beschuldigen, weil man vielleicht vor 20 Jahren oder letzte Woche einmal einen Fehler gemacht hat – so what? Wir machen alle Fehler und es gehört zum Leben dazu. Viele wiederholen ihre Fehler, lernen aber aus ihnen nichts, auch das hat seine Berechtigung und seinen Grund.

Mir ging es früher auch so, dass ich mich selbst für meine Fehler hasste. Hier greift wieder meine Geschichte als Missbrauchsopfer, da geht es vielen Frauen so, dass sie sich an dieser Misere die Schuld geben. Diesbezüglich hatte ich Psychotherapie und Analyse und es ist ganz normal – es geht jeder Frau und jedem Mädchen so –, dass sie sich in erster Linie verurteilt, sich schämt und sich ablehnt. Letztlich ist es wichtig zu sagen: »Okay, es ist geschehen.« Ein kleines Kind kann überhaupt nichts dafür, was mit ihm gemacht wurde. Ich brauchte viele, viele Jahre, mich wirklich anzunehmen, teilweise kann ich das immer noch nicht in allen Aspekten. Ich denke es zwar, aber auch mir begegnen immer noch Geschichten oder Spiegel im Außen und es zeigt mir: »Okay, schau noch einmal auf deinen Selbstwert. Wo liegt er auf einer Skala von 0-10?«

Früher habe ich mir das immer so vorgestellt: Anderen Menschen konnte ich wunderbar verzeihen und über kleine Fehler hinwegsehen. Da bin ich eine Meisterin in Vergebung, aber was mich selbst betrifft, da habe ich einen so starken inneren Diktator und einen Schiedsrichter, der nicht gerade fair ist. Mein eigener Schiedsrichter ist immer für die anderen und nie für mich gewesen. In diesen Momenten hat es mir geholfen, mich selbst zu hinterfragen: »Wie ist es möglich, dass ich anderen Menschen, die mir schlimme Dinge angetan haben, verzeihen kann und mir selber nicht?« Wenn ich wütend werde, zickig oder reizbar bin anderen Menschen gegenüber, oder auch meinem Hund gegenüber unangemessen reagiere, wenn er z. B. den ganzen Biomüll auf meinem Teppich verteilt und verschimmeltes Brot frisst, dann habe ich Wutanfälle, die ich wieder analysieren muss. Ist es etwas Altes? Reagiere ich aus Sorge so heftig? Letztlich war ich auf mich selbst wütend, weil ich vergessen hatte, den Müll hochzustellen, denn mein Hund ist und bleibt ein Straßenhund, der es gewohnt ist, sich selbst zu versorgen. Dann habe ich mir wieder die Frage gestellt, wieso ich anderen schneller vergeben kann als mir selbst.

Mir hat ein Bild geholfen. Dieser andere Mensch besteht aus genau den gleichen Atomen, Molekülen, Elementen wie ich, aus Knochen, Blut, Bindegewebe. Dann wurde mir klar, dass ich ein wertvolles Geschöpf bin. Ich bin ein Geschenk für diese Welt, mein Körper ist ein Geschenk. Mir wurde bewusst, ich bin genauso gut und schlecht wie jeder andere Mensch auch. Es ist unsere Aufgabe, immer wieder in uns hineinzuhorchen, ohne uns selbst so streng zu bewerten. Natürlich haben wir Engel ganz besonders hohe Ansprüche an uns selbst, nur gehen auch wir in einem menschlichen Körper auf dieser Erde und auch wir verarbeiten Informationen durch Versuch und Irrtum.

Bevor Du urteilen willst über mein Leben,
ziehe meine Schuhe an und laufe meinen Weg.
Durchlaufe die Straßen, Berge, Täler, fühle die Trauer,
erlebe meinen Schmerz und meine Freude.
Durchlaufe die Jahre, die ich ging,
stolpere über jeden Stein, über den ich gestolpert bin,
gehe genau dieselbe Strecke weiter …
… genau, wie ich es tat.
Erst dann kannst Du über mich urteilen.

Indianisches Sprichwort

Es steht bereits in der Bibel, dass wir vergeben und verzeihen sollen, und diese Phrasen haben mich früher immer angekotzt. Ich bin selbst Missbrauchsopfer und bin vergewaltigt worden und habe mich jahrelang gefragt, wie kann ich das jemals vergeben oder verzeihen. Ich habe es geschafft, nur hat es sehr lange gedauert. Wenn Ihr diesen Groll und diese Wut noch in Euch tragt, belastet Ihr Euch selbst. Vergeben und verzeihen bedeutet nicht, gutzuheißen, was der andere getan hat. Sondern einfach: Okay, es kann jetzt nicht geändert werden. Ich nehme es an, es ist Schnee von gestern. Ihr könnt darüber weinen und wütend sein, mit Eurem inneren Kind arbeiten, es ist natürlich wichtig, diese Sache anzuschauen. Nur am Ende muss Vergebung erfolgen, damit Ihr Euer Energiesystem nicht belastet und blockiert. Das Leben geht nach vorne, wir müssen in die Zukunft schauen.

ᘓ El-asaria:

Aus Seelenreisen weiß ich von einer Inkarnation in Atlantis, als ich daran beteiligt war, durch Töne und Schwingungen die Geschwindigkeit des Unterganges zu beeinflussen.

Als ich mir dieses Bild wieder voll bewusst machte, war ich schockiert. Dachte ich doch wirklich, wir Engel stehen auf jeden Fall ausschließlich auf der Seite der Guten. Aber heute bin ich davon überzeugt, dass wir gleich viele Schand- wie auch gute Taten in den Inkarnationen durchlebten, damit wir geläutert und unemotional den Job als Erdengel in dieser Zeit leisten können.

Wie sollten wir Wissen und Gelassenheit, Güte, Milde oder Annahme vermitteln können, wenn wir nicht sämtliche Emotionen bereits mehrfach ausagiert hätten?

Oder ein weiteres Beispiel: Als Gattin eines Königs hat meine Seele über Leben oder Tod der Mägde entschieden – diejenigen, die in der damaligen Zeit nicht nach meiner Fasson waren, ließ ich hinrichten. Der Ausgleich erfolgt auf ewig in diesem Leben – ich bin eine Seelenhüterin mit Leib und Seele, kann eine Verbindung zu jedem Menschen aufbauen, der auf der Suche ist – ohne Rücksicht auf gesellschaftliche Stellung, Status und Bildung.

Ich, Ra Isa, danke meinen Eltern, dass sie mir ermöglicht haben, auf diesem Planeten zu landen. Meinen beiden Herzensfreundinnen Gabriele Klötzing und Simone Fürstenwerth. Schön, dass es Euch gibt. Oliver Mathieu, meinem Therapeuten, und der Tagesklinik Bad Segeberg, von denen ich sehr viel gelernt habe, Elke Schwill und Frau Dr. Sabine Grunow, die immer ein offenes Ohr für mich hatten in meinen schwersten Zeiten. Sie haben mich in jeder Lebenslage unterstützt, genauso Ana-Liza und Wulf Hartig. Außerdem danken wir unserer Lektorin Frau Andrea Stangl, ohne sie wäre unser Buch gar nicht erschienen, sie glaubt an uns und hat genau verstanden, was wir mit unserem Buch ausdrücken wollen.

Ich, El-asaria, danke ganz besonders meinen Kindern – ich liebe Euch. Dann danke ich Carola und Katl für die konstruktive Kritik und die liebevolle Unterstützung für dieses Buch. Danke gilt es auch meiner »Special-FJH-Seele« zu sagen, der mir großartige Inspiration schenkte durch sein Sein.

Wir danken allen Wesen, die bisher unseren Weg kreuzten, kürzer oder länger auf unserer Lebensstraße verweilten. Jenen, die uns nicht verstanden, danken wir, weil sie uns durch ihre projizierten Blockaden aufforderten, uns tiefer in unser Zellbewusstsein zu versenken und nach unserer Wahrheit zu forschen. Damit wurde unsere eigene Seelenverbindung wesentlich gestärkt und unser Licht wurde strahlender.

All jene, die unsere Wege liebevoll und neugierig begleitet haben, danken wir, denn Ihr habt uns immer wieder Mut gemacht. Natürlich danken wir auch der geistigen Welt für die Geduld, die Ausdauer, den Humor, das unerschütterliche Vertrauen in uns und die Hartnäckigkeit. Auch Engel benötigen ganz profanen Zuspruch und manchmal sehr deutliche Worte, wenn sie sich in ihren Aufgaben verheddern und sich zu viel zumuten. Schön, dass wir sind, wer wir sind.

Unser Seminarangebot:

www.spiegel-deiner-seele.de
www.besensitive.de